JOHANN G. ZALLER

UNSER TÄGLICH GIFT

PESTIZIDE –
DIE UNTERSCHÄTZTE
GEFAHR

Deuticke

Gefördert von der Kulturabteilung der Stadt Wien,
Wissenschafts- und Forschungsförderung

1. Auflage 2018

ISBN 978-3-552-06367-9
Satz: Eva Kaltenbrunner-Dorfinger, Wien
Autorenfoto: © privat/Deuticke Verlag
Umschlag: Anzinger und Rasp, München
Druck und Bindung: GGP Media GmbH, Pößneck
Printed in Germany

MIX
Papier aus verantwor-
tungsvollen Quellen
FSC
www.fsc.org   FSC® C014496

INHALT

VORWORT

Warum ein Buch zu Pestiziden schreiben? Glaubt man den Verfechtern der konventionellen, pestizidbasierten Landwirtschaft, handelt es sich um die weltweit am besten untersuchten Substanzen, die gezielt Schädlinge vernichten und dann ohnehin in der Natur zu ungefährlichen Stoffen abgebaut werden. Sollten dennoch Pestizidspuren in Nahrungsmitteln nachgewiesen werden, dann liegt das zuallererst an den verfeinerten Analysemethoden. Jedenfalls sind die Rückstandsmengen stets unterhalb der gesetzlich festgelegten Grenzwerte. Außerdem kennt jeder den Grundsatz, wonach nur die Dosis das Gift macht und man sogar an übermäßigem Wasserkonsum sterben kann! Folgend gilt jeder, der sich gegen den Pestizideinsatz ausspricht, als ein verträumter Naturschützer, der die Realität der modernen Nahrungsmittelproduktion verleugnet und dadurch das Verhungern von Millionen von Menschen riskiert. So könnte man die öffentliche Darstellung zum Thema Pestizide grob skizzieren.

Das vorliegende Buch will diese und andere Aussagen zu Pestiziden wissenschaftlich beleuchten und auf deren Wahrheitsgehalt abklopfen. Denn dies erscheint – gerade in Zeiten des Postfaktischen – wichtiger denn je.

Das Thema interessiert Sie nur am Rande, da Sie weder Landwirtin sind noch einen Garten haben und auch sonst nicht mit Pestiziden hantieren? Das ist fein, vielleicht gönnen Sie sich jetzt eine Tiefkühlpizza mit gemischtem Salat, trinken dazu ein Gläschen Wein oder Apfelsaft und als Nachspeise vielleicht einen Apfel. Allein für die Produktion von Weizen für den Pizzateig, für Tomaten, Mais, Paprika, Salz und die Kräuter, Salat, die Wein- und Apfelproduktion sind in Österreich oder Deutschland 1200 Pestizide zugelassen![1] Diese werden vermutlich nicht alle gleichzeitig eingesetzt, aber sie stehen theoretisch zur Verfügung. Da reden wir aber noch gar nicht von chemischen Substanzen, die in der Produktion, zur Haltbarmachung, Lagerung, Geschmacksverbesserung, Kellertechnik und so weiter eingesetzt werden dürfen. Vielleicht hat Sie dieses Beispiel überzeugt, dass Sie höchstwahrscheinlich doch auch von Pestiziden betroffen sind, ob Sie wollen oder nicht.

Zugegeben, ich war ein wenig naiv, als ich vor wenigen Jahren begonnen habe, die Nebenwirkungen von Pestiziden auf Ökosysteme zu untersuchen. Zuvor habe ich mich als Ökologe fast fünfzehn Jahre lang mit den Auswirkungen von verschiedenen Umwelt- und Klimafaktoren auf Pflanzen und Tiere befasst. Ökologen widmen sich am liebsten möglichst naturnahen Ökosystemen, da dort interessante und seltene Arten in großer Vielfalt vorhanden sind. Agroökosysteme oder andere stark durch menschliches Handeln geprägte Ökosysteme werden von Ökologen oft etwas abschätzig behandelt. Neugierig gemacht auf das Thema wurde ich nicht zuletzt durch das allgemeine Mediengetöse.

Eine erste Orientierung in der wissenschaftlichen Literatur war recht ernüchternd, denn es gab erstaunlich vieles, was nicht untersucht war. Wie die meisten bin ich davon ausgegangen, dass die Pestizide, die alltäglich verwendet werden, selbstverständlich streng getestet werden, bevor sie zur Bekämpfung von Schädlingen und Unkräutern in die Umwelt ausgebracht werden dürfen. Außerdem, so dachte ich, werden Pestizide ohnehin nur im Bedarfsfall verwendet, wenn die Ernte vor Schädlingen gerettet werden muss. Bereits nach kurzem Eintauchen in die Materie kam mir der Verdacht, dass es sich bei vielen dieser medial gestreuten Stehsätze zu Pestiziden um Mythen handelt, die von den Pestizidherstellern und auch von Vertretern der Landwirte verbreitet werden. Dieses Aha-Erlebnis und was ich im Zuge unserer einschlägigen Arbeiten an der Universität für Bodenkultur Wien erlebt habe, hat mich angespornt, dieses Buch zu schreiben. Vieles, was in diesem Buch zu lesen ist, ist in wissenschaftlichen Artikeln publiziert, aber wer außer Fachkollegen liest schon diese Arbeiten?

Wem ist schon bekannt,
– dass die geltenden gesetzlichen Grenzwerte für Pestizidbelastungen in den letzten Jahren ständig nach oben korrigiert wurden?
– dass wir inzwischen alle Spuren von Pestiziden in unserem Körper haben, auch wenn wir selber nie damit hantiert haben?
– dass das viel strapazierte Zitat von Paracelsus, wonach die Dosis das Gift macht, für moderne Pestizide keine Gültigkeit mehr hat?
– dass bis zu 25 Prozent der auf dem Markt befindlichen Pestizide Produktfälschungen sind?
– dass ein deutscher Agrochemiekonzern Südtiroler Weinbauern Entschädigungen bezahlt, weil die Behandlung mit einem empfohlenen Pflanzenschutzmittel zu kompletten Ernteausfällen geführt hat?
– dass für französische Weinbauern die Parkinson-Erkrankung als Berufskrankheit anerkannt ist?
– dass Abfalldeponien von Altpestiziden weltweit im Fall von Naturkatastrophen tickende Zeitbomben darstellen?
– dass Wissenschaftler, die sich kritisch mit dieser Thematik auseinandersetzen, in Internetforen denunziert werden und dadurch deren Integrität gezielt untergraben wird?

Niemand kann seriös sagen, wie die weit über 100 000 in Umlauf befindlichen Chemikalien unsere Gesundheit und die Natur beeinflussen, da deren Nebeneffekte ungenügend untersucht werden. Das in den Europäischen Verträgen verankerte Vorsorgeprinzip wird bereits gegenwärtig ignoriert, noch bevor irgendwelche, heiß diskutierte, Freihandelsabkommen abgeschlossen werden.

In diesem Buch wird zunächst die Problemlage skizziert und geschildert, wo und in welchen Mengen Pestizide eingesetzt werden. Es folgt ein Einblick in den wissenschaftlichen Alltag zur Erforschung der Nebenwirkungen. Hier wird auch angesprochen, wie wissenschaftliche Ergebnisse an die Öffentlichkeit kommen. Auch die Seriosität des allseits beliebten Online-Lexikons Wikipedia wird angesprochen.

Wenn Sie sich jetzt fragen, wie wir denn ohne die moderne Landwirtschaft, zu der nun einmal Pestizide gehören, die steigende Weltbevölkerung ernähren sollen, dann sind Sie offenbar bereits der Mar-
ketingmaschinerie der Agrarlobby aufgesessen! Im letzten Kapitel
wird gezeigt, dass die pestizidintensive Landwirtschaft eigentlich ein
Verlustgeschäft ist und enorme volkswirtschaftliche Kosten verursacht. Der vermeintliche Nutzen wiegt das bei weitem nicht auf. Zum
Glück gibt es viele praxistaugliche Alternativkonzepte ohne exzessive
Pestizidanwendung. Mittlerweile geben sogar Vertreter der Landwirtschaft zu, dass wahrscheinlich die Hälfte der Pestizide eingespart werden könnte, ohne dass die Erträge deswegen einbrechen würden. Ein
Ausblickskapitel fasst zusammen, was sich dringend ändern soll und
was die Politik dazu beitragen muss.

Die Kapitel müssen übrigens nicht der Reihe nach gelesen werden,
sie sollten eigentlich auch durcheinander gelesen einen guten Einblick verschaffen.

Alle Aussagen im Text sind durch wissenschaftliche Studien belegt, deren Quellen so angegeben sind, dass sie im Internet leicht gefunden werden können. Ich konnte nur einen kleinen Teil der verfügbaren Studien auch tatsächlich in den Text aufnehmen, da das Buch
sonst viel zu umfangreich geworden wäre. Zusatzinformationen fließen ein aus zahlreichen Gesprächen mit nationalen und internationalen Experten und Praktikern. Gute wissenschaftliche Praxis zeichnet
sich übrigens dadurch aus, dass Studien von anderen Wissenschaftlern begutachtet (meist anonym) und danach in internationalen Fachzeitschriften veröffentlicht werden. In vielen modernen Zeitschriften
werden mittlerweile die Studien, die zugrunde liegenden Rohdaten
und auch die Berichte der Gutachter frei zugänglich gemacht. Wenn
Studien zur Zulassung von Pestiziden von den Herstellern oder Zu-
lassungsbehörden geheim gehalten werden, wie das vielfach passiert,
dann ist das wissenschaftlich unethisch und gibt Raum für Spekula-
tionen, dass da womöglich getrickst wurde. Gerechtfertigt wird diese
Geheimhaltung von Herstellern und Behörden mit der Wahrung von

Betriebsgeheimnissen. Leser, die sich bisher nicht mit dieser Thematik auseinandergesetzt haben, werden die im Buch aufgezeigten Aspekte schlichtweg als unfassbar empfinden. Die Situation ist womöglich sogar noch gravierender, als bislang an die Öffentlichkeit gelangt ist.

Was ich mit diesem Buch sicher nicht bezwecken will, ist, eine so lebenswichtige Sparte wie die Landwirtschaft pauschal anzuprangern. Selbst an der sogenannten »grünen« Universität für Bodenkultur in Wien lehrend und forschend liegt mir nichts ferner. Mein Ziel ist vielmehr, die Öffentlichkeit für diese Thematik zu sensibilisieren, um damit letztendlich auch der Politik klarzumachen, dass akuter Handlungsbedarf zum Wohle unserer Umwelt und unserer Gesundheit besteht. Angesprochen werden müssen in diesem Zusammenhang auch die Mechanismen und Verstrickungen, die dazu führen, dass den Landwirten zu derart exzessivem Pestizidgebrauch geraten wird.

Noch eine Begriffsklärung: Wenn ich in diesem Buch über Pestizide spreche, dann meine ich die meistens als Pflanzenschutzmittel bezeichneten Substanzen, die in der Landwirtschaft, von Straßenerhaltern, Gemeinden, Bahnunternehmen und Privatpersonen im Garten oder im Haus verwendet werden. Ich persönlich lehne den Begriff Pflanzenschutzmittel ab, weil er irreführend und beschönigend ist. Immerhin zählen ja auch Herbizide, also Substanzen, die Pflanzen töten, zu den Pflanzenschutzmitteln – schlichtweg eine unsinnige Bezeichnung.

Nicht eingegangen werden soll in diesem Buch auf Biozide, die vorwiegend im nicht-landwirtschaftlichen Bereich eingesetzt werden, wie in Desinfektionsmitteln oder Holzschutzmitteln. Diese würden Stoff für ein separates Buch bieten.

Bereits in diesem Vorwort habe ich des Öfteren die Begriffe Schädlinge oder Unkräuter verwendet. Beides sind Tabuwörter, Unwörter, um in der Diktion zu bleiben, aus dem Munde eines Ökologen. In einem Ökosystem gibt es eigentlich keine unerwünschten Organismen, da jede Art eine spezielle Rolle im gesamten Gefüge einnimmt. Wenn ein Organismus zum Schadorganismus wird, dann nur, wenn eine bestimmte Populationsstärke vorhanden ist. Einzelne Kartoffelkäfer, eine einzelne Distel haben wichtige Funktionen in Ökosystemen; nur wenn sie in Massen auftreten, sehen wir sie als problematisch und bekämpfenswert. Da diese Begriffe für Tiere und Pflanzen, die am falschen Ort in zu großen Mengen vorkommen, aber im allgemeinen Sprachgebrauch so weit verbreitet sind, möchte ich sie auch im Buch weiter verwenden.

Im Grunde schreibe ich nur aus dem Grund, weil
vieles unangenehm ist. Wenn alles angenehm
wäre, könnte ich wahrscheinlich überhaupt nichts
schreiben – würde niemand schreiben.

THOMAS BERNHARD

WO LIEGT DAS PROBLEM?
PESTIZIDE IM ALLTAG

Pestizide sind Substanzen, die – wörtlich genommen – dazu verwendet werden, um Seuchen zu töten. In der Praxis zählen dazu Insektizide (Insektenvertilgungsmittel), Herbizide (Unkrautvernichter),
Fungizide (Mittel gegen Pilzerkrankungen), Akarizide (Milbengifte),
Molluskizide (Schneckengifte) und viele mehr. Der breite Einsatz dieser Giftstoffe in der Landwirtschaft wird damit gerechtfertigt, dass
der Nutzen von höheren Erträgen gesellschaftlich wichtiger ist als
etwaige Nebenwirkungen. Die Hersteller der Pestizide und Regulie-
rungsbehörden beruhigen, dass alles im grünen Bereich ist, solange
die Pestizide korrekt angewendet werden. In diesem Zusammenhang
wird dann auch gerne der Begriff »Anwendung nach guter fachlicher
Praxis« strapaziert. Was wirklich dahintersteckt, ist der gewöhnli-
che Standard der Bewirtschaftung, den ein verantwortungsbewuss-
ter Landwirt in der betreffenden Region anwendet. Eigentlich eine
leere Worthülse ohne klare Anwendungsvorschriften oder Mengen-
vorgaben. Damit eigentlich auch ohne viel Sinn, jedenfalls auch ohne
rechtliche Bedeutung. Trotzdem wird der Begriff oft verwendet, um
die Konsumenten zu beruhigen, dass es sich um eine umweltfreund-
liche Nahrungsmittelproduktion handelt. Man fragt sich dann aber
doch, warum sich Berichte mehren, dass der Pestizideinsatz trotz die-

ser guten fachlichen Praxis zu so vielen negativen Einflüssen auf die Umwelt und die menschliche Gesundheit führt.

Seit etwa fünfzig Jahren setzt die konventionelle Landwirtschaft auf die massenhafte Verwendung chemisch-synthetischer Pestizide. Um landwirtschaftliche Erträge zu sichern, sind in Europa derzeit rund 290 Pestizidwirkstoffe zugelassen.[1] Diese sind zusammen mit sogenannten inerten Beistoffen in unterschiedlichen Rezepturen – in der Fachsprache Formulierungen genannt – in einer Vielzahl an Pestizidprodukten enthalten. Allein in Deutschland und Österreich sind mehr als 1200 Pestizidprodukte zugelassen, in den USA sind es um die 16 000.[2] Zur Rolle der eigentlich als wirkungslos geltenden inerten Beistoffe gibt es später noch einiges zu erzählen. Allein in der EU werden jährlich zirka 200 000 Tonnen Pestizidwirkstoffe verwendet, in Deutschland zirka 40 000 Tonnen, in Österreich etwa 4000 Tonnen. Die Nachfrage nach Pestiziden ist weltweit steigend, im Vergleich zu 1950 ist die Menge der eingesetzten Pestizide um das Fünfzigfache gestiegen. Produziert und verkauft werden viele Pestizide von europäischen Chemiekonzernen, auch wenn in der öffentlichen Debatte die Sündenböcke meistens in den USA ausgemacht werden (Stichwort Monsanto). Das Ganze ist ein gigantischer Geschäftszweig, weltweit werden mit Pestiziden geschätzt 49 Milliarden Euro umgesetzt.[3] Mittlerweile beherrschen sechs Agrochemiekonzerne rund 75 Prozent des weltweiten Pestizidgeschäfts. Drei davon haben ihren Hauptsitz in Europa (BASF, Bayer, Syngenta), drei in den USA (Dow, DuPont, Monsanto). Stark aufstrebend ist der staatseigene chinesische Konzern ChemChina. Der Schweizer Konzern Syngenta ist mit zirka 23 Prozent Anteil der weltweit größte Pestizidhersteller.[4] Die Branche befindet sich in einem Konzentrationsprozess, und es kommt unter Billigung der Wettbewerbsbehörden vieler Länder zu Zusammenschlüssen von unvorstellbaren Ausmaßen. Der Umstand, dass auch der Großteil der Forschung zu Wirkungen und Nebenwirkungen von Pestiziden von diesen Konzernen selbst durchgeführt wird, wird uns noch öfter beschäftigen.

Es klingt unglaublich, aber vorsichtigen Schätzungen zufolge wirken höchstens zehn Prozent der eingesetzten Pestizide tatsächlich gegenüber den Schädlingen oder Krankheiten, die bekämpft werden sollen.[5] Über neunzig Prozent der eingesetzen Pestizide gelangen auf sogenannte Nicht-Zielorganismen, also Lebewesen, die eigentlich nicht bekämpft werden sollten. Jeder, der schon einmal die landwirtschaftliche Pestizidanwendung im Feld beobachtet hat oder selbst Pestizide versprüht hat, kann das gut nachvollziehen. Die Folgen sind zwangsläufig ein Verlust der biologischen Vielfalt, der Biodiversität. Weiters reichern sich die Pestizide, deren Abbauprodukte und Beistoffe im Boden an, beeinträchtigen Nährstoffkreisläufe und das natürliche Zusammenspiel zwischen Nützlingen und Schädlingen in der Natur. Früher oder später finden sich diese Pestizide dann auch im Trinkwasser oder in unserer Nahrung und beeinträchtigen unsere Gesundheit. Pestizide werden mittlerweile verantwortlich gemacht für neurologische und hormonelle Funktionsstörungen, Fehlgeburten, Krebs und andere chronische Krankheiten. Damit wird sich ein späteres Kapitel beschäftigen.

Auch wenn direkte Zusammenhänge zwischen der Pestizidbelastung und unserer Gesundheit schwierig sind, sind die Nebenwirkungen mittlerweile sogar rechtlich anerkannt. Bei Frankreichs Weinbauern ist eine Parkinsonerkrankung durch Pestizide offiziell als Berufskrankheit akzeptiert.[6] Um Anspruch auf eine Rente zu haben, müssen Weinbauern oder landwirtschaftliche Angestellte mindestens zehn Jahre lang mit den Pestiziden in Berührung gewesen sein, und die Krankheit muss spätestens ein Jahr nach Ende der Verwendung ausgebrochen sein. Auch in Deutschland wurde bereits mehreren Landwirten ihre Parkinsonerkrankung als Berufskrankheit anerkannt. Hier sollten sich eigentlich die Politiker und die Gesellschaft zum Schutz der Landwirte einsetzen. Oder ist es in unserer modernen Gesellschaft so vorgesehen, dass die Landwirte ihre Gesundheit für die Produktion unserer Nahrungsmittel opfern sollen? Aber selbst die landwirtschaftliche Berufsvertretung schweigt dazu und lässt ihre

Klientel im Pestizidregen stehen. In vielen Ländern ist das ein Tabu-thema. Politiker der betroffenen Ressorts wie Landwirtschaft, Um-welt oder Gesundheit oder auch die Vertreter der Landwirte scheinen wichtigere Themen auf ihrer Agenda zu haben. Vielleicht befinden sie sich aber einfach nur in einer Zwickmühle, da viele davon im Auf-sichtsrat der Agrochemiefirmen sitzen und folglich schlecht dagegen auftreten können.[7] Dabei zählt die Landwirtschaft neben dem Berg-bau und dem Baugewerbe ohnehin zu den drei gefährlichsten Berufs-feldern der Welt. Von den vielen Millionen Arbeitsunfällen pro Jahr enden mindestens 170 000 tödlich. Hauptursache sind Unfälle mit Maschinen, Vergiftungen mit Pestiziden und anderen Agrarchemika-lien sowie physische Überbelastung, Lärm, Staub, Allergien und von Tieren übertragene Krankheiten.[8]

Pragmatiker mögen jetzt entgegnen, dass Schädlinge und Krank-heiten bekämpft werden müssen, schließlich geht es um die Produk-tion von Nahrungsmitteln, und Landwirte müssen ja nun mal von den Erträgen leben. Es wird ja ohnehin nur mit Pestiziden gespritzt, wenn Gefahr in Verzug ist und die Ernte durch Schädlinge, Unkräu-ter oder Pilzerkrankungen bedroht ist. Dem ist leider überhaupt nicht so! In den meisten Fällen werden Pestizide nicht erst beim Auftreten von Erkrankungen oder Schädlingen eingesetzt, sondern bereits vor-beugend, für den Fall der Fälle sozusagen. Dies führt dann unweiger-lich dazu, dass manche landwirtschaftliche Kulturen im Verlauf ei-ner Vegetationsperiode mehrfach mit Pestiziden behandelt werden, etwa weil entsprechende Wetterlagen die Wahrscheinlichkeit für Pilz-erkrankungen erhöhen.

Moderne Landwirte werden mittlerweile per SMS auf die not-wendige Pestizidbehandlung hingewiesen. Diese praktischen Spritz-beratungstipps werden oft kostenlos von den Pestizidherstellern zur Verfügung gestellt. Dies ergibt nicht nur eine schiefe Optik, sondern stellt auch eine klare Befangenheit der Berater dar, da diese ja Um-sätze lukrieren müssen. Man hat mir erzählt, dass da auch Pestizid-behandlungen empfohlen werden, die nicht unbedingt erforderlich sind. Man will ja schließlich keine Regressforderungen seitens der Landwirte bei Ernteausfällen risikieren.

Zweifelhafter Spitzenreiter im Pestizideinsatz ist der Apfelanbau mit durchschnittlich 31 Pestizidbehandlungen pro Anbausaison, gefolgt vom Weinbau mit achtzehn und den Kartoffeln mit zwölf Anwendungen pro Saison.[9] Bedenkt man, dass die Saison beim Apfelanbau ja nur 24 Wochen (sechs Monate) dauert, so sind das mehr als eine Pestizidbehandlung pro Woche. Dagegen wirken Hopfen mit durchschnittlich neun, Weizen mit sechs oder Mais mit zwei Pestizidanwendungen pro Saison geradezu wie naturnahe Bewirtschaftungsformen. Der elterliche Rat an Kinder, Obst vor dem Essen abzuwaschen, ist leider auch nicht mehr gültig, da es sich bei vielen Pestiziden um systemisch wirkende Substanzen handelt, die nicht nur außen an den Pflanzen anhaften, sondern in der gesamten Pflanze bis in die Früchte verteilt werden. Aber zum Glück, so liest man in den Fachbüchern, zählen die modernen Pestizide ja zu den am besten getesteten chemischen Substanzen überhaupt, nur vergleichbar mit Arzneimitteln.[10] Auch wird immer behauptet, dass moderne Pestizide im Gegensatz zu den älteren gut biologisch abbaubar sind und rasch in unbedenkliche Bestandteile zerfallen. Verwunderlich ist dabei nur, dass wir in den Medien regelmäßig von Pestizidrückständen in unseren Lebensmitteln lesen. Aber das ist wohl Panikmache und nur das Ergebnis verfeinerter Analysemethoden. Ich möchte hier keinen polemischen Grundton anschlagen, aber dies sind die Argumente, um die sich Debatten in Zusammenhang mit Pestiziden oft drehen.

Der exzessive Einsatz von Pestiziden führt noch zu einem weiteren, inzwischen weltweiten Problem. Nämlich dem zunehmenden Auftreten von Resistenzen bei tierischen Schädlingen, Pflanzenkrankheiten oder zur Entwicklung sogenannter Super-Unkräuter, gegen die keines der zur Verfügung stehenden Gifte wirkt. Es wäre unseriös zu behaupten, dass dahinter ein Geschäftsmodell steckt, da Resistenzen schließlich dazu veranlassen, immer neue Pestizide zu entwickeln und zu verkaufen. Jedenfalls lernt man bereits in der Schulbiologie, dass Organismen auf chronische Stressoren – und nichts anderes sind regelmäßige Pestizidgaben – mit evolutiven Anpassungen reagieren. Experten haben auch bereits sehr früh vor der Gefahr der Resistenzbildung gewarnt, wurden aber von der Agrochemieindustrie ignoriert. Die Situation ist mittlerweile so gravierend, dass sogar Pestizidhersteller ihren Landwirten raten, auf Konkurrenzprodukte auszuweichen oder eben wieder auf traditionelle Methoden der mechanischen Unkrautkontrolle umzusteigen.[11] Die Forschung geht mittlerweile in Richtung von Pestiziden mit mehreren Wirkstoffkomponenten oder gentechnisch veränderten Kulturpflanzen, die gegenüber mehreren Herbiziden resistent sind.

Dies ist die Problemlage, um die dieses Buch kreist. Folgenden Fragen wird nachgegangen:

- Wie gut kennen wir eigentlich die Substanzen, die in diesen großen Mengen ausgebracht werden?
- Wie streng werden diese Produkte getestet, bevor sie auf den Markt kommen?
- Welche Nebenwirkungen haben diese Pestizide für unsere Umwelt und uns Menschen?
- Wie steht es um die wissenschaftliche Erforschung der Nebenwirkungen dieser Substanzen?
- Können wir ohne Pestizideinsatz die steigende Weltbevölkerung überhaupt ernähren?
- Werden die Risiken der Pestizide durch deren Nutzen aufgewogen?
- Welche Rolle fällt der kritischen Wissenschaft und der Politik zu?

Doch zunächst soll kurz erläutert werden, wie es überhaupt dazu kommen konnte, dass die sogenannte konventionelle Landwirtschaft so sehr von Agrarchemikalien abhängig wurde.

LANDWIRTSCHAFT IN DER PESTIZIDTRETMÜHLE

Die Geschichte der Verwendung von Pestiziden ist fast so alt wie die Geschichte der Landwirtschaft selbst. Bereits 2500 vor Christus wurde in Mesopotamien elementarer Schwefel gegen Schädlinge auf landwirtschaftlichen Kulturen eingesetzt, im 15. Jahrhundert war die Anwendung von Arsen, Quecksilber oder Blei sehr verbreitet. Die Entdeckungsreisen im 18. Jahrhundert brachten dann die Erkenntnis, dass auch pflanzliche Wirkstoffe gegen Schädlinge eingesetzt werden können, Nikotin aus Tabakpflanzen oder Pyrethrum aus Chrysanthemen. Der breite Einsatz von Pestiziden auf dem Feld begann in der zweiten Hälfte des 19. Jahrhunderts. Entscheidender Auslöser war wohl die Einschleppung verschiedener Schaderreger nach Europa mit den Handelsströmen, die dann zu katastrophalen Missernten führten. Bekannt ist die Krautfäuleepidemie bei Kartoffeln 1845 in Irland, die den Hungertod und die Emigration von Millionen von Iren nach sich zog. Im Weinbau wurde um 1878 der hochaggressive Falsche Rebenmehltau mit Pflanzgut von Amerika nach Frankreich eingeschleppt. Mit vielen dieser Schädlinge und Krankheiten muss sich auch die heutige Landwirtschaft noch auseinandersetzen. Durch weltweite Handelsströme kommen noch dazu ständig neue potenzielle Schädlinge oder Krankheiten in Regionen, wo sie keine natürlichen Gegenspieler haben.

Das erste Insektizid wurde bereits 1892 vom Agrarchemiekonzern Bayer entwickelt. Die Ära der modernen Pestizide begann jedoch erst in den 1930er Jahren mit den Organochlor-Insektiziden, darunter Wirkstoffe wie das berühmt-berüchtigte DDT (Dichlordiphenyltrichlorethan) oder auch Lindan (Gamma-Hexachlorcyclohexan). Erst in den 1940er Jahren wurde das erste synthetische Herbizid, genannt 2,4-D (2,4-Dichlorphenoxyessigsäure), entwickelt. Viele spätere Pestizidwirkstoffe, vor allem Organophosphate, waren im Zweiten Weltkrieg oder auch im Irakkrieg im Jahr 2003 als Kampfgase im

Einsatz. Sie waren einfach und billig herzustellen und wirkten gegen eine große Bandbreite von Schadinsekten. In vielen Teilen der Welt erhöhten sich nach dem Einsatz der Pestizide die landwirtschaftlichen Erträge, und dementsprechend beliebt war deren Anwendung. Allerdings stellte sich bald heraus, dass sich viele Pestizide in der Umwelt kaum abbauten und in der Nahrungskette anreicherten.

Wie hat sich eigentlich diese intensive Landwirtschaft entwickelt? Im Gegensatz zur kleinteiligen, traditionellen Landwirtschaft ist die moderne Landwirtschaft gekennzeichnet durch Spezialisierung, Monokulturen und höchste Effizienz, so zumindest wird sie uns in der Öffentlichkeit vermittelt. Monokulturen, also der Anbau einer landwirtschaftlichen Kultur über riesige Flächen, befördert die Entwicklung und Ausbreitung von Pflanzenkrankheiten und Schädlingen. Die Tendenz zur Spezialisierung findet sich übrigens in der konventionellen und nicht ganz so extrem ausgeprägt auch in der biologischen Landwirtschaft.

Tatsächlich hat die Landwirtschaft in den letzten Jahrzehnten einen enormen Wandel durchgemacht. War in den 1950er Jahren noch mehr als die Hälfte der Bevölkerung in der Landwirtschaft tätig, sind jetzt in Europa im Schnitt nur mehr 2,8 Prozent der Erwerbstätigen in der Landwirtschaft beschäftigt.[12] Ähnlich dramatische Rückgänge sieht man in allen Industrienationen. Vielleicht wird wegen dieses Rückgangs an Arbeitskräften auch die Bedeutung der Landwirtschaft gegenüber anderen Wirtschaftszweigen von der Politik notorisch unterschätzt. Glaubt man einer repräsentativen Umfrage aus Deutschland, dann wird die Bedeutung der Landwirtschaft von den Bürgern aber durchaus geschätzt.[13] Die meisten Deutschen sind der Ansicht, dass eine gut funktionierende Landwirtschaft eine Grundvoraussetzung für die Lebensqualität und Lebensfähigkeit des Landes ist und dass das bäuerliche Leben einen wichtigen Bestandteil deutscher Kultur darstellt. Die Umfrage hat auch gezeigt, dass ökologische Aspekte bei den Menschen zusehends an Bedeutung gewinnen und die Erzeugung regenerativer Energien sowie Klimaschutz immer mehr mit der

Landwirtschaft in Verbindung gebracht werden. Das Stichwort dazu ist die multifunktionale Landwirtschaft, also nicht nur die reine Lebensmittelproduktion, sondern auch das Schaffen eines attraktiven Landschaftsbildes und vieles mehr. Wir werden diesen Aspekt später noch ausführlicher beleuchten. Generell ist das Interesse an landwirtschaftlichen Themen im Vergleich zu einer ähnlichen Umfrage fünf Jahre zuvor deutlich angewachsen. Das Interesse der Bevölkerung liegt dabei aber nicht mehr auf der Produktion ausreichender Lebensmittel, sondern eher auf der Qualität der Produkte und der Einhaltung von Tierschutzstandards.

Das Grundprinzip der Landwirtschaft ist eigentlich, die Energie, die von der Sonne kommt, durch den Anbau von Nutzpflanzen möglichst effizient zu nutzen, um damit Nahrungsmittel zu produzieren. Dabei nutzt sie einen der ältesten biologischen Prozesse der Erde: die Fotosynthese. Jede Pflanze kann mit Sonnenenergie, dem Klimagas CO_2, Wasser und Nährstoffen Blattmasse, Holz oder Früchte aufbauen, die dann von uns vielfältig genutzt werden können. Als Abfallprodukt der Fotosynthese entsteht erfreulicherweise Sauerstoff, der wiederum lebensnotwendig ist für die meisten Lebewesen, einschließlich uns Menschen. An sich ein faszinierender Kreislauf, den es nachhaltig zu betreiben gilt.

Man neigt dazu anzunehmen, dass die moderne Landwirtschaft mit all den tollen Maschinen und ausgeklügelten Produktionsanlagen wesentlich besser und effizienter in der Lage ist, diese Bindung der Sonnenenergie zu bewerkstelligen als die altmodische, traditionelle Landwirtschaft. Das ist aber nicht unbedingt zutreffend. Um 1830 konnten in der Landwirtschaft für jede investierte Energieeinheit fünf Einheiten in Form von Nahrungsmitteln und anderer pflanzlicher Biomasse geerntet werden. Um 1910 war sogar noch eine Steigerung der Effizienz hin zu einem Verhältnis von 1:9 zwischen Energieeinsatz und Energieernte in der Landwirtschaft zu verzeichnen. Ertragfähigeres Saatgut, bessere Geräte zur Feldbestellung und Anbautechnik machten diese Effizienzsteigerung möglich. Im Jahr 2000 lag das Verhältnis jedoch nur mehr bei 1:1, bei einigen Produktionsweisen muss mittlerweile mehr Energie ins System gepumpt werden, als rausgeholt werden kann.[14] Diese Zahlen für die gesamte Landwirtschaft gelten auch für einzelne landwirtschaftliche Kulturen: Bei Mais betrug das Input/Output-Verhältnis im Jahr 1700 1:10, im Jahr 1980 nur mehr 1:2,5; Reisanbau auf den Philippinen hat ein Verhältnis von 1:108, in den USA jedoch nur von 1:5.[15] Das bedeutet, dass die moderne Landwirtschaft, als der zentrale Lieferant für die menschliche Ernährung, nicht wirklich effizient und nachhaltig arbeitet.[16]

Was sind die Ursachen für diesen hohen Energieaufwand? Für amerikanische Farmer wurde errechnet, dass fast 29 Prozent der Energiekosten für Dünger und fast sechs Prozent für Pestizide und die restlichen 65 Prozent für Elektrizität und Treibstoffe verwendet werden.[17] Wenn nur Dünger und Pestizide betrachtet werden, dann hat der Dünger einen Energieanteil von 77 Prozent am Ernteprodukt, gefolgt von 23 Prozent für Pestizide und Saatgut.[18] Synthetisch hergestellter Dünger und chemisch-synthetische Pestizide, die in der Landwirtschaft verwendet werden, haben die Nahrungsmittelproduktion zwar erhöht, benötigen in der Herstellung jedoch auch sehr viel Energie. Stickstoff ist der mengenmäßig am häufigsten zugeführte Dünger-Nährstoff. Der Energiebedarf für Herstellung, Transport und Ausbringung von einer Tonne Stickstoffdünger entspricht dem Energiegehalt von etwa zwei Tonnen Erdöl! Aber auch die Herstellung von Pestiziden ist sehr energieintensiv. Aufgrund der Vielzahl an Pestiziden gibt es dazu aber leider keine verlässlichen Zahlen. Der Energieanteil für Pestizide hängt natürlich stark vom landwirtschaftlichen Betriebszweig ab. Bei einem Obstproduzenten, der seine Kulturen dreißigmal pro Saison mit Pestiziden behandelt, wird der Beitrag der Pestizide zur Energiebilanz höher sein als bei einem Ackerbauern, der nur zweimal pro Saison Pestizide ausbringt. Trotz der hohen Ausgaben für Treibstoffe ist die Energieeffizienz bei landwirtschaftlichen Fahrzeugen nicht wirklich ein Thema. Beispielsweise werden im Weinbau bei 25 Fahrten im Weingarten in der Saison über 250 Liter

Diesel pro Hektar verbraucht. Umgerechnet auf hundert Kilometer entspricht dies einem Dieselverbrauch von unglaublichen 300 Litern! Die zahlreichen Arbeitsgänge für die Ausbringung von Pestiziden haben dabei einen wesentlichen Anteil.[19] Jetzt wird mir auch klarer, warum viele Landwirte eigene Tankstellen am Hof haben und warum es immer einen riesigen Aufschrei seitens der Landwirtschaft gibt, wenn über Kürzungen bei der Förderung von Agrar-Diesel diskutiert wird. Im Vergleich zu 1950 ist die Menge der eingesetzten Pestizide um das Fünfzigfache gestiegen.[20] Projiziert man die in der Vergangenheit stets steigende Pestizidproduktion in die Zukunft, dann würde sich die Pestizidproduktion bis 2020 noch einmal fast verdoppeln, bis 2050 sogar fast verfünffachen. Die Belastung von Natur und Mensch mit Pestiziden wird in der Zukunft also ziemlich sicher noch ansteigen.

Es wäre unausgewogen und unfair, an dieser Stelle die enormen Errungenschaften der Landwirtschaft in den letzten Jahrzehnten zu leugnen. Während der ersten 35 Jahre der sogenannten Grünen Revolution hat sich die Getreideproduktion verdoppelt, dadurch wurde die Nachfrage der steigenden Weltbevölkerung nach Getreide gestillt.[21] Die Grüne Revolution wurde von der US-Entwicklungshilfeorganisation als Gegenbewegung zur gewaltsamen Roten Revolution in der Sowjetunion ausgerufen. Wirklich vorangetrieben hat sie der amerikanische Agrarwissenschaftler Norman E. Borlaug, der dafür 1970 sogar den Friedensnobelpreis erhielt. Die Grüne Revolution zeichnet aus, was wir heute unter konventioneller, industrieller Landwirtschaft verstehen: große Monokulturen, große Maschinen, Chemisierung in Form von Düngern, Pestiziden, Beschränkung auf wenige Hochleistungssorten und künstliche Bewässerung. Wir haben vorher ausgeführt, wie energie- und maschinenintensiv diese Art der Landwirtschaft ist. Wahrscheinlich war es deshalb nicht nur Zufall, dass es vor allem die Stiftungen des Ölgiganten Rockefeller und des Agrarmaschinenherstellers Ford waren, die mit kräftiger finanzieller Unterstützung dafür sorgten, dass sich die Grüne Revolution weltweit verbreitete.[22] Trotz dieser Errungenschaften hungern aber noch immer fast 850 Millionen Menschen auf unserer Erde. Dementsprechend appellieren die Nahrungsmittelindustrie und Agrokonzerne unisono, dass wir die Intensivierung vorantreiben müssen, um Hunger auf der Welt zu bekämpfen. Dass in den westlichen Industriestaaten gleichzeitig auch 1,4 Milliarden Menschen an Übergewicht und krankhafter Fettleibigkeit leiden, wird dabei geflissentlich übersehen. Die Schlussfolgerung liegt nahe, dass weltweit eigentlich genug Nahrungsmittel produziert werden, diese jedoch ungerecht verteilt werden. Jedenfalls wurde noch nie so viel Getreide produziert wie heutzutage, aber nur 46 Prozent dieser Ernte dienen tatsächlich unmittelbar als Lebensmittel. Der Rest dient als Viehfutter für die Fleischproduktion, als sogenannter Agrosprit dem fossilen Treibstoff beigemischt oder als Industrierohstoff verarbeitet. Allein in Österreich landet größenordnungsmäßig fast jeder zweite Hektar des Ackerlandes (45 Prozent) im Tank der Autofahrer.[23] Dies wirft die Frage auf, ob es den Agrokonzernen mit ihrem Plädoyer für eine pestizidintensive Landwirtschaft wirklich vorrangig um die Sicherung der Ernährung geht.

Mit dieser Form der industriellen Landwirtschaft sind wir mittlerweile aber in einer paradoxen Situation. Der Wirtschaftszweig, der eigentlich unsere Lebensgrundlage ist, wird selbst zu einer der wichtigsten Ursachen für den Klimawandel, das Artensterben, für Umweltvergiftung und Wasserverknappung. Bis zu vierzig Prozent aller Treibhausgasemissionen werden direkt oder indirekt durch unsere Agrar- und Lebensmittelproduktion, deren Verarbeitung, Transport, Verbrauch und Entsorgung verursacht. Landwirtschaft ist die Erwerbs- und Existenzgrundlage von mehr als einem Drittel der Menschheit, die Ernährung insgesamt der wichtigste Wirtschaftszweig der Welt.

Exzessiver Pestizidgebrauch wird meist mit riesigen Monokulturen und Landwirtschaft in industriellen Maßstäben gleichgesetzt. Weniger bekannt ist jedoch, dass auch viele Kleinbetriebe und Nebenerwerbslandwirte häufig Pestizide einsetzen. Jeder genießt wohl die Ästhetik und Diversität einer reich strukturierten Weinbauland-schaft. Hinzu kommt noch der Gedanke an den guten Tropfen Wein, der da hervorgebracht wird. Aber wie wir vorhin gehört haben, zählt der Weinbau nach dem Obstbau zu den landwirtschaftlichen Kulturen mit dem höchsten Pestizideinsatz. Allein in Österreich sind für den Weinbau 277 Pestizide zugelassen. Brisant dabei ist, dass die meisten Pflanzenschutzmaßnahmen vorbeugend stattfinden. Dass Weinbauern dabei unwissentlich auch als Versuchskaninchen von Agrochemiekonzernen dienen, lässt ein Vorfall aus Südtirol vermuten. Der deutsche Agrochemiekonzern Bayer zahlte Südtiroler Weinbauern zwei Millionen Euro Entschädigung, weil die Behandlung mit einem empfohlenen Fungizid gegen den Botrytis-Pilz einen Totalausfall der Erträge gebracht hat.[24] Rund 800 Südtiroler Weinbauern haben das Fungizid auf ihre Anlagen gesprüht, im darauffolgenden Sommer bemerkten sie enorme Schäden bei den Rebblüten und dann auch viele Ernteausfälle. Der Hersteller hat daraufhin eine offizielle Empfehlung veröffentlicht, das Fungizid aus Vorsorgegründen (!) im Weinbau nicht mehr einzusetzen. So viel vorerst zum Mythos, dass es sich bei Pestiziden um die am besten untersuchten chemischen Substanzen handelt.

Es ist klar, dass in früheren Jahren mit ganz anderen Pestizid-Geschützen aufgefahren wurde. Viele Pestizide waren persistent und haben sich im Fettgewebe von Tieren und Menschen angereichert. Ob die neueren Pestizide wirklich besser sind, kann eigentlich nicht seriös beantwortet werden, da schlichtweg der Erfahrungszeitraum fehlt. In einem wissenschaftlichen Lehrbuch aus den USA aus dem Jahr 1974 wird beispielsweise angegeben, dass mit einem Gemisch aus zehn bis zwanzig Gallonen Dieselöl, zwei bis drei Pints Dinitrophenol und hundert Gallonen Wasser ein gutes Herbizid zur Unkrautbekämpfung in Weingärten herzustellen ist.[25] Man beachte die exakten Dosierungsangaben! Dieses Gemisch soll dann viermal in der Saison angewendet werden. Dieses Pestizid wurde übrigens bereits Ende des 19. Jahrhunderts als Insektizid patentiert, machte dann aber auch als

Fungizid und in den 1970er Jahren als Herbizid Karriere. Klingt eher nach Herumprobieren als nach zielgerichteter Entwicklung von Spezialpräparaten. Im selben Buch wird übrigens auch auf einen vielversprechenden und umweltfreundlichen Wirkstoff hingewiesen, der vollständig in unschädliche Bestandteile abgebaut wird: Glyphosat; aber dazu später mehr.

Dass das Versprühen von reinen Erdölprodukten nicht ganz der Vergangenheit angehört, zeigt eine kleine Episode mit einem Studenten aus Bangladesch, dessen Vater Jutefarmer ist. Gefragt, was dort an Pestiziden eingesetzt wird, meinte der Student der Agrarwissenschaften zu mir, dass alles biologisch bewirtschaftet würde und keine synthetischen Pestizide verwendet werden. Auf meine skeptische Nachfrage, was denn im Bedarfsfall gegen Schädlinge eingesetzt wird, erklärte der Student, lediglich Kerosin. Kerosin kennt man übrigens auch als Flugzeugbenzin, wird aber nicht von Agrochemiekonzernen hergestellt.

Obwohl Pestizide zu höheren landwirtschaftlichen Erträgen beitragen können, dürfen wir die negativen Effekte auf die menschliche Gesundheit und unsere Umwelt nicht außer Acht lassen. Das Problem ist leider nicht nur auf landwirtschaftliche Felder beschränkt. Einige Pestizide verteilen sich weltweit, werden durch Wind oder Erosion verdriftet und reichern sich in Nahrungsketten an und beeinflussen damit sogar die Umwelt und Menschen in sehr großer Entfernung vom Ausbringungsort der Substanzen. Manche Substanzen, die in den 1970er Jahren verwendet wurden, haben sich über Wind und Schnee im Eis der Alpengletscher angereichert. Mit der Klimaerwärmung und dem Abschmelzen der Gletscher werden diese Substanzen wieder freigesetzt und finden sich in vermeintlich unberührtem »Hochquellwasser« wieder.[26] Sogar im Fett von Pinguinen in der Antarktis werden Spuren von Pestiziden gemessen, die Tausende Kilometer davon entfernt eingesetzt wurden.[27] Pflanzen, die mit Pestiziden besprüht werden, werden von Bienen aufgenommen und gelangen über den Honig auf dem Frühstücksbrot in den menschlichen

Körper. Woher der Honig kommt, scheint unerheblich; immerhin hat man mittlerweile Pestizidrückstände in Honigproben aus achtzig verschiedenen Ländern nachgewiesen.[28] Pestizide, die per Flugzeug gegen Stechmücken eingesetzt werden, werden von Fischen, die Mückenlarven fressen, aufgenommen und landen letztendlich über ein Fischgericht im Menschen.

PESTIZIDE WERDEN AUCH ANDERSWO EINGESETZT

Landwirte, die sich wegen der Pestizidproblematik zu Unrecht kritisiert fühlen, antworten oft reflexartig, dass ja eigentlich die Bahn der größte Verbraucher an Pestiziden sei. Aber darüber rede niemand, weil die Bahn eine bessere Lobby habe. Gehen wir der Sache nach.

Tatsache ist, dass der Gleiskörper mit Herbiziden unkrautfrei gehalten wird, da es sonst zu Entgleisungen kommen könnte oder erhöhte Brandgefahr herrschen würde. Zum Pestizidaufwand auf dem Streckennetz der Deutschen Bahn gab es eine parlamentarische Anfrage im Deutschen Bundestag, es ging dabei vor allem um das umstrittene Herbizid Glyphosat.[29] Demnach verwaltet die Deutsche Bahn ein Streckennetz von zirka 34 000 Kilometern mit einer Gesamtfläche von etwa 1040 Quadratkilometern und setzt zur Unkrautbekämpfung der Gleise jährlich etwa siebzig Tonnen Glyphosat ein. Immerhin etwa 310 Quadratkilometer dieser Fläche befinden sich in Wasserschutz- oder Naturschutzgebieten. Damit ist die Deutsche Bahn nicht der größte, aber mit sehr viel Abstand der zweitgrößte Verbraucher von Herbiziden in Deutschland nach der Landwirtschaft, die jährlich etwa 4000 Tonnen verbraucht. In Österreich verwendeten die ÖBB auf zirka 5600 Kilometer und einer Fläche von 42 Quadratkilometern etwa 9,7 Tonnen von insgesamt 338 Tonnen Glyphosat, die in Österreich insgesamt pro Jahr eingesetzt wurden.[30] Angewendet wird das Herbizid mit einem speziellen Spritzzug, der nachts unterwegs ist und dabei die Vegetation erkennt und selektiv besprüht, anstatt das Mittel großflächig aufzubringen. Damit konnten seit 2005 in Österreich angeblich etwa 75 Prozent der ursprünglichen Herbizid-Menge eingespart werden. Auch auf Nebenbahnen, die zum Teil durch Naturschutzgebiete führen, werden Herbizide eingesetzt. Die Sensibilisierung der Mitarbeiter oder der Druck der Öffentlichkeit geht dabei zum Teil so weit, dass offiziell nicht mehr von Unkrautvernichtern, sondern von Aufwuchsbekämpfungsmitteln gesprochen und das eingesetzte Glyphosat als biologisch wirksames Mittel bezeichnet wird. Wobei Letzteres im Grunde genommen sogar stimmt, da ja durch dieses Herbizid wirklich in die biologischen Prozesse der Pflanze eingegriffen wird.

Pestizide werden auch zur sogenannten Wildvergrämung, dem Abwehren von Wildverbiss und Vogelfraß, in landwirtschaftlichen Kulturen oder in der Forstwirtschaft eingesetzt. Die dabei verwendeten Mittel sind heftig. Giftig für Regenwürmer, sehr giftig für Wasserorganismen, giftig beim Einatmen und stehen im Verdacht in den verwendeten Dosierungen sogar die Parkinson-Krankheit auszulösen.[31]

Ein sehr wenig untersuchtes Feld ist der Pestizideinsatz in sogenannten Aquakulturen, also Farmen, in denen Fische und Meeresfrüchte produziert werden. Bei stichprobenartigen Untersuchungen von Lachs, Forelle, Dorade und Wolfsbarsch aus Aquakulturen konnte weiters auch ein Pestizid (Ethoxyquin) über der erlaubten Höchstgrenze nachgewiesen worden.[32] Wegen möglicher Krebserregung wurde dieses Pestizid mittlerweile sogar verboten. Pestizide werden auch eingesetzt, um zum Beispiel in Krebszuchten natürlich vorkommende Garnelen zu dezimieren.[33] Andererseits werden in der Garnelenzucht Pestizide eingesetzt, um Fische, Krebse, Schnecken, Pilze, Algen und Schlingpflanzen zu bekämpfen.[34] Weiters werden noch große Mengen an Desinfektionsmitteln eingesetzt, um zu verhindern, dass durch den Garnelenkot am Meeresgrund Krankheitserreger entstehen, die die Zucht gefährden könnten. Wie in jeder intensiven Tierzucht werden auch in den Aquakulturen Antibiotika in großen Mengen eingesetzt, aber dies soll hier nicht weiter ausgeführt werden.

Im Herbst 2017 wurden nach den verheerenden Überschwemmungen im Zuge von Hurrikan Harvey in Texas über mehrere Wochen Insektizide gegen Moskitos großräumig mittels C-130-Herkules-Militärflugzeugen ausgebracht.[35] Innerhalb weniger Tage konnten so etwa 7500 Quadratkilometer Überschwemmungsgebiet mit Insektiziden behandelt werden. Man will damit den Ausbruch von von Moskitos übertragenen Krankheiten wie das West-Nil-Fieber oder das Zika-Virus verhindern. Obwohl zugegeben wird, dass die meisten Moskito-Arten, die nach Überflutungen auftreten, gar nicht als Krankheitsüberträger auftreten, befürchtet man in erster Linie eine Belästigung der Bewohner und Hilfskräfte durch Moskitos. Solche Aktionen gab es auch schon bei den Hurrikanen Katrina, Rita und Gustav die Jahre davor. Eingesetzt wird dafür übrigens das Insektizid Naled, hergestellt von einem strategischen Partner von Monsanto.[36] Dieses Produkt ist in Europa wegen »unakzeptabler Risiken« für Menschen verboten. Die Pestizid-Flüge finden bei Tag und in der Nacht statt, die Bewohner werden zur Vorsicht gemahnt, Imker sollten ihre Bienenstöcke abdecken.

Aber auch in Europa ist die Bekämpfung von Stechmücken aus dem Helikopter etwa am Rhein, an der Donau oder am Chiemsee bereits seit Jahren gebräuchlich.[37] Eingesetzt werden Insektizide aus der Gruppe der Pyrethroide oder in letzter Zeit verstärkt ein Bakterium (*Bacillus thuringiensis israelensis*, BTi). Wenig bekannt ist noch über die Umweltwirkungen der eingesetzten Pestizide. Immerhin stellen Mücken und ihre Larven eine wichtige Nahrungsquelle für Vögel, Fledermäuse, Fische und Amphibien dar. BTi wird harmloser eingeschätzt, es wirkt aber auch nur gegen Mückenlarven, die noch im Wasser leben, und nicht gegen die ausgewachsenen Insekten. Gegen die ausgewachsenen Plagegeister müssen dann schon die für viele Insekten toxischen Pyrethroide, die auch als hormonell wirksame Substanzen eingestuft werden, verwendet werden.

Insektizide werden auch in Landschaftsgärtnereien im großen Stil eingesetzt. Ein drastischer Fall wird aus den USA berichtet. Dort hat sich im Sommer 2014 eine Firma für Landschaftsplanung dazu ent-schlossen, einige Lindenbäume mit einem Insektizid zu behandeln.[38] Die Bäume standen auf einem Parkplatz und hatten einen Blattlausbe-fall, wie er bei Linden regelmäßig vorkommt. Die »Gefahr« war, dass auf dem Parkplatz geparkte Autos von klebrigem Honigtau, den die Blattläuse absondern, bedeckt würden. Konfrontiert mit einer der-artigen Bedrohung für die Menschheit, erschien es nur logisch und vernünftig, die Bäume mit einem Insektizid aus der Klasse der Neo-nicotinoide (Dinotefuran) zu besprühen. Einige Tage später wurde berichtet, dass der Parkplatz mit mindestens 50 000 toten Hummeln übersät war. Die Bäume hatten geblüht, und Hummeln lieben Lin-dennektar. Die Dosis an Pestiziden, die sie durch den Nektar aufge-nommen hatten, war groß genug, um die meisten sofort zu töten. Das führte zum größten berichteten Hummelsterben in der Geschichte. Wahrscheinlich sind noch viele mehr unbemerkt anderswo verstor-ben. Dies zeigt auch die Unsinnigkeit, Pestizide für kosmetische Zwe-cke in Gärten oder Parks einzusetzen beziehungsweise das überhaupt zu erlauben. Der Pestizideinsatz in der Landwirtschaft kann wenigs-tens damit begründet werden, dass damit die Nahrungsmittelproduk-tion sichergestellt werden soll, immerhin brauchen wir alle etwas zu essen. Aber müssen wir wirklich hochtoxische Substanzen in der Ge-gend versprühen, nur um einem übertriebenen Sauberkeitsanspruch zu genügen?

Pestizide werden aber auch dort eingesetzt wo man es zunächst nicht vermutet, in Museen zum Beispiel. Dort sind etwa die Holz-bilderrahmen oder Leinwände von unschätzbar wertvollen Kunst-werken von Käferfraß bedroht. In naturhistorischen Museen in der ganzen Welt werden oder wurden die ausgestellten Präparate des-halb kräftig mit Pestiziden behandelt, da sich verschiedene Insekten-schädlinge oder Holzpilze sonst über die Objekte hermachen würden. Durch den jahrzehntelangen Pestizideinsatz lagert deshalb sehr viel giftiges Kulturgut in den Museumsspeichern. Die eingesetzten Pes-tizide waren im 20. Jahrhundert verschiedenste Pestizide wie DDT,

Lindan und PCP (Pentachlorphenol). Viele davon sind heutzutage verboten, dennoch sind die Kunstobjekte weiterhin damit kontaminiert, weil es sich dabei um sehr persistente Wirkstoffe handelt. So sind rund zwei Drittel der Sammlung im bekannten Ethnologischen Museum Berlin-Dahlem kontaminiert. In Österreich ist man mit der Öffentlichmachung dieser Thematik naturgemäß zurückhaltender als in Deutschland. Das Thema gilt als heikel, man spricht nur vorsichtig über die Kontaminierung der Archive und eventuelle Gesundheitsprobleme der Mitarbeiter. Restauratoren und Depotmitarbeiter erzählten mir von Schwindel, extremer Müdigkeit, Atemwegsbeschwerden und Hautausschlägen nach längerem Arbeiten mit belasteten Objekten. Hingegen wird die Gefahr für Besucher als gering eingeschätzt, da betroffene Gegenstände in öffentlichen Ausstellungen oft in Glasvitrinen präsentiert werden. Mittlerweile finden sogar wissenschaftliche Konferenzen zum Thema statt.[39] Noch gravierender ist die Situation in tropischen Regionen. Ein Kollege zeigte mir Bilder aus Museen in Südostasien, wo Termiten nicht nur Bilderrahmen von Kunstobjekten, sondern gleich die gesamten Möbel inklusive Türstöcke des Museums wegfraßen.

Anstelle von Gift im Museum vertraut man in Mitteleuropa zunehmend auf Überwachung und Prävention. Als Alternativen zum Gift verwendet man in der Wiener Wagenburg zum Beispiel Fallen, die Sexuallockstoffe aussenden. Damit werden die Tiere angelockt und von den wertvollen Objekten ferngehalten. Falls trotz aller Prävention Gegenstände von Schädlingsbefall betroffen sind, kommen die Objekte für sechs Wochen in eine Begasungskammer mit Stickstoff. In dieser Zeit werden sowohl die Tiere als auch deren Eier abgetötet. Dieses Verfahren ist effizient, und es verbleiben keine gesundheitsgefährdenden Rückstände auf den Objekten.

Ein Umweltmediziner hat mir erzählt, dass in Blutproben von bekannten österreichischen Schauspielern Rückstände des Insektizids DDT nachgewiesen wurden. Da DDT schon seit Jahrzehnten verboten ist, wird angenommen, dass die einstige Behandlung der historischen Kostüme und Perücken mit DDT-haltigen Mottensprays dafür verantwortlich ist.

So kommt man also in der Arbeitswelt mit Pestiziden in Kontakt, als Landwirt, Gärtner, im Museum oder Theater. Auch in der Freizeit kann man zum Beispiel im Flugzeug zum Urlaubsziel mit Pestiziden in Kontakt kommen. Vor allem auf Flügen nach Australien, Neuseeland, Indien, die Seychellen oder Mauritius bestehen gute Chancen dazu.[40] Um Vorschriften von Zielländern zu genügen, ist das Bordpersonal angehalten, Pestizide zu versprühen, mit denen auch die Passagiere in Kontakt kommen können. Zweck dieser Maßnahmen ist es, landwirtschaftliche Schadinsekten und Überträger von gefährlichen Krankheitserregern wie etwa Malaria-Moskitos nicht in Urlaubsländer einzuschleppen. Immer wieder werden Schadinsekten per Flugzeug oder Schiff in fremde Ökosysteme eingeschleppt und richten dort zum Teil erheblichen Schaden an oder übertragen gar gefährliche Krankheiten. In der Umgebung von Flughäfen kommt es auch in Mitteleuropa hin und wieder zu Malaria-Fällen, die auf versehentlich eingeschleppte Moskitos zurückzuführen sind. Ein anderes Beispiel ist der Westliche Maiswurzelbohrer, ein Pflanzenschädling aus Nordamerika, der während des Balkankriegs in den 1990er Jahren mit US-Militärflugzeugen eingeschleppt wurde. Auch Krankheiten können auf diesem Weg verbreitet werden, der aggressive asiatische Tigermoskito gelangte über Bambusimporte in die USA und hat dort zur Ausbreitung des gefährlichen Dengue-Fiebers geführt. Wie effektiv der Schutz durch Pestizide in Flugzeugen ist, wird mittlerweile überprüft. In den vergangenen Jahren häuften sich jedoch Beschwerden über gesundheitliche Probleme des Flugpersonals, das ständig diesen Giften ausgesetzt ist. Umstritten ist vor allem die Anwendung von Schädlingsbekämpfungsmitteln mit Langzeitwirkung, da sich diese im menschlichen Fettgewebe anreichern. In diesem Zusammenhang ist auch eine lebensbedrohliche Asthmaattacke eines irischen Geschäftsmannes im Flugzeug zu erwähnen, die durch eine Pestizidbehandlung ausgelöst wurde.[41] Das Flugzeug musste daraufhin notlanden, der Asthmatiker hat den Zwischenfall nur knapp überlebt und bekam letztlich von der Fluglinie 50 000 Euro Schadensersatz zugesprochen.

Im Urlaubsort angekommen, besteht wieder eine große Wahrscheinlichkeit, mit Pestiziden in Kontakt zu kommen. Häufig werden Pestizide nämlich großflächig in Hotelanlagen eingesetzt. Beschwerden darüber finden sich immer wieder auf diversen Buchungsplattformen im Internet. Da ist die Rede davon, dass in der kompletten Hotelanlage in Italien, der Türkei oder Ägypten Pestizide versprüht werden, ohne dass die Gäste darüber informiert werden. Aber auch auf Campingplätzen wird oft ohne Information mit Pestiziden über die Zelte hinweg gesprüht. Vor allem im wärmeren Gebieten werden meist über Nacht Insektizide ausgebracht, um die Hotelgäste vor unliebsamen Krabbeltieren zu bewahren. Fragt sich bloß, was langfristig größere Auswirkungen hat, die Belästigung durch Insekten oder durch die chemische Keule?

Ein Bereich, zu dem es wenig verlässliche Zahlen gibt, ist der Pestizidgebrauch im kommunalen Bereich in Gemeinden, Kindergärten, auf Spielplätzen oder in Privatgärten. Nach Angaben der US-Umweltbehörde werden in etwa 88 Millionen US-Haushalten etwa sechs Prozent der insgesamt jährlich verwendeten Pestizide verwendet.[42] In Kanada haben im Jahr 2013 neunzehn Prozent der Haushalte, die einen Garten besitzen, chemische Pestizide eingesetzt, im Jahr 1994 waren es noch 31 Prozent.[43] Es wird angenommen, dass ein Verbot von sogenannten kosmetischen Pestiziden, das heißt solchen, die nur eingesetzt werden, um das Aussehen von Früchten oder Rasenflächen zu verbessern, wesentlich zu dieser Reduktion beigetragen hat. Die Situation in Europa wird wohl ähnlich sein. Für Österreich hat eine Befragung von über tausend Haus- und Gartenbesitzern ergeben, dass 35 Prozent im Frühjahr und Sommer Pestizide einsetzen.[44] Demnach werden Pestizide überdurchschnittlich oft angewandt von Frauen, von Personen über fünfzig Jahren und von Landwirten. Elf Prozent der Pestizide werden gegen Mehlmotten, Kleidermotten und andere Insekten eingesetzt. Nur siebzehn Prozent der Befragten gaben an, die empfohlene Dosierung meist genau einzuhalten. Jedoch wandten nur zwölf Prozent Schutzmaßnahmen wie Handschuhe an, eine Schutzbrille wurde überhaupt von nur zwei Prozent getragen.

Hausstaub ist ein wichtiger Gradmesser für Pestizide, die im Haushaltsbereich angewendet werden. Die Analyse von Hausstaubproben gibt wichtige Hinweise über mögliche Langzeitbelastungen der Bewohner. Bei der Pestizidanwendung in Innenräumen ist zu beachten, dass die Persistenz der Wirkstoffe – gegenüber dem Freiland – zum Teil erheblich verlängert sein kann. Eine Untersuchung von 336 Staubproben in Deutschland, die über vier Wochen mittels Staubsauger von den Bewohnern gesammelt wurden, zeigte, dass in fast allen Haushalten Pestizide nachweisbar waren.[45] Auffallend war auch, dass in über zwei Drittel der Proben DDT und in fast allen Proben PCP-Rückstände zu finden waren, obwohl diese Wirkstoffe schon seit Jahrzehnten verboten sind. Auch in der Raumluft von Wohnungen können selbst vierzehn Monate (Permethrin) bis sieben Jahre (Lindan) nach der Anwendung der Pestizide noch Rückstände gemessen werden.[46]

Wenn man im Frühsommer durch die Gegend geht und die zahlreichen von abgestorbenen Pflanzen eingerahmten Wege und Plätze sieht, dann ist offensichtlich, dass der Einsatz von Totalherbiziden sehr weit verbreitet ist. Vermutlich gibt es nur wenige Haushalte, in denen nicht zumindest ein Insektenspray, Mückenstecker, Rattengift, Ameisenpulver, Schneckengift oder dergleichen zu finden sind.

VON WELCHEN SUBSTANZEN IST EIGENTLICH DIE REDE?

Ein paar Wirkstoffe, wie die Insektizide DDT und Lindan oder das Herbizid Glyphosat, wurden bereits erwähnt. Es hat wenig Sinn, hier die Abertausenden an Chemikalien, die als Pestizide eingesetzt werden, abzuhandeln, dazu gibt es jede Menge Fachbücher. Vielmehr möchte ich jene Produktgruppen exemplarisch herausgreifen, die am meisten eingesetzt werden und mit denen wir am häufigsten konfrontiert werden. Das sind Unkrautvernichtungsmittel (Herbizide), Insektenvernichtungsmittel (Insektizide) und Mittel gegen Pilzkrankheiten (Fungizide). Daneben gibt es noch eine Vielzahl anderer Pestizide, gegen Milben, Ratten, Schnecken, oder allgemeine Biozide, auf die wir hier aber nicht näher eingehen wollen. Natürlich sind Pestizide streng genommen auch Biozide, also wortwörtlich Stoffe, die Leben töten. Aber der Begriff der Biozide ist reserviert für Chemikalien, die im nicht-landwirtschaftlichen Bereich zur Desinfektion oder Schädlingsbekämpfung eingesetzt werden, wie zum Beispiel in Holzschutzmitteln, in Mitteln zur Trinkwasseraufbereitung oder die auf Baustellen eingesetzt werden. All diese Pestizide werden auf ganz vielfältige Weise ausgebracht: händisch mit einer Spritze, die wie ein Rucksack getragen wird; mittels Traktoren, Helikoptern oder Flugzeugen; verstreut als Stäubemittel oder Granulate oder ins Gießwasser gemischt. Oft werden Pestizide auch zur Saatgutbeizung eingesetzt, indem Saatgut in eine Pestizidbrühe getaucht wird und so vor Pilzkrankheiten und Insekten geschützt wird.

Wir haben bereits erwähnt, dass es sich bei den meisten Pestiziden um sogenannte Formulierungen aus mehreren Chemikalien handelt. Dazu zählen die aktiven Substanzen, das sind die eigentlichen Pestizidwirkstoffe (zum Beispiel Glyphosat), und eine Vielzahl von sogenannten inerten Beistoffen. Die Beistoffe dienen dazu, die Handhabung, Aufnahme und Wirksamkeit der aktiven Substanzen zu verbessern. Durch sie kann der Wirkstoff besser an den Unkräutern oder Schädlingen anhaften und wird nicht so leicht vom Regen weggewaschen. Die Verteilung des Wirkstoffs in der Spritzbrühe oder das Eindringen des Wirkstoffs in den zu bekämpfenden Organismus wird erleichtert. Zu den harmlosen Beistoffen zählen Wasser, Talk, Bentonit, Kaolin, Kieselgur oder Kalk. Weniger harmlos sind organische Lösungsmittel, Mineralöle, Tenside, Emulgatoren, Stabilisatoren, PVC oder Organosilikone. Viele Beistoffe werden von den Herstellern nicht deklariert, da die Rezeptur als Betriebsgeheimnis gilt.

Dabei machen die Beistoffe oft sogar den überwiegenden Teil in den Pestizid-Formulierungen aus. Wie erwähnt, werden viele Beistoffe als chemisch inert dargestellt, was bedeutet, dass sie nicht oder nur in vernachlässigbar geringem Maße mit anderen Substanzen reagieren und keine schädliche Wirkung auf andere Organismen ausüben. Eine irreführende Bezeichnung, da viele Wirkstoffe ihre Wirksamkeit erst im Beisein der Beistoffe entfalten können. Studien, bei denen die Wirkung der reinen aktiven Substanz mit jener der gebrauchsfertigen Pestizid-Formulierung verglichen wurde, haben auch gezeigt, dass die Pestizid-Formulierung wesentlich toxischer ist als die reine aktive Substanz.[47] In einer Studie wurde beispielsweise die Wirkung von neun verschiedenen Pestiziden auf menschliche Zelllinien getestet. Dabei wurden einerseits die reinen Wirkstoffe und andererseits die fertigen Formulierungen (Wirkstoffe mit Beistoffen) angewandt.[48] Die Resultate waren dramatisch: Von den neun getesteten Pestizid-Formulierungen waren acht bis zu tausendmal toxischer als die reinen Wirkstoffe. Fungizide waren selbst bei Konzentrationen, die 300- bis 600-fach unter der praxisüblichen Dosierung lagen, die giftigsten Substanzen, gefolgt von Herbiziden und Insektiziden. Diese Beistoffe als inert zu bezeichnen kann also als bewusste Irreführung gedeutet werden. Damit muss die gesamte Pestizidzulassung in Frage gestellt werden, da dort ja nur die Giftigkeit der Wirkstoffe allein getestet wird.

HERBIZIDE VERNICHTEN PFLANZEN

Herbizide sind Mittel zur Vernichtung unerwünschter Gräser und Kräuter. Bodenherbizide werden über den Boden beziehungsweise über die Wurzel oder den Keimling aufgenommen, während Blattherbizide über die Blätter und grünen Stängelteile in die Pflanzen gelangen. Unkräuter sind weltweit die mit Abstand wichtigsten »Schaderreger« in der Landwirtschaft. Dies ist umso bemerkenswerter, als Unkräuter keine direkten Schäden oder Krankheiten an den Kulturpflanzen verursachen. Ihre Schadwirkung entfalten sie auf indirektem Wege vor allem durch Konkurrenz gegenüber der Kulturpflanze um Wasser oder Nährstoffe, oder weil sie den Ernteprozess, etwa mittels Mähdrescher, behindern. Im Vorwort habe ich bereits erwähnt, dass der Begriff Unkräuter unter Ökologen eigentlich verpönt ist, da er kategorisch abwertend ist. Im Prinzip handelt es sich einfach um Pflanzen, die man auf dem Feld oder im Garten nicht haben will. Dies kann zu solch grotesken Situationen führen, dass die Kulturpflanzen Sonnenblume oder Raps zu Unkräutern werden, wenn sie im Folgejahr in Getreidekulturen aufgehen, etwa weil bei der Ernte im Vorjahr Samen ausgefallen sind. Mit etwa dreißig Prozent liegt das Schadpotenzial bei Unkräutern etwa doppelt so hoch wie bei Pilzkrankheiten und um ein Drittel höher als bei Schädlingen – bezogen auf die acht weltweit wichtigsten Nutzpflanzen.[49] Daraus leitet sich auch die große Bedeutung der Herbizide als wichtigste Pestizide ab. Wirksame chemische Herbizide gibt es erst seit den 1940er Jahren. Die ältesten wirkten wie pflanzliche Wachstumshormone und töteten die Pflanzen, indem sie unkontrolliertes Wachstum auslösten. Das Herbizid 2,4-D, das seit 1945 auf dem Markt ist, gehört dazu. Dieses Herbizid erreichte als Bestandteil von Agent Orange seine erschütternde Berühmtheit im Vietnamkrieg 1967/68. Dort wurde es von den US-Streitkräften in Millionen Litern zur Entlaubung des Regenwaldes eingesetzt und verursacht noch heute unsägliches Leid in Form von genetischen Defekten bei Neugeborenen. Andere bekannte Herbizidwirkstoffe wie Atrazin oder Paraquat greifen in die Fotosynthese ein, Wirkstoffe wie Glyphosat dagegen stören Stoffwechselwege, die Aminosäuren und andere Biomoleküle aufbauen. Bevor chemische Herbizide breit eingesetzt wurden, wurden unliebsame Pflanzen mechanisch mittels Pflug, Striegel oder Eggen in Schach gehalten. Diese nicht-chemischen Methoden der Beikrautkontrolle werden nach wie vor im ökologischen Landbau erfolgreich eingesetzt.

Herbizide können natürlich nicht zwischen Kulturpflanzen und Unkräutern unterscheiden. Es gibt Herbizide, die spezifisch auf Einkeimblättrige Pflanzenarten (Gräser) wirken, andere wirken nur auf Zweikeimblättrige (Kräuter). Aber die am häufigsten eingesetzten Breitbandherbizide mit den Wirkstoffen Glyphosat, Glufosinat oder Flazasulfuron töten alle Pflanzen gleichermaßen. Wenn ein Totalherbizid auf einen Salatkopf gesprüht wird, stirbt dieser innerhalb weniger Tage ab. Unsachgemäß angewendet können Herbizide sogar die eigentlich vor Unkräutern zu schützenden Kulturpflanzen abtöten. Wenn Herbizide zur sogenannten Unterstockbehandlung im Weinbau verwendet werden, ist deshalb tunlichst genau darauf zu achten, dass die Weinblätter nichts vom Gift abbekommen, da der Weinstock sonst absterben würde. Im Weinbau sind Herbizide im Einsatz, die nur in mindestens vier Jahre alten Weingärten eingesetzt werden dürfen, weil das Risiko, den jüngeren Weinstock zu schädigen, zu groß ist. Deswegen braucht deren Anwendung auch viel Fachwissen und Fingerspitzengefühl. Im Ackerbau erfolgt die Ausbringung von Herbiziden in der Regel vor der Aussaat der Feldfrucht. Eine ziemlich abartige Verwendung von Herbiziden richtet sich gegen die angebaute Kulturpflanze selbst. Es handelt sich dabei um die Anwendung vor der Ernte als sogenannte Abreifespritzung oder Sikkation. Warum wird das gemacht? Wenn man ein Getreidefeld kurz vor der Ernte sieht, fallen einem oft grünliche, noch nicht vollreife Bereiche auf. Hier hilft die moderne Landwirtschaft mit einer Herbizidspritzung nach und sorgt dafür, dass der Bestand gleichmäßig abstirbt und somit leichter mit dem Mähdrescher geerntet werden kann. Gerade die Abreifespritzung ist besonders umstritten, weil damit Pestizidrückstände in Lebensmitteln vorprogrammiert sind. In Grenzertragsregionen mit ungünstigen Witterungsbedingungen im Norden Europas wird die Abreifespritzung im Getreide häufig eingesetzt. Auch in Mitteleuropa wird sie im Anbau von Kartoffeln, Hopfen, Raps, Ackerbohnen, Futterrüben, Zuckerrüben oder Linsen oft eingesetzt.

WIRKSTOFF GLYPHOSAT: Glyphosat ist wahrscheinlich der bekannteste Wirkstoff in Unkrautvernichtungsmitteln. Jedenfalls ist er der Hauptwirkstoff der weltweit am häufigsten eingesetzten Totalherbizide. Entdeckt wurde die Chemikalie in den 1940er Jahren, sie wurde ursprünglich als Rohrreinigungsmittel patentiert. Auch hier kommen Zweifel auf, ob die Entwicklung von Pestiziden tatsächlich so wissenschaftlich geplant abläuft, wie vorgegeben wird. Bei Glyphosat handelt es sich um ein systemisches Pestizid, das heißt, der Wirkstoff wird von Wurzeln oder Blättern aufgenommen und verteilt sich dann in der gesamten Pflanze. Im Gegensatz dazu werden Kontaktgifte nicht in der Pflanze verteilt, folglich sterben nur die behandelten Pflanzenteile ab. Der Wirkstoff ist eine Organophosphorverbindung, die die Synthese aromatischer Aminosäuren aller grünen Pflanzenteile blockiert, die Pflanze stirbt daraufhin nach wenigen Stunden ab. Richtig breit vermarktet wurde Glyphosat Anfang der 1970er Jahre vom US-amerikanischen Agrokonzern Monsanto unter dem Markennamen Roundup. Schon in den 1980er Jahren wurde Glyphosat zu einem der meistverkauften Herbizide und als Jahrhundert-Pestizid auch in wissenschaftlichen Fachzeitschriften gefeiert.[50] Die Verkäufe von Roundup sind noch weiter in die Höhe geschnellt, als Monsanto in den 1990er Jahren gentechnisch veränderten Mais entwickelt hat, der gegen Roundup unempfindlich ist. Bei diesen Roundup-ready-Maisbeständen kann Unkrautbekämpfung mit Glyphosat durchgeführt werden, die Kulturpflanzen bleiben stehen, die Unkräuter werden vernichtet. Der Verbrauch von Glyphosat hat sich seit der Einführung gentechnisch veränderter Pflanzen 1996 verfünfzehnfacht. Weltweit werden unvorstellbare 825 Millionen Kilogramm Glyphosat verwendet, das sind über hundert Gramm pro Erdenbürger; neunzehn Prozent davon allein in den USA.[51] In den ersten Jahrzehnten seiner Marktpräsenz wurde Glyphosat allein über das Produkt Roundup von Monsanto verbreitet. Mit Auslauf der Patentrechte in vielen Staaten der Welt steht mittlerweile aber auch eine Unzahl von Produkten anderer Firmen zur Verfügung. In Deutschland sind beispielsweise über achtzig

Produkte zugelassen, die Glyphosat in unterschiedlichen Konzentrationen enthalten. Apropos Konzentration, die Angaben auf den Verpackungen sind relativ ungenau; zehn Prozent Schwankungen werden da nach Auskunft eines Chemikers ohne weiteres nachgewiesen.

Grundsätzlich ist streng geregelt, in welchen Mengen Pestizide auf den Feldern eingesetzt werden dürfen. Allein, wer überprüft dies? Wir werden uns damit noch auseinandersetzen. In Österreich und Deutschland gilt für die meisten Glyphosat-Produkte eine Begrenzung auf maximal zwei Anwendungen innerhalb eines Jahres mit einer maximalen Menge von 3,6 Kilogramm Glyphosat pro Hektar und Jahr. Es besteht die Hoffnung, dass in der landwirtschaftlichen Praxis allein aus ökonomischen Gründen exakter dosiert wird als im Privatbereich. Dort herrscht ja eher die Devise »viel hilft viel«, und es wird planlos drauflos gesprüht. Später werden wir noch sehen, dass auch die Dosierangaben vom Hersteller sehr flexibel und widersprüchlich sind und diesen sorglosen Umgang vielleicht sogar fördern. Beschönigende Produktwerbung vermittelt außerdem das Gefühl, ohnehin etwas völlig Harmloses auszubringen. Verdeckte Kontrollen durch das Umweltbundesamt in Deutschland ergaben bei fünfzig Prozent der untersuchten Landwirte Beanstandungen wegen falscher Anwendung der Pestizide.[52] In weniger gut kontrollierten Ländern ist die Situation noch besorgniserregender. In Rumänien konnte ich selbst beobachten, wie Herbizide zur Unterstockbehandlung im Weingarten quasi mit dem Gartenschlauch ausgebracht wurden. Von exakter Dosierung ist da natürlich keine Rede. Mit der Verteilung der Pestizide wurden Roma als Tagelöhner betraut. Auf den Umstand angesprochen, dass sie ohne Schutzkleidung arbeiten müssten, bekam ich zur Antwort, dass die Roma nun einmal für derartige Arbeiten zur Verfügung stünden.

Der breite Einsatz von Glyphosat auch unmittelbar vor der Ernte bringt es mit sich, dass der Stoff häufig in Lebensmitteln nachgewiesen wird. Rückstände von Glyphosat sind auch im Urin von Menschen und Tieren zu finden – und das selbst dann, wenn diese nicht direkt mit Glyphosat in Kontakt gekommen sind.[53] So konnte Glyphosat im Urin von Menschen aus achtzehn europäischen Staaten nachgewiesen werden, auch im Urin von 48 Europaabgeordneten konnten durchschnittlich 1,7 Milligramm Glyphosat pro Liter festgestellt werden. Das ist siebzehnmal mehr als die für Trinkwasser erlaubte europäische Höchstgrenze von 0,1 Milligramm pro Liter. Offenbar wird also Glyphosat über Lebens- und Futtermittel aufgenommen. Dennoch gibt es von Amts wegen keine regelmäßigen und flächendeckenden Untersuchungen von Glyphosat-Rückständen in Lebens- und Futtermitteln. Über Pestizidrückstände in Lebensmitteln wird die Öffentlichkeit meist durch Untersuchungen von Nichtregierungsorganisationen oder diversen Medien informiert. Glyphosat-Rückstände fanden sich zum Beispiel bei Untersuchungen der Zeitschrift *Ökotest* auch in Mehl, Brot oder Getreideflocken.[54] Orientiert man sich an den erlaubten Rückstandshöchstmengen, dann handelt es sich bei den gefundenen Gehalten durchweg um Spuren. Die Werte in Getreideprodukten bewegten sich zwischen 0,02 und 0,12 Milligramm Glyphosat pro Kilogramm Getreide. Als Rückstandshöchstmenge ist in Getreide 0,1 Milligramm Glyphosat pro Kilogramm Getreide erlaubt.

Wir haben vorhin gehört, dass Glyphosat auch zur Reifespritzung kurz vor der Ernte bei bestimmten Kulturen eingesetzt wird. Da mit der Reifespritzung automatisch auch größere Rückstandswerte zu erwarten sind, gilt dort auch ein hundertfach höherer Grenzwert von zehn Milligramm Glyphosat pro Kilogramm! Eine stichhaltige wissenschaftliche Begründung dafür gibt es nicht. Der Gesetzgeber macht hier einen Kniefall vor der Agrochemie und der konventionellen Landwirtschaft und schert sich wenig um die Gesundheit der Menschen. Dies ist leider kein Einzelfall, sondern gilt auch für andere Pestizidwirkstoffe.

Neben Getreideprodukten sind auch viele Genussmittel mit Glyphosat belastet. So haben Untersuchungen des Umweltinstituts München Glyphosat in den vierzehn beliebtesten Biermarken Deutschlands nachgewiesen.[55] Die entdeckten Werte lagen zwischen 0,46 und 29,74 Mikrogramm pro Liter. Im extremsten Fall wurde dabei der gesetzliche Grenzwert für Trinkwasser (0,1 Mikrogramm) um fast das 300-Fache überschritten. Damit wird das 500 Jahre alte deutsche Reinheitsgebot zur Makulatur, wonach Bier nur aus Hopfen, Malz und Wasser bestehen darf. Es wird vermutet, dass das Pestizid über Braugerste, die kurz vor der Ernte gespritzt wurde, ins Bier gelangte.

Deswegen auf Wein umzusteigen, nützt auch nicht viel. In Schweizer Wein fanden sich Rückstände von Glyphosat und 32 anderen Pestiziden.[56] Darunter befanden sich Substanzen, die im Schweizer Weinbau gar nicht zugelassen sind. So wurde etwa das Insektizid DDT, das seit 1972 in der Schweiz verboten ist, selbst vierzig Jahre danach noch in zwei Weinbergen nachgewiesen. Der Herbizideinsatz im Weinbau ist dabei eher als zweifelhafte Modeerscheinung aufzufassen. Bis vor wenigen Jahren wurden dort die Beikräuter lediglich mechanisch, ohne Einsatz von Chemikalien, kontrolliert. Aus eigener Erfahrung während meines mehrjährigen Schweiz-Aufenthaltes kann ich bestätigen, dass die Schweizer Landwirtschaft sehr pestizidintensiv wirtschaftet. Beim Spazierengehen wurde davor gewarnt, Kirschen in Streuobstwiesen zu naschen, da die Früchte mit Pestiziden belastet sein könnten. Vielleicht dienten die Schilder aber auch nur der Abschreckung von Kirschdieben! In der Schweizer Landwirtschaft werden pro Jahr über 2000 Tonnen Pestizide ausgetragen, und damit nimmt die Schweiz im Verhältnis zu ihrer Anbaufläche weltweit einen Spitzenplatz ein. Im Gegensatz zu anderen Ländern scheint zumindest den Schweizer Behörden das Problem offenbar bereits bewusst zu sein. Mittlerweile gibt es einen Eidgenössischen Aktionsplan Pflanzenschutzmittel, nach dem die Menge der Pestizide in den nächsten Jahren um zwölf Prozent gesenkt werden soll.

Pestizidrückstände wurden auch in Schokoladentafeln und Schoko-Osterhasen gefunden – bis zu vier verschiedene Pestizide in einer Tafel, bis zu zwölf verschiedene in einem Hasen.[57] Schnell stehen nach solchen Meldungen die zuständigen Behörden mit Beschwichtigungen parat. Die festgestellten Mengen in den Tafeln seien unter den gesetzlichen Grenzwerten, es gebe deshalb keine Gefahr für die Gesundheit. Allerdings sind einige der Pestizide (wie zum Beispiel Endosulfan, Chlorpyrifos, Cypermethrin, Deltamethrin und Permethrin) hormonell wirksam und entfalten ihre Wirkung auch in Mengen weit unterhalb der gesetzlichen Grenzwerte. Wir werden uns später noch damit auseinandersetzen, wie die Grenzwerte überhaupt zustande kamen. Spätestens dann wird klar, dass Grenzwerte eine rechtliche Bedeutung haben, aber nur wenig über gesundheitliche Unbedenklichkeit aussagen. Die nachgewiesenen Pestizidrückstände in der Schokolade deuten jedenfalls auf einen massiven Einsatz von Pestiziden in der Produktion hin. Bewusst verdrängt werden dabei auch die Folgen für die Gesundheit der Kakao-Bäuerinnen und -Bauern und die Umwelt vor Ort bei der Produktion.

Glyphosat-Rückstände wurden auch dort gefunden, wo man sie nicht vermuten würde: in Himbeeren aus dem Wald.[58] In einer Probe von Wald-Himbeeren wurden 290 Milligramm Glyphosat pro Kilogramm Himbeeren gemessen. Damit erreicht ein Kind nach fünf Himbeeren (fünfzehn Gramm) die erlaubte Tagesdosis von 0,5 Milligramm pro Kilogramm Körpergewicht. Ein Erwachsener würde diese Dosis mit dem Verzehr einer halben Beerentasse (62 Gramm) erreichen. Wenn mit Glyphosat behandelte Gräser und Kräuter von Wildtieren gefressen werden, wäre auch ansonsten sehr naturnahes Wildbret mit Glyphosat kontaminiert. Wieder einmal sind wir mit Pestiziden konfrontiert, wo wir nicht damit gerechnet haben. Doch wozu wird ein Unkrautvernichter im Wald überhaupt verwendet? Man verwendet Herbizide neuerdings, um zu verhindern, dass junge Baumsetzlinge von Gras überwuchert werden. Als Ferialpraktikanten bei den Österreichischen Bundesforsten mussten wir diese Arbeit mit einer kleinen Handsichel erledigen. Das war zwar mühsam, aber wenigstens nicht gesundheitsgefährdend.

Wenn man Landwirte fragt, ob sie auf Glyphosat verzichten könnten, so hört man oft, dass sie im Ackerbau darauf verzichten könnten,

nicht aber bei der sogenannten Waldpflege, wo wuchskräftige, fremd-
ländische Baumarten wie die Robinie oder der Götterbaum mit Herbiziden zurückgedrängt werden, da sie sonst die heimischen Baumarten verdrängen würden. Erfreulicherweise haben sich wenigstens
die Österreichischen Bundesforste mittlerweile dazu entschlossen,
kein Glyphosat zur Unkrautbekämpfung in ihren Wäldern einzusetzen.

Eine Groteske noch zum Schluss des Kapitels über Glyphosat.
Monsanto vertreibt seinen Kassenschlager Roundup mittlerweile
mit neuem Wirkstoff, ohne Glyphosat! Der Wirkstoff dabei ist ge-
wöhnliche Essigsäure, abgefüllt in schönen Sprühflaschen, wie man
es von Roundup gewöhnt ist. Das Ganze gibt es natürlich zu Apothe-
kerpreisen. Dies als Abkehr von Glyphosat zu bewerten wäre wohl
etwas blauäugig, wahrscheinlich ist das schlicht ein Marketingtrick
für umweltbewusste Anwender. Da Essigsäure als recht harmlos gilt,
wurde damit in der Vergangenheit immer wieder damit experimen-
tiert, auch für einen möglichen Einsatz im ökologischen Landbau.

ANDERE HERBIZIDWIRKSTOFFE: Durchsucht man das offizielle österreichische Pflanzenschutzmittelregister nach Herbiziden, dann werden
einem sage und schreibe 490 zugelassene Produkte aufgelistet, fünfzig davon enthalten den Wirkstoff Glyphosat.[59] Ein Herbizid aus der
Familie der Chlortriazine, das früher bei uns häufig eingesetzt wurde
und heute noch auf US-Farmen das am zweithäufigsten eingesetzte
Pestizid darstellt, ist Atrazin.[60] Eine Kommission der US-Umweltbehörde EPA hat einen Zusammenhang zwischen Atrazin und Schild-
drüsen- und Eierstockkrebs sowie eine Beeinflussung des menschlichen Hormonsystems festgestellt. Dennoch werden in den USA
noch immer jährlich zirka 34 Millionen Kilogramm dieses Herbizids
in der Landwirtschaft verwendet. In Deutschland ist Atrazin seit 1991,
in Österreich – immer verspätet in solchen Dingen – seit 1995 verboten. Auch in der Schweiz ist Atrazin verboten, wird aber dort trotzdem nach wie vor vom Agrochemiekonzern Syngenta hergestellt und

exportiert. In Grundwasser-Proben in ganz Europa wird Atrazin auch Jahrzehnte nach dem Verbot noch regelmäßig nachgewiesen; es wird auch beispielsweise durch Überschwemmungen noch aus dem Boden ausgewaschen und breitflächig verteilt.[61]

Ein weiteres, höchst toxisches Herbizid, das hier erwähnt werden soll, ist Paraquat. Es wird vor allem in tropischen Gebieten zur Unkrautbekämpfung in Obst- und Weingärten sowie in Kaffee-, Tee-, Ölpalmen- und Bananenplantagen eingesetzt. In Trockengebieten wird es auch zur sogenannten konservierenden Bodenbearbeitung verwendet. Dabei werden Herbizide anstatt mechanischer Bodenbearbeitungsmethoden eingesetzt; das Argument dafür sind Einsparungen an Treibstoff und Arbeitszeit sowie eine erhöhte Speicherung von klimaschädlichem Kohlenstoff im Boden. Makabererweise wird in der experimentellen Medizin Paraquat auch zur Auslösung von Parkinson bei Labortieren eingesetzt. Das Pestizid ist eines der wichtigsten Produkte des Basler Agrochemiekonzerns Syngenta, obwohl es in 32 Ländern, darunter die Schweiz, verboten ist. Syngenta wirbt dafür als wichtigen Beitrag zu einer nachhaltigen Landwirtschaft; dabei gelte es lediglich ein paar Sicherheitsbestimmungen bei der Anwendung einzuhalten.[62] Der Hinweis auf die Einhaltung von Sicherheitsbestimmungen wird ad absurdum geführt, denn das Produkt wird den Bauern oft in Großgebinden, ohne Etikett oder Gebrauchsanweisung verkauft. Selbst wenn Etiketten vorhanden sind, sind diese oft nicht in der Landessprache verfasst, oder die Landarbeiterinnen können schlichtweg nicht lesen und wissen nicht einmal, dass es sich dabei um ein Gift handelt. Das Produkt wird in Indien unter verschiedenen Namen verkauft und häufig auch für nicht zugelassene Kulturpflanzen eingesetzt. Generell ist Schutzkleidung Mangelware oder wird in heißen tropischen Regionen schlichtweg nicht verwenden. Aber auch bei uns verwenden Pestizidanwender im Normalfall keine Schutzausrüstung, zu offensichtlich wäre dann wohl, dass Gifte ausgebracht werden. Abgesehen von Paraquat, wird der Hinweis der Hersteller, dass die Produkte bei sachgerechter Anwendung sicher sind, sehr häufig vorgebracht. Es handelt sich dabei wohl um eine reflexartige Abschiebung jeglicher Verantwortung auf den Anwender.

Wissend um diese Problematik hat die Ernährungs- und Landwirtschaftsorganisation der Vereinten Nationen (FAO) deswegen auch einen Verhaltenskodex für den Pestizideinsatz herausgegeben. Er besagt, dass Pestizide, deren Handhabung den Einsatz von persönlichen Schutzausrüstungen erfordert, die unangenehm zu tragen, teuer oder nicht ohne weiteres verfügbar sind, vermieden werden sollen, besonders im Fall der Kleinverbraucher in tropischem Klima.[63] Allerdings handelt es sich dabei lediglich um einen freiwilligen Verhaltenskodex. Sobald gesundheitliche Probleme mit Pestizidbelastungen bekannt werden, melden sich die Hersteller mit dem Hinweis, dass das Risiko bei Einhaltung der Sicherheitsbestimmungen vertretbar sei.

INSEKTIZIDE TÖTEN LÄSTLINGE UND SCHÄDLINGE

Insektizide werden als Fraß-, Kontakt- oder Atemgifte von Insekten aufgenommen. Einige Insektizide werden auch von der Pflanze aufgenommen und systemisch über die gesamte Pflanze verteilt. Sobald ein Insekt an der Pflanze knabbert oder Pflanzensaft saugt, nimmt es das Gift auf und stirbt. Die Wirkung der Insektizide geht meist über eine Störung des Nervensystems der Tiere, wenige greifen in Entwicklungsvorgänge bei Insekten ein. Wegen der ähnlichen Funktion des Nervensystems bei Insekten und Säugetieren sind Insektizide hinsichtlich ihrer Giftigkeit für uns Menschen als die kritischste Wirkstoffgruppe anzusehen. Ähnlich wie Herbizide keinen Unterschied machen zwischen Kulturpflanzen und Unkräutern, unterscheidet die Wirkung der Insektizide auch nicht zwischen nützlichen und schädlichen Insekten. Das bedeutet, dass mit dem Einsatz von Insektiziden in ein über Jahrmillionen über die Evolution ausgeklügeltes Wechselspiel zwischen Nützlingen und Schädlingen eingegriffen wird.

Vom Weltumsatz an Insektiziden, der bei etwa acht Milliarden US-Dollar liegt, entfallen etwa fünfzig Prozent auf Mittel gegen beißende, dreißig Prozent auf Mittel gegen saugende Insekten und zehn Prozent auf Mittel gegen Milben.[64] Zoologisch gesehen zählen Milben zwar nicht zu den Insekten, sondern zu den Spinnentieren, aber das ist ein Nebenschauplatz. Unter den beißenden Insekten machen in der Schadwirkung Schmetterlingsraupen mehr als zwei Drittel aus, damit sind sie vor den Käfern weltweit die mit Abstand wichtigste Schädlingsgruppe. Übrigens, erwachsene Schmetterlinge können nicht mehr als Schädlinge auftreten, da sie keine beißenden Mundwerkzeuge haben und mit ihrem Saugrüssel nur mehr flüssigen Nektar zu sich nehmen können.

Die ersten synthetischen Insektizide waren Organochloride. Das bekannteste davon wurde schon mehrmals erwähnt, Dichlordiphenyltrichlorethan, besser bekannt unter seiner Abkürzung DDT. Es wurde seit Anfang der 1940er Jahre als Kontakt- und Fraßgift eingesetzt. Wegen seiner guten Wirksamkeit gegen Insekten und des einfachen Herstellungsverfahrens war es jahrzehntelang das weltweit meistverwendete Insektizid. Während des Zweiten Weltkriegs wurde es zur Kartoffelkäfer- und zur Läusebekämpfung eingesetzt. In der Forstwirtschaft wurde es mit Sprühflugzeugen gegen Maikäfer, den Ulmensplintkäfer und den Schwammspinner, einen Nachtfalter, ausgebracht. Die Aufwandmengen in der Landwirtschaft, vor allem beim Baumwollanbau, erreichten zum Teil 35 Kilogramm DDT pro Hektar![65] Die Aufwandmenge moderner Insektizide liegt heute zum Teil unter hundert Gramm pro Anwendung und Hektar. Bereits in den 1960er Jahren mehrten sich allerdings Berichte über die Anreicherung von DDT im Fettgewebe von Tieren und Menschen. Schließlich stand es auch in Verdacht, Krebs auszulösen; in den 1970er Jahren wurde es dann in vielen Ländern verboten, in Österreich übrigens erst in den späten 1980er Jahren.

In den 1990er Jahren war der globale Insektizidmarkt dominiert von Carbamaten, Organophosphaten und Pyrethroiden. Carbamate beeinflussen das Nervensystem der Insekten, waren aber auch Bestandteil von Fungiziden, Insektiziden, ja sogar von Schlafmitteln.

Auch Organophosphate sind Nervengifte und entstammen der gleichen Substanzklasse wie die militärischen Kampfgase Sarin und VX – entsprechend giftig sind sie auch. Pyrethroide sind synthetisch hergestellte Insektizide, deren Wirkstoff dem insektiziden Inhaltsstoff Pyrethrum, der in Chrysanthemen-Pflanzen enthalten ist, ähnelt. Während Pyrethrum jedoch bei Sonnenlicht schnell zerfällt, sind Pyrethroide sehr langlebig und werden mit vielen gravierenden gesundheitlichen Auswirkungen in Verbindung gebracht. Zwanzig Jahre später war mehr als ein Viertel des Insektizidmarktes durch Neonicotinoide dominiert.[66] Unter Neonicotinoiden fasst man eine Gruppe von Wirkstoffen zusammen, die als Nervengift gegen Schadinsekten wirken. Neonicotinoide sind mittlerweile die meistverwendete Insektizidklasse weltweit mit einer Anwendung in der Landwirtschaft und im Obstbau, in der Veterinärmedizin und in Fischfarmen. Neonicotinoide werden entweder direkt auf die Pflanzen gesprüht oder auf den Boden appliziert. Darüber hinaus kann Pflanzensaatgut prophylaktisch mit diesen Insektiziden behandelt werden (Saatgutbeize). Das Neonicotinoid Imidacloprid ist das weltweit am meisten verkaufte Insektizid und das am zweithäufigsten verkaufte Pestizid überhaupt, nach dem Herbizid Glyphosat. Die jährliche Produktion von Imidacloprid wird auf rund 20 000 Tonnen aktiver Substanz geschätzt. Wegen dieser breiten Nutzung und der physikochemischen Eigenschaften finden sich Neonicotinoide überall im Boden, im Wasser und in der Luft. Der Einsatz erfolgt als systemische Spritz-, Gieß- und Beizmittel gegen beißende und saugende Insekten, gegenüber Milben zeigt sich keine Wirkung.[67] In nur sechs Jahren (2003 bis 2009) haben sich die Verkäufe von manchen Neonicotinoiden verfünfzehnfacht und einen Markt von zirka 2,6 Milliarden US-Dollar geschaffen.

Die Absatzmenge von neonicotinoiden Wirkstoffen und sonstigen systemischen sowie teilsystemischen Insektiziden ist in Deutschland von 2012 bis 2013 gesunken.[68] Wurden im Jahr 2012 insgesamt 529 Tonnen in der Bundesrepublik abgesetzt, belief sich der Absatz ein Jahr später auf 383 Tonnen. Aber solch jährliche Schwankungen sind stark vom Wetterverlauf abhängig. Weltweit sind sieben Neonicotinoid-Wirkstoffe im Einsatz. Diese sind Imidacloprid und Thiacloprid (entwickelt von Bayer CropScience), Clothianidin (Bayer CropScience und Sumitomo), Thiamethoxam (Syngenta), Acetamiprid (Nippon Soda), Nitenpyram (Sumitomo) und Dinotefuran (Mitsui Chemicals). Ein achter Wirkstoff wurde kürzlich in China und den USA eingeführt und wurde auch in Europa bewilligt. Mehrere hundert neue Neonicotinoide wurden mittlerweile synthetisiert und stehen vor der Markteinführung.

Genauso wie Herbizidrückstände finden sich auch Rückstände von Insektiziden in vielen Lebensmitteln. Honig ist ein gutes Beispiel dafür.[69] Bienen kommen beim Nektarsammeln mit Pestiziden in Kontakt. Bei Untersuchungen von Honig hat die Zeitschrift *Ökotest* Rückstände des Neonicotinoids Thiacloprid gefunden, sogar in Proben aus ökologischer Bienenhaltung. Bio-Imker müssen ihre Bienenstöcke so aufstellen, dass aus einem Umkreis von drei Kilometern keine nennenswerte Beeinträchtigung der Bienenprodukte durch landwirtschaftliche und nicht-landwirtschaftliche Verunreinigungen zu erwarten ist. Wenn eine gute Bienentracht lockt – zum Beispiel ein Rapsfeld –, dann fliegen die Bienen allerdings auch bis zu sechs Kilometer weit. Ob das Feld mit Pestiziden behandelt wurde, wissen die Bio-Bienen dann natürlich nicht. Dies wirft auch gleich die Frage auf, ob ein Nebeneinander von konventioneller, pestiziddominierter und ökologischer Landwirtschaft überhaupt möglich ist.

Es ist sehr schwierig, länderspezifische Informationen zum Neonicotinoid-Verbrauch zu bekommen, da Behörden derartige Auskünfte wegen der Wahrung von Betriebsgeheimnissen der Hersteller verweigern. Erschwerend kommt hinzu, dass Länder, die diese Informationen zur Verfügung stellen (wie Großbritannien, Schweden, Japan oder Kalifornien), die Mengenangaben in unterschiedlichen Messgrößen angeben. Munter durcheinander werden Verkaufs-, Verbrauchs-, Import- oder Produktionsmengen veröffentlicht. Trends lassen sich jedoch ablesen, und die zeigen keine Abflachung der Verbrauchsmengen, sondern ein stetiges Wachstum. Dieses wird anhalten durch eine Zunahme der landwirtschaftlichen Flächen und die Verwendung von Kombinationsprodukten, bei denen Neonicotinoide mit anderen Pestiziden vermischt werden. Von den geschätzten 20 000 Tonnen, die weltweit produziert werden, stammen rund 68 Prozent aus China.[70] Neonicotinoide werden bei 140 verschiedenen Kulturpflanzen in 120 Ländern weltweit eingesetzt, entsprechend unübersichtlich wird es, wenn man genaue Zahlen sucht. Aus Großbritannien ist bekannt, dass 91 Prozent der Neonicotinoide in der Saatgutbeizung verwendet werden; in Mitteleuropa dürfte es ähnlich sein.[71] Neonicotinoide werden auch zur Saatgutbeizung bei Mais eingesetzt. Obwohl Mais windbestäubt ist und eigentlich keine wichtige Trachtpflanze für die Honigbiene darstellt, haben Studien herausgefunden, dass Saatmaschinen die Neonicotinoide über aufwirbelnden Staub bei der Maissaat kilometerweit verteilen können. Dadurch sind im US-Bundesstaat Indiana etwa 94 Prozent der Honigbienen der Gefahr einer Neonicotinoid-Vergiftung ausgesetzt.[72] In dieser Studie konnte übrigens auch kein Nachweis erbracht werden, dass die Neonicotinoid-Behandlung des Saatgutes eine positive Auswirkung auf die Erträge hat.

Ein sehr wenig untersuchtes Feld ist die Auswirkung von Neonicotinoiden auf Meeres-Ökosysteme. Wie erwähnt, werden Neonicotinoide häufig in kommerziellen Fischfarmen eingesetzt, um zum Beispiel Krebszuchten vor natürlichen Garnelen zu schützen.[73] Neonicotinoide werden auch in der Tiermedizin eingesetzt, um Parasiten an Haustieren zu kontrollieren, wie Flöhe, Zecken oder Würmer, und als Pestizide, um nicht-landwirtschaftliche Schädlinge zu kontrollieren.

Aufgrund der Schädlichkeit der Neonicotinoide für Bienen hat die EU-Kommission 2013 die Nutzung für drei Neonicotinoide (Clothianidin, Imidacloprid, Thiametoxam) zum vorsorglichen Schutz der Bienen eingeschränkt. Ob Neonicotinoide in der EU verboten werden sollen, soll von der EU-Behörde für Lebensmittelsicherheit (EFSA) aufgrund vorliegender wissenschaftlicher Fakten bis zum Frühjahr 2018 entschieden werden.

In Österreich hat man als Reaktion auf das Verbot von Neonicotinoiden eine Notzulassung für Fipronil erlassen, zur Bekämpfung des Drahtwurms bei Kartoffeln.[74] Der Wirkstoff wurde nach den vielen Schädlingsresistenzen gegenüber den herkömmlichen Wirkstoffen (Organophosphate, Carbamate und Pyrethroide) wegen seiner geringen Toxizität für Wirbeltiere und seiner guten Wasserlöslichkeit in den 1990er Jahren auf den Markt gebracht. Fipronil ist ein sehr starkes Insektengift und wird in Dosierungen um die fünfzig Gramm pro Hektar eingesetzt; in seiner Giftigkeit auf Honigbienen ist es etwa 6000-mal stärker als DDT. Selbst die EFSA, die nicht verdächtig ist, besonders streng zu sein, hält Fipronil für »akut gefährlich« für Honigbienen.[75] Fipronil wird in der Veterinärmedizin auch gegen Zecken und Flöhe bei Haustieren eingesetzt. Studien haben gezeigt, dass sich Fipronil im Fettgewebe, in der Leber und den Nieren von Schweinen, Kühen und Hühnern anreichert. Es kann davon ausgegangen werden, dass dies auch beim Menschen der Fall ist. Fipronil steht auch im Verdacht, krebserregend zu sein und das Hormonsystem zu stören. Die Problematik ist aber höchstens in Fachkreisen diskutiert worden.

So richtig große mediale Aufmerksamkeit hat Fipronil erst im Sommer 2017 erlangt. Den Skandal haben Fipronil-Rückstände in Eiern von Hunderten Eierproduzenten aus Belgien und den Niederlanden ausgelöst. Der Stoff wurde dort verbotenerweise zum Reinigen der Hühnerställe eingesetzt. Innerhalb weniger Wochen wurden Millionen an belasteten Eiern vernichtet, obwohl die Behörden nicht von einer akuten gesundheitlichen Gefährdung der Verbraucher ausgehen. Aufgefallen sind im Zuge dieses Skandals auch wieder einmal bemerkenswerte Handelsströme der Lebensmittel. So wurden mit Fipronil verseuchte Eier aus Belgien und den Niederlanden in 45 Ländern gefunden, darunter die USA, Russland und praktisch alle europäischen Länder. Eine wirkliche Rückverfolgung der Eier-Ströme ist aber schwer möglich, denn obwohl etwa sechzig Prozent der Eier an die Gastronomie und in die Lebensmittelverarbeitung gehen, besteht keine Pflicht zur Kennzeichnung der Herkunft der Eier. Eine solche Kennzeichnungspflicht wird von der Lebensmittelindustrie auch beharrlich abgelehnt, da man Wettbewerbsnachteile befürchtet.

FUNGIZIDE REDUZIEREN SCHÄDLICHE PILZKRANKHEITEN

Pilzkrankheiten sind bei Kulturpflanzen sehr häufig. Falscher und Echter Mehltau beim Wein, bei Gurken oder bei Rosen, Brand- und Rostpilze bei Getreide, Sclerotinia und Schwarzbeinigkeit bei Getreide, Kraut- oder Knollenfäule bei Kartoffeln und Tomaten oder Apfelschorf, um nur ein paar bekannte zu nennen. Haupteinsatzbereiche von Fungiziden sind wachsende Pflanzenbestände. Aufgrund der spezifischen Schaderregersituation unterscheiden sich fungizidintensive Kulturen wie Getreide, Kartoffel, Raps, Weinrebe, Apfel, Hopfen und manche Gemüsekulturen von relativ fungizid-extensiven Kulturen wie Mais und Zuckerrübe. Im Extremfall kann die Anwendungshäufigkeit von Fungiziden wie bei Kartoffeln bei mehr als zehn oder im Apfelanbau sogar bei mehr als zwanzig Behandlungen pro Saison liegen.[76] Durch die häufigen Anwendungen steigt natürlich die Gefahr von Resistenzbildungen. Die pathogenen Pilze sind dann quasi immun gegenüber den Giften. Dies ist ein zunehmendes Problem und wird später noch genauer beleuchtet. Gerade bei Fungiziden ist bis heute zu wenig untersucht, wie sie sich auf die Pflanzen- und Tierwelt auswirken. Es wird aber vermutet, dass sie besonders auf Amphibien wie Kröten und Frösche einen negativen Effekt haben, da diese eine sehr empfindliche Haut haben.

Fungizide werden wie Insektizide auch oft zur Beizung von Saatgut eingesetzt. Das ist prinzipiell eine uralte Methode, die schon vor 2500 Jahren angewendet wurde. Damals wurden Oliventrester, Asche, Zwiebelsud oder Zypressensaft verwendet, um Saatkörner zu desinfizieren und damit vor Krankheitserregern zu schützen. Ende des 19. Jahrhunderts wurden die sehr wirksamen, aber giftigen Quecksilberbeizen entwickelt, die bis zum Verbot 1982 in Deutschland als Universalbeizen galten. In den 1990er Jahren wurde mit Imidacloprid erstmals eine Insektizid-Beize aus der Gruppe der Neonicotinoide eingeführt und damit eine Revolution in der Schädlingsbekämpfung ausgelöst, wie auf der Homepage eines Herstellers verlautet wird.[77] Einige Pflanzenkrankheiten werden ausschließlich über das Saatgut selbst übertragen. Gefährlich, auch für den Menschen und Nutztiere, sind pilzliche Krankheitserreger aus der Gattung Fusarium. Dieser Erreger kann verschiedene Getreidesorten befallen und beim Verzehr Nierenschäden hervorrufen.

Fungizidrückstände in Lebensmitteln werden generell seltener analysiert. Untersuchungen der Lebensmittelüberwachung in Bayern haben in rund achtzig Prozent der 44 untersuchten Feldsalate Pestizide gefunden.[78] Feldsalat ist anfällig für Pilzerkrankungen und wird deswegen häufig mit Fungiziden behandelt. Neun Proben überschritten damals die gesetzlichen Höchstmengen. Sieben Jahre später wurden wieder 25 Feldsalatproben untersucht, die Proben lagen diesmal alle unter den zulässigen Grenzwerten. Der Schluss liegt nahe, dass die Pestizidbelastungen generell niedriger sind. Andererseits wurden aber in der Zwischenzeit auch Grenzwerterhöhungen für den Anbau von Feldsalat beantragt. Und so darf Feldsalat heute deutlich mehr Rückstände enthalten als noch vor Jahren! Für das Pilzbekämpfungsmittel Iprodion galt 2008 noch ein Grenzwert von zehn Milligramm pro Kilogramm Feldsalat, seit 2015 darf die Rückstandshöchstmenge zwanzig Milligramm pro Kilogramm betragen. Für einen anderen Wirkstoff (Boscalid) galt 2008 ein Höchstgehalt von vierzig Milligramm pro Kilogramm, 2016 folgte eine Erhöhung auf aktuell fünfzig Milligramm pro Kilogramm. Speziell Blattgemüse ist anfällig für Pestizidrückstände, da sich auf Kulturen mit vielen Blättern mehr Rückstände ansammeln als etwa auf Fruchtgemüsen wie Tomaten oder Gurken mit einer vergleichsweise kleinen Oberfläche.

UM WELCHE PESTIZIDMENGEN GEHT ES EIGENTLICH?

Weltweit werden pro Jahr etwa 2,7 Milliarden Kilogramm Pestizide produziert (Stand 2012).[79] Allein in den USA werden im Jahr etwa 0,5 Milliarden Kilogramm Pestizide (Stand 2012) verwendet. Damit werden zirka 23 Prozent der weltweit verwendeten Pestizide, 25 Prozent der weltweit verwendeten Herbizide, zwölf Prozent der Fungizide und sechs Prozent der weltweit eingesetzten Insektizide allein in den USA eingesetzt.

Ein weitverbreiteter Mythos ist, dass Pestizide nur bei Gefahr in Verzug und in absolut notwendigen Mengen ausgebracht werden. Einigermaßen überraschend ist in diesem Zusammenhang die Deutsche Landwirtschafts-Gesellschaft (DLG), die auf der Wintertagung im März 2017 Thesen für eine nachhaltigere Landwirtschaft verlautbarte.[80] Weiter wie bisher, wird nicht funktionieren, heißt es da und schließt auch das Thema Pestizide mit ein. Übermäßiger Einsatz von Pestiziden schade nicht nur der Umwelt, sondern fördere auch die Resistenzbildungen bei Unkräutern und Schädlingen. Es wird geschätzt, dass jeder zweite Pestizideinsatz zu früh erfolgt und damit verzichtbar wäre. Das ist durchaus bemerkenswert, da Selbstkritik seitens der Landwirtschaft eher selten vorkommt. Dass die Landwirte oft zu viel spritzen, hängt auch mit einer falschen Beratung durch Industrievertreter zusammen, die natürlich in erster Linie daran interessiert sind, ihre Produkte zu verkaufen. Bei einer Podiumsdiskussion vor Landwirten wurde ich selbst Zeuge, wie ein Vertreter der Industrie unumwunden zugab, dass die Düngeempfehlungen seiner Firma in den letzten Jahren um fünfzig Prozent reduziert wurden. Der öffentliche Druck wurde einfach zu groß, da immer mehr Trinkwasserbrunnen durch zu viel Düngung mit Nitrat verschmutzt waren. Interessanerweise gab es bei den Erntemengen keinerlei Einbußen, trotz verminderter Düngung. Wir werden noch sehen, dass ähnliche Muster auch bei Pestiziden zu beobachten sind.[81]

Die Menge an Pestiziden, die jedes Jahr versprüht wird, nimmt stetig zu, und das, obwohl die Industrie vorgibt, immer wirksamere Formulierungen zu entwickeln. Allein von 2002 bis 2012 stieg der Einsatz von Pestiziden auf deutschen Äckern von rund 35 000 Tonnen auf über 45 000 Tonnen, das entspricht einem Zuwachs von dreißig Prozent.[82] Die Ackerfläche ist dabei mehr oder weniger unverändert geblieben. Die Geschichte wird noch brisanter, da die neuen Pestizide um ein Vielfaches wirksamer sind als die alten. Das heißt, man sollte eigentlich mit geringeren Mengen auskommen.

Mengenmäßig machen Herbizide mit knapp der Hälfte des Gesamtumsatzes an Pestiziden den größten Anteil aus, gefolgt von Insektiziden mit einem Drittel und Fungiziden mit einem Fünftel des Marktanteils. Der Rest entfällt auf Wachstumsregler, das sind Chemikalien, die dafür sorgen, dass die Kulturpflanzen nicht zu schnell in die Höhe wachsen. In den kühl-gemäßigten Klimaregionen Europas haben Fungizide aufgrund des starken Infektionsdrucks durch pilzliche Pathogene eine weitaus größere Bedeutung und machen mehr als ein Drittel des Gesamtumsatzes an Pestiziden aus, während Insektizide eine geringere Bedeutung haben. Der Einsatzschwerpunkt von Pestiziden liegt naturgemäß in Regionen mit intensiver Landwirtschaft. Diese finden sich in den entwickelten Ländern Nordamerikas, Europas und Asiens, wo mehr als zwei Drittel der Gesamtproduktion an Pestiziden eingesetzt werden. In der kleinbäuerlichen Subsistenzlandwirtschaft Afrikas und Lateinamerikas dagegen ist der Pestizideinsatz gering.

Was den Umweltschutz und den Pestizidverbrauch angeht, blicken wir aus Europa immer mit einer gewissen Überheblichkeit auf die USA, weil wir ja gefühlt besser sind. Wenn man sich die Absatzzahlen von Pestiziden der Weltregionen ansieht, ist diese Überheblichkeit allerdings fehl am Platz. Nach Umsatzzahlen aus dem Jahr 2004 ist Europa nämlich die Region, wo weltweit am meisten Pestizide verkauft werden (28 Prozent der weltweiten Pestizidumsätze), gefolgt von Nordamerika (23 Prozent), Asien (25 Prozent) und Lateinamerika (zwanzig Prozent). Abgeschlagen und Hoffnungsmarkt für die Agrochemieindustrie ist Afrika mit vier Prozent der weltweiten Pestizidumsätze. Die Menge der in Deutschland verkauften Pestizidwirkstoffe lag im Jahr 2006 bei 40 000 Tonnen, im Jahr 2011 bei 43 000 Tonnen und hat im Jahr 2015 das Rekordniveau von 48 600 Tonnen erreicht.[83] Der weltweite Pestizidmarkt verzeichnet derzeit in Asien und Südamerika das stärkste Wachstum: Vor allem der Pestizidaufwand in China, Indien, Brasilien und Argentinien ist stark steigend. Einzelne Länder betrachtend, ist weltweit der größte Verbraucher an Pestiziden derzeit Brasilien. Vieles in Brasilien wird für den internationalen Markt produziert. Derzeit produziert Brasilien weltweit 23 Prozent des vermeintlichen Biotreibstoffs Ethanol und 48 Prozent des auf den internationalen Märkten verfügbaren Zuckers.[84]

Moderne Pestizide sind zehn- bis hundertmal wirksamer als die klassischen Verbindungen, sodass bei gleichbleibender Menge eine viel intensivere Wirkung erzielt werden kann.[85] Herbizide werden inzwischen in über neunzig Prozent aller Getreide-, Rüben- und Maisfelder, in mehr als der Hälfte aller Weinberge und Obstanlagen, weniger bei Raps- und Kartoffelanbau eingesetzt. Fungizide werden überwiegend im Obst-, Wein- und Hopfenanbau, im Ackerbau auch bei Weizen und Kartoffeln verwendet. Global betrachtet, wird ein Viertel aller Insektizide in Baumwollkulturen eingesetzt. In Mitteleuropa kommen sie flächendeckend im Obst-, Wein- und Hopfenanbau zur Anwendung, aber auch in Zuckerrüben, Raps, Kartoffeln und Getreide. Nur auf Wiesen und Weiden, sowie wenn im Ackerland sogenannte Zwischenfrüchte wie Klee oder Luzerne angebaut werden, werden Pestizide seltener eingesetzt.

Weltweit werden derzeit jährlich fast 0,5 Kilogramm Pestizidwirkstoffe pro Kopf oder ein bis zwei Kilogramm pro Hektar landwirtschaftlicher Nutzfläche eingesetzt. Die durchschnittliche Pestizidanwendung liegt in der EU bei zirka 3,5 Kilogramm Wirkstoff pro Hektar landwirtschaftlicher Nutzfläche (Ackerfläche und Sonderkulturen), in Deutschland wird etwa die doppelte Menge pro Hektar eingesetzt. Rechnet man den Pestizidaufwand auf das Erntegut um, dann ergibt das für Getreide eine Pestizidmenge von rund einem Gramm Wirkstoff für jedes geerntete Kilogramm Getreide! Sonderkulturen sind oft besonders pestizidintensiv: Bei niederländischem Zierpflanzenanbau etwa wurden 1992 durchschnittlich unvorstellbare 130 Kilogramm Pestizide pro Hektar eingesetzt. Auch die großen Monokulturen im Bananenanbau erfordern enorme Mengen an Pestiziden zur Bekämpfung von Schädlingen und Krankheiten. Eine typische Bananenplantage kann bis zu fünfzigmal pro Saison mit Pestiziden gespritzt werden. Die Verwendung chemischer Fungizide macht einen Anteil von etwa dreißig bis fünfzig Prozent der Produktionskosten bei Bananen aus.[86] Im modernen Bananenanbau werden pro Hektar und Jahr immer noch zirka vierzig Kilogramm Pestizide eingesetzt, einmal pro Woche wird eine Bananenstaude mit einem Chemiecocktail oft vom Flugzeug aus gespritzt. Die Pestizide kommen insofern wieder zu uns zurück, als die EU der weltweit größte Bananenimporteur ist und fast die Hälfte der produzierten Bananen nach Europa gehen. Der Einsatz von Pestiziden geht aber in erster Linie auf Kosten der Arbeiter vor Ort. Der Umweltmediziner Hans-Peter Hutter hat in Mittel- und Südamerika schon etliche Plantagen gesehen und berichtet davon, dass die Arbeitsbedingungen, weder was die medizinischen noch die sozialen Standards betrifft, ethisch vertretbar sind.[87] Bedenklich war, dass von den befragten Arbeitern kaum jemand über die Risiken im Umgang mit Pestiziden Bescheid wusste. Fast achtzig Prozent der Plantagenarbeiter hantierten mit Pestizid-Cocktails, ohne Schutzkleidung oder Handschuhe. Demnach klagten viele Arbeiter über Schwindel, Erbrechen und Durchfall, Augenbrennen und Hautreizungen, Müdigkeit sowie Schlaflosigkeit. Betroffen sind auch die Familien der Arbeiter, wenn kontaminierte Arbeitskleidung zu Hause abgelegt wird. Wenn die Pestizid-Flugzeuge ihre Runden drehen, übersprühen sie oft Häuser und Schulen. Eine Schule konnte zumindest durchsetzen, dass die Flugzeuge erst nach Schulschluss die Pestizide ausbringen. Die ausgesprühten Pestizide setzen sich dort dennoch am Boden ab, finden sich im Hausstaub wieder, wo sie lange eine bedeutende Belastungsquelle für die Kinder sind. Wichtig ist in diesem Zusammenhang immer, darauf hinzuweisen, dass es nicht nur um die Pestizidrückstände in den Lebensmitteln geht, die wir kaufen, sondern auch um die Pestizidbelastung bei der Produktion. Ganz ohne Schädlingsbekämpfung geht es auch bei Bio-Bananen nicht, die Pflanzen sind zu anfällig für Pilze und Schädlinge. Bauern rücken daher mit biologisch abbaubaren Mitteln an. Bananen, die ein Bio- und Fairtrade-Label haben, unterliegen zumindest regelmäßigen Kontrollen.

Woher stammen diese Verbrauchszahlen? Die Datenlage zu den Pestizidmengen, die weltweit eingesetzt werden, ist recht unübersichtlich, da die Länder unterschiedlich verlässliche Zahlen veröffentlichen. Länderspezifisch dürfen in Europa nur jene Pestizide verwendet werden, die von der zuständigen Behörde genehmigt wurden. In Europa werden die Zahlen von den nationalen Behörden mehr oder weniger detailliert veröffentlicht. In Österreich zum Beispiel vom Landwirtschaftsministerium im jährlich erscheinenden Grünen Bericht. Demnach wurden in Österreich mit Stand Ende 2016 zirka 4363 Tonnen von 269 chemischen Wirkstoffen eingesetzt; insgesamt ergab dies 12 915 Tonnen an Pestiziden, die in Verkehr gebracht wurden.[88] Gegenüber dem Jahr davor bedeutet das eine mengenmäßige Zunahme von fünfzehn Prozent. Einen Haken haben diese offiziellen Zahlen jedoch, da in den Statistiken lediglich jene Mengen enthalten sind, die als Inverkehrbringen im Sinne des Pflanzenschutzmittelgesetzes gelten. Das bedeutet, dass nur jene Mengen enthalten sind, die über offizielle Wege an die Landwirte kamen. Wenn von Landwirten Pestizide übers Internet eingekauft werden, so scheinen diese nicht in den offiziellen Statistiken auf. Schätzungen der Branche zufolge kommt bereits die Hälfte der in Österreich eingesetzten Pestizide auf diesem Wege unkontrolliert nach Österreich.[89] Ebenso wenig scheinen Einkäufe durch Private auf.

In Österreich unterliegt die Kontrolle des Inverkehrbringens von Pestiziden der Kompetenz des Bundes, die Kontrolle der Verwendung jedoch der Zuständigkeit der neun Bundesländer. Eigene Umfragen unter den zuständigen Kontrollbehörden haben ergeben, dass Kontrollen zwar durchgeführt werden, allerdings in recht bescheidenem Umfang. Im Jahr 2016 wurden in Österreich beispielsweise 367 Pflanzenschutzmittelkontrollen in Betrieben durchgeführt.[90] Bei insgesamt 161 155 landwirtschaftlichen Betrieben ist das ein Anteil von nur 0,23 Prozent der Betriebe, die überprüft wurden. Rechnet man andere Pestizidverwender wie Gärtnereien, Landschaftsgärtner, Golfplätze, Gemeinden und Städte dazu, dann fällt dieser Anteil noch viel geringer aus. Das heißt, die Wahrscheinlichkeit kontrolliert zu werden, ist äußerst gering. Der am häufigsten festgestellte und angezeigte Verstoß bei den Kontrollen war übrigens das Inverkehrbringen nicht zugelassener Pestizide, insgesamt wurden bei den Kontrollen im Jahr 2016 in Österreich 37 Kilogramm und rund 643 Liter nicht zugelassene Pestizide festgestellt. Im Vergleich dazu werden biologisch wirtschaftende Betriebe jährlich, noch dazu auf eigene Kosten, kontrolliert. In Deutschland veröffentlicht das Umweltbundesamt in Berlin Daten zum Pestizidabsatz. Mit Stand 2015 wurden 48 611 Tonnen von 277 Pestizidwirkstoffen verwendet, rund 35 Prozent davon waren Herbizide, 26 Prozent Fungizide, 31 Prozent Insektizide und der Rest andere Wirkstoffgruppen.[91]

Recherchen des Pestizid-Aktions-Netzwerks (PAN) in Deutschland haben ergeben, dass Agrochemiekonzerne hochgefährliche und hierzulande oft verbotene Pestizide über ihre Websites in Ländern des globalen Südens anbieten.[92] Tatsächlich braucht man sich im Internet nur ein bisschen umzuschauen, und man wird von Angeboten zu Pestiziden überrannt.

Wer darf eigentlich Pestizide verwenden? Für Private ist der Pestizidgebrauch ohne jegliche Schulung möglich. Eigentlich ein untragbarer Umstand, dass Unkundigen erlaubt wird, mit hochgiftigen Substanzen zu hantieren! Noch dazu, wo bekannt ist, dass sich niemand an Dosierungsempfehlungen hält und im Normalfall auch keine Schutzkleidung getragen wird. Eigentlich haben Pestizide im Privatbereich nichts verloren und sollten dafür generell verboten werden. Mir fällt auch kein vernünftiger Grund ein, warum ich mir meinen eigenen Garten oder den Wohnbereich vergiften soll. Wenigstens sind viele Pestizide mittlerweile nur mehr nach Fachberatung in Baumärkten erhältlich. Einige Baumarktketten und Gartenbaubetriebe haben mittlerweile sogar alle synthetischen Pestizide aus dem Sortiment genommen und positionieren sich damit als biologisch sensible Alternative zur Konkurrenz. Im Internet sind aber alle Mittel weiterhin frei ohne Sachkundenachweis verfügbar.

Im Frühjahr 2017 wurde im Rahmen einer Rabattaktion eines deutsch-österreichischen Lebensmittelkonzerns mit einem 25-prozentigen Nachlass auf alle Insektizide geworben.[93]

Dies wäre ob der allgemeinen Verharmlosung der Gefährlichkeit von Insektiziden nicht verwunderlich. Man fühlt sich aber schon ein wenig verschaukelt, wenn sich derselbe Konzern mit seinen Nachhaltigkeitsinitiativen rühmt. Auf der Homepage fliegen nette Bienchen und Schmetterlinge herum; vielleicht sollten diese mit den Aktionsinsektiziden günstig vernichtet werden? Sogar ein Pestizidreduktionsprogramm wird stolz präsentiert.[94] Aber dies war eine Aktion des Vorjahres und war für die Marketingleute wahrscheinlich Schnee von gestern.

Für Landwirte ist der Zugang zu Pestiziden mittlerweile nur mehr gegen Vorlage eines Sachkundenachweises möglich. Diesen erhält man nach einer entsprechenden Schulung – zweifelsohne ein großer Fortschritt. Landwirte, die diese Schulungen nicht machen wollen, müssen entsprechende Lohnunternehmer anstellen, die Pestizidspritzungen für sie durchführen, oder die geschulten Kollegen bitten, dies für sie zu machen.

Die vorhin genannten durchschnittlich aufgewendeten Pestizidmengen sagen natürlich nichts darüber aus, wie die Gifte tatsächlich eingesetzt werden. Es gibt zahlreiche Hinweise, dass die Vorgaben zur Dosierung und Ausbringung nicht immer befolgt werden. Das deutsche Umweltbundesamt hat bei verdeckten Untersuchungen von Pestizidanwendungen durch Landwirte bei fünfzig Prozent der Fälle ein Fehlverhalten in der Praxis festgestellt.[95] Eklatante Regelverstöße bei der Ausbringung von Pestiziden wurden bereits zehn Jahre davor erkannt. Damals waren in Hessen 89 Prozent aller Anwendungen nicht regelkonform; die Vorschriften zum Abstandhalten gegenüber Gewässern wurden zu hundert Prozent nicht eingehalten. Damit sind Pestizidbelastungen der Gewässer und letztendlich auch des Trinkwassers vorprogrammiert.

Aus Erzählungen ist mir bekannt, dass österreichische Landwirte im Grenzbereich zu Ungarn, Tschechien oder der Slowakei die »guten alten«, noch besser wirksamen Pestizide in den Nachbarländern einkaufen. Viele dieser Produkte sind mittlerweile verboten, werden aber noch in Depots gelagert.

Ein sehr ernster Aspekt sind Fälschungen von Pestiziden. Experten schätzen, dass in Polen bis zu zehn Prozent aller eingesetzten Pestizide gefälscht sein könnten, in der spanischen Region Almería sogar um die 25 Prozent. Die Landwirtschaft in Almería sei zudem fest in Händen von kriminellen Organisationen.[96] Die meisten Fälschungen stammen aus China. Die Gewinnmargen sind wohl ähnlich gut wie für Luxusuhren oder Designerhandtaschen und werden bei gefälschten Pestiziden auf über tausend Prozent geschätzt. Entweder sind die Etikettierungen der Pestizidfälschungen täuschend echt nachgemacht oder Großgebinde einfach nicht beschriftet. Stichprobenartige Kontrollen der Behörden werden bewusst in Kauf genommen.[97]

Es wird geschätzt, dass der Schmuggel gefälschter Pestizide der europäischen Wirtschaft einen jährlichen Schaden von 1,3 Milliarden Euro verursacht und etwa 2600 Arbeitsplätze gefährdet.[98] Der Hamburger Hafen gilt als eine der Drehscheiben für den kriminellen Handel mit diesen Stoffen.[99] Häufig gelangen die Stoffe aus Asien über Hamburg zu ihrem Ziel in Osteuropa. Die Pestizide können am Ende über Privateinkäufe in östlichen Ländern auch wieder in Mitteleuropa landen.

Den größten Teil stellen Fälschungen von zugelassenen Markenprodukten dar. Die Kopien unterscheiden sich von der Markenware durch ihre Zusammensetzung. Zusätzlich zum wirtschaftlichen Schaden, der durch diese Fälschungen entsteht, sind die Kosten für Umwelt und Gesundheit enorm. Untersuchungen haben ergeben, dass der kriminelle Handel Mittel auf den Markt wirft, die teilweise krebserregend oder erbgutschädigend sind. Nach vermehrten Kontrollen beschlagnahmten die Behörden in Hamburg im November 2016 insgesamt 196 Tonnen illegaler Pestizide. Dies ist sicher nur die Spitze eines Eisbergs, da keine Behörde in der Lage ist, die rund neun Millionen Container, die jährlich in Hamburg umgeschlagen werden, zu überprüfen. Sind diese Pestizide erst in die EU geschmuggelt, ist es fast unmöglich, etwas dagegen zu unternehmen.

GEFAHR DURCH GIFTUNFÄLLE UND DEPONIEN

Pestizide werden nicht nur ausgebracht und breit in der Landschaft verteilt, sondern auch in großen Industriebetrieben hergestellt. Bei der Produktion fällt giftiger Abfall an, der im Allgemeinen deponiert wird. Die Vergangenheit hat gezeigt, dass auch immer wieder Unfälle bei der Produktion passieren. Leider erweist sich in diesem Zusammenhang das menschliche Gehirn als sehr löchrig und katastrophale Ereignisse werden recht schnell vergessen. Im Folgenden werden ein paar gravierende Beispiele aufgezählt; von vielen kleineren Unfällen wird in der Öffentlichkeit meistens nichts bekannt.

Im Jahr 1984 ereignete sich in der indischen Stadt Bhopal der schwerste Chemieunfall der Geschichte.[100] In einem Pestizidwerk des US-Chemiekonzerns Union Carbide traten mehrere Tonnen giftiger Stoffe in die Atmosphäre. An den unmittelbaren Folgen starben bis zu 25 000 Menschen, etwa 500 000 wurden verletzt und leiden teilweise noch heute an den Folgen. Die ungenaue Zahl der Betroffenen rührt daher, dass es rund um die Pestizidfabrik ein Elendsviertel gab, in dem eine unbekannte Anzahl von Menschen wohnte. Die Sanierung des mit Quecksilber und krebserregenden Chemikalien vergifteten

Geländes ist bis heute nicht erfolgt. Mehr als 25 Jahre nach dem Unglück wurden erstmals acht leitende Angestellte der Betreiberfirma von einem indischen Gericht der fahrlässigen Tötung für schuldig befunden und zu jeweils zwei Jahren Haft auf Bewährung und einer Geldstrafe in Höhe von umgerechnet 1800 Euro verurteilt. Die größte Industriekatastrophe der Welt wurde demnach wie ein gewöhnlicher Verkehrsunfall behandelt. Als Entschädigungszahlung erhielten eine halbe Million Geschädigte und die Familien von 15 274 Toten eine Einmalzahlung in Höhe von wenigen hundert Euro.[101]

Chemieunfälle passieren aber nicht nur in Entwicklungsländern, sondern auch mitten in Europa. Im Jahr 1986, als in Tschernobyl der größte Reaktorunfall in einem Atomkraftwerk passierte, ereignete sich auch einer der größten Chemieunfälle in Mitteleuropa. Zuerst gelangten durch einen Unfall mehrere hundert Liter des Herbizidwirkstoffs Atrazin über Abwässer in den Rhein. Dann verbrannten beim Chemiekonzern Sandoz bei Basel in einer Lagerhalle 1351 Tonnen Pestizide.[102] Die Folge war ein Fischsterben im Rhein sowie eine Giftwolke, die sich damals über die ganze Region ausbreitete. Neben dem Brandherd lagerte Sandoz unter anderem auch die Chemikalie Phosgen, ein Nervengas, das als chemischer Kampfstoff im Ersten Weltkrieg eingesetzt wurde. Diese Chemiekatastrophe beschäftigt selbst dreißig Jahre später die Behörden und die Bevölkerung.[103] Obwohl der belastete Boden bis in eine Tiefe von elf Metern ausgehoben und gewaschen wurde, zeigen Bodenmessungen am Brandort noch immer Spuren des Pestizids Oxadixyl, einem mittlerweile verbotenen, breit eingesetzten Fungizid.

Gegen Ende des Jahres 2014 beherrschte ein Umweltskandal auch die österreichischen Medien. In Milch- und Fleischprodukten aus dem Kärntner Görtschitztal wurde Hexachlorbenzol (HCB) gefunden. Ein Fungizid, das als Trockenbeizmittel gegen Pilzerkrankungen bei Getreide, als Desinfektionsmittel in der Getreidelagerung und auch als Holzschutzmittel eingesetzt wurde. Seit 1981 ist Hexachlorbenzol in Deutschland als Pflanzenschutzwirkstoff nicht mehr zugelassen; ein Verbot in Österreich gilt seit 1992. Seit dem Jahr 2004 gilt im Rahmen des Stockholmer Übereinkommens eine fast weltweite Beschränkung oder ein Verwendungsverbot. Hexachlorbenzol zählt zum sogenannten »Dreckigen Dutzend« persistenter, hochgiftiger organischer Schadstoffe, die weltweit verboten wurden.[104] Diese Chlorverbindungen stehen im starken Verdacht, krebserregend und erbgutschädigend zu sein. Ihre Gefährlichkeit resultiert vor allem aus einer möglichen Anreicherung im menschlichen Körper, extremer Langlebigkeit, hoher Giftigkeit sowie der Möglichkeit zum Ferntransport. Einzelne Stoffe sind auch als endokrine Disruptoren, also das menschliche Hormonsystem beeinflussende Chemikalien, bekannt.

Wie kann ein Pestizid, das seit 1992 in Österreich verboten ist, im Jahre 2014 in Lebensmitteln auftreten? Als mutmaßlicher Verursacher gilt ein Zementwerk, in dem HCB-belasteter Abfall eines Agrochemieunternehmens verbrannt wurde. Zementwerke werden gerne zur Müllentsorgung genutzt, da in der Herstellung hohe Temperaturen erforderlich sind und angenommen wird, dass damit beigemischte Giftstoffe unschädlich gemacht werden können. Da HCB als Pestizid bis in die 1980er Jahre in ganz Österreich eingesetzt wurde, ist die Belastung des Bodens wohl im ganzen Land zu finden.[105] Neben der Bevölkerung am Ort der Belastung, sind die Leidtragenden wie so oft in diesen Auseinandersetzungen die Landwirte. Die Hersteller der Pestizide machen sich in diesen Fällen meist aus dem Staub und berufen sich auf nicht sachgemäße Dosierung und Anwendung ihrer Produkte. Eine Untersuchungskommission zum Fall ortete auch ein schweres Versagen der Aufsichtsbehörden.[106]

Pestizidaltlasten aus Sowjetzeiten hat man beispielsweise auch in Tadschikistan gefunden.[107] Zirka 8000 Tonnen Pestizide, davon die Hälfte DDT, wurden auf zwölf Hektar in der zentralasiatischen Republik vergraben. Während zu Sowjetzeiten das Gelände noch eingezäunt und bewacht war, grasen jetzt Kühe und Esel auf den Weiden. Lokale Bauern graben den giftigen Pestizid-Cocktail ungehindert ab, um ihre Felder damit frei von Ungeziefer zu halten. Die Sanierung der Deponie würde zig Millionen Euro kosten, Geld, das schlichtweg nicht vorhanden ist. Die Folgen einer Verschmutzung des Trinkwassers sind nicht absehbar.

Auch in Entwicklungsländern lagern Tausende Tonnen hochgiftiger Altpestizide wie DDT, Endrin und Lindan.[108] In Botswana etwa sammelt das Landwirtschaftsministerium, was auf den Höfen der Kleinbauern an Giften herumliegt. Die Altpestizide werden dann in Containern nach England zur Entsorgung verschifft. Die Pestizide kamen Mitte der 1980er Jahre nach einer Heuschreckenplage als großzügige Spende der UN-Welternährungsorganisation FAO ins Land. Die FAO schätzt den weltweiten Bestand an Altpestiziden, deren Haltbarkeitsdatum überschritten ist oder die inzwischen verboten wurden, auf etwa 500 000 Tonnen. Diese Gifte bergen nicht nur eine ernsthafte Gesundheitsgefahr für die Menschen, sie verseuchen auch Wasser und Boden und können ganze Gebiete für eine landwirtschaftliche Nutzung unbrauchbar machen. Rund ein Drittel dieser Altpestizide gehört zum vorhin erwähnten, inzwischen weltweit geächteten »Dreckigen Dutzend« organischer Chlorverbindungen. Um die Finanzierung der Entsorgung wird noch gestritten, die Agrochemiekonzerne halten sich jedenfalls dezent zurück. Diese Altpestizide sind auch eine Folge der Grünen Revolution, im Zuge derer damals über Entwicklungshilfe oder mit Krediten der Weltbank über Jahrzehnte Pestizide an Entwicklungsländer verteilt wurden.

Laut Schätzungen der UNO sind mehr als zwanzig Prozent der weltweiten Pestizidvorräte hochgiftige, persistente, organische Chemikalen, die in der Umwelt nur extrem langsam abgebaut werden.[109] Langsam können diese ungebrauchten Pestizide verderben und sich in der Umwelt anreichern. Zum Beispiel haben einige Entwicklungsländer zu große Mengen an Pestiziden gekauft, andererseits wurden aber auch für die Region ungeeignete Pestizide von Entwicklungsländern angeschafft oder von Industriestaaten gespendet. Dies erfolgte auf Druck oder durch falsche Beratung der Agrochemieindustrie oder durch korrupte Regierungen in den Entwicklungsländern.

Ein Problem mit vorhandenen Pestizidvorräten gibt es auch, wenn Pestizide verboten werden. Die Welternährungsorganisation FAO empfiehlt den Ländern Übergangszeiten, in denen die zu verbietenden Pestizide aufgebraucht werden können, bevor sie endgültig verboten werden. Dies ist eine hochproblematische Regelung, da die Pestizide ja meistens wegen akuter Gesundheitsgefahr verboten werden und die Mittel in dieser Übergangszeit ja nicht einfach weniger giftig werden. Wieder einmal siegen hier auch bei den UN-Behörden wirtschaftliche Interessen über die Gesundheit. Völlig ignoriert werden auch mögliche Gefahren, die entstehen, wenn Pestizidfabriken oder Depots von Pestiziden überschwemmt werden.

Das Problem der Altpestiziddeponien beschränkt sich aber nicht nur auf Entwicklungsländer. Die Schweizer Agrochemiekonzerne, die zu den weltweit umsatzstärksten gehören, haben in der Umgebung von Basel mindestens achtzehn Sondermülldeponien hinterlassen.[110] Die Großkonzerne entsorgten den teilweise hochgiftigen Müll aus ihren Fabriken vom Ende des Zweiten Weltkriegs bis zur Mitte der 1960er Jahre in aufgelassenen Kiesgruben in der grundwasserreichen Rheinebene. Danach ging der Chemiemüll zur Entsorgung zum Teil auch ins benachbarte Deutschland und Frankreich. Von diesen achtzehn Deponien wurden bisher lediglich zwei saniert, die übrigen Standorte verschmutzen noch heute das Grund- und wahrscheinlich auch das Trinkwasser. Eine Altpestiziddeponie liegt jedenfalls in unmittelbarer Nachbarschaft eines Trinkwassergebiets in der Nähe von Basel, aus dem 230 000 Menschen ihr Trinkwasser beziehen. Greenpeace konnte erbgutschädigende Substanzen in Trinkwasserproben von dort feststellen; die zuständigen Behörden und die Industrie haben von diesen Verunreinigungen seit Jahrzehnten gewusst, aber weder die Bevölkerung informiert, noch etwas dagegen unternommen. Die neuesten Pläne sind nun, in den verseuchten Gebäuden einer ehemaligen Giftmülldeponie ein Asylzentrum für 500 bis 900 Flüchtlinge zu errichten.[111] Mit diesen Schilderungen will ich dieses Kapitel abschließen, bevor es noch geschmackloser wird.

LOCKERE ZULASSUNG UND
SITUATIONSELASTISCHE GRENZWERTE

Im Folgenden soll ein weiterer Mythos beleuchtet werden, nämlich der, dass Pestizide rigoros getestet werden, bevor sie breitflächig eingesetzt werden. Auch Fachbücher werden nicht müde, das zu behaupten.[112] Es stimmt, dass Pestizide besser getestet werden als viele andere Industriechemikalien, da deren Nebenwirkungen meist gar nicht überprüft werden. Wir werden sehen, dass viele dieser Tests jedoch weder auf wissenschaftlichen Kriterien beruhen, noch transparent durchgeführt werden.

Im Jahr 2015 feierte der Chemical Abstract Service, die weltweite Registrierungsstelle für synthetische Chemikalien, zum fünfzigjährigen Bestehen den Eintrag der hundertmillionsten chemischen Substanz![113] Es handelt sich bei der Substanz um ein patentiertes Therapeutikum zur Behandlung von Leukämie. Für die meisten Chemikalien gibt es jedoch noch keine praktische Anwendung. Es wird geschätzt, dass der Mensch im Laufe seines Lebens mit bis zu 70 000 unterschiedlichen chemischen Produkten in Kontakt kommt.[114] Kaum zu glauben, aber was die Auswirkungen auf Gesundheit und Umwelt betrifft, ist für den Großteil jener hundert Millionen Chemikalien so gut wie nichts bekannt. Nur zirka 1500 Substanzen werden in der Liste für gefährliche Arbeitsstoffe aufgeführt. Die Situation ist weltweit ähnlich. Auch in den USA sind nur wenige hundert der mehr als 80 000 verwendeten Chemikalien bezüglich ihrer Nebenwirkungen überprüft.[115] In Europa soll die sogenannte REACH-Verordnung (Registration, Evaluation, Authorisation and Restriction of Chemicals) gewährleisten, dass sich keine chemischen Stoffe auf dem europäischen Markt befinden, deren Gefährdungspotenzial nicht genügend beschrieben ist. Damit erzielt man zumindest eine Verbesserung der Chemikaliensicherheit. Tatsache ist jedoch, dass die überwiegende Mehrheit der Chemikalien, die wir weltweit einsetzen, nicht auf ihre Wirkungen auf Mensch und Umwelt getestet ist. Wenn man in Betracht zieht, dass der Großteil der Krebserkrankungen mit Chemikalien in der Umwelt in Zusammenhang gebracht werden kann, so ist diese Situation eine untragbare Ignoranz seitens der zuständigen Behörden.

Fest steht, dass für Firmen die Entwicklung eines Pestizids sehr zeitaufwendig und ziemlich teuer ist. Etwa siebzig Aktenordner gefüllt mit Daten sind der Zulassungsbehörde vorzulegen, und die entstehenden Kosten liegen insgesamt bei bis zu 200 Millionen Euro. Die erwünschte Wirksamkeit ist dabei nur eine von vielen Grundvoraussetzungen, die bei der Zulassung erfüllt sein müssen. Wir wollen uns hier nur um das Umweltverhalten und die Gesundheit kümmern. Bereits bei der Zulassung kommt es zu einem klaren Interessenkonflikt, da alle Informationen zur Wirksamkeit sowie zu toxikologischen, ökotoxikologischen und physikochemischen Eigenschaften eines Wirkstoffs vom Antragsteller selbst zu liefern sind.

Nach dem Pflanzenschutzgesetz dürfen nur zugelassene Pestizide verwendet werden. Die Zulassung von Pestiziden erfolgt innerhalb der EU durch die jeweiligen Mitgliedsstaaten. Die Prüfung folgt einheitlichen Standards und muss in akkreditierten Labors durchgeführt werden. Entspricht ein Wirkstoff den Kriterien, wird er nach einer gemeinschaftlich getroffenen Entscheidung aller EU-Mitgliedsstaaten in eine »Positivliste« aufgenommen und ist damit für die Verwendung als Pflanzenschutzmittel geeignet. Die Zulassung eines Pestizids erfolgt nur für spezielle Anwendungen, das heißt gegen bestimmte Schaderreger an entsprechenden Kulturpflanzen. Das klingt alles recht penibel und vertrauenswürdig. Fragt sich bloß, was daran zu kritisieren ist? Der Umweltchemiker Helmut Burtscher-Schaden zeigt in einem sehr akribisch recherchierten Buch die Ungereimtheiten und Betrügereien rund um die Zulassung von Glyphosat auf.[116] Der Bogen reicht von Privatlabors, die im Auftrag der Herstellerfirmen Risikostudien fabriziert haben, von der Nicht-Offenlegung von Studienergebnissen, der Einflussnahme der Hersteller auf Behörden und Wissenschaftler, der Absprache zwischen Herstellern und Behörden bis hin zur wortwörtlichen Übernahme von vom Hersteller verfassten Stellungnahmen durch die Bewertungsbehörden.

Rund um das Herbizid Glyphosat ist in den letzten Jahren ein Streit entbrannt, nachdem Experten der Internationalen Krebsforschungsagentur der WHO Glyphosat als wahrscheinlich krebserregend für den Menschen eingestuft hatten. Die EU-Behörde EFSA und das deutsche Bundesinstitut für Risikobewertung BfR aber haben die Gültigkeit dieser Einstufung nicht akzeptiert. Das europäische Parlament konnte sich nicht auf eine zehnjährige Verlängerung des Herbizids einigen, weshalb nach vielen Diskussionen zunächst eine provisorische Genehmigung bis Ende 2017 ausgesprochen wurde. Gegen eine Neuzulassung formierte sich vehementer internationaler Protest aus der Zivilgesellschaft. In wenigen Monaten wurden über 1,3 Millionen Unterschriften von besorgten Konsumentinnen und Konsumenten gesammelt, um die EU-Kommission zu einem Nachdenkprozess zu bewegen. Stein des Anstoßes war die unterschiedliche Interpretation einer Handvoll Studien an Mäusen. Auch epidemiologische Untersuchungen an Menschen seien systematisch falsch ausgelegt worden. Deutschland als berichterstattender Mitgliedsstaat spielt dabei eine maßgebliche, aber leider unrühmliche Rolle. Laut BfR bestehen jedoch keinerlei gesundheitliche Bedenken gegenüber dem Herbizid. Dabei werden zahlreiche unabhängige Studien ignoriert, die die Gefährlichkeit des Wirkstoffes belegen.

Wir haben bereits erwähnt, dass die verwendeten Pestizidprodukte (Formulierungen) mit den enthaltenen Beistoffen eine weitaus höhere Toxizität aufweisen können als der Wirkstoff allein. Auch werden viele Pestizide gleichzeitig eingesetzt. Weder die in der Praxis verwendeten Produkte noch Kreuzwirkungen verschiedener Produkte werden in den Risikobewertungsverfahren routinemäßig berücksichtigt.

Generell werden Pestizid-Formulierungen nur untersucht, wenn die Toxizität des Stoffes nicht allein auf der Basis der aktiven Substanzen festgestellt werden kann. Gesetzlich gesehen ist es in den meisten Fällen ausreichend, die aktive Substanz des Pestizids an der empfindlichsten Art zu untersuchen. Dadurch wurden viele Nebenwirkungen nicht ausreichend getestet. Für Vögel werden oft nur die Auswirkungen auf eine Wachtelart getestet und damit jede Interaktion mit anderen Vogelarten unterschätzt.[117] Für Vögel, Säugetiere und Fische sind Langzeittest nur vorgesehen, wenn die akuten Kurzzeittests eine höhere akute Toxizität zeigen; damit werden chronische Effekte, die über einen längeren Zeitraum wirken, systematisch unterschätzt. Für aquatische wirbellose Tiere wird der Große Wasserfloh für Tests herangezogen, diese Art ist aber nicht die empfindlichste Art für alle Pestizidklassen, zum Beispiel für Neonicotinoide. Für andere Organismen werden Langzeittests (inklusive Reproduktion, Verhalten und Jungtieren) nur für die Honigbiene, eine Milbe und eine Laus-Art sowie Regenwürmer durchgeführt. Damit können Langzeiteffekte für alle anderen Arten nicht eingeschätzt werden. Andere Insekten werden nur untersucht, wenn die Tests mit Indikator-Arten von Gliederfüßern ein Risiko zeigen; damit werden Auswirkungen auf Käfer, andere Insekten und Spinnen nicht getestet. Auswirkungen auf Amphibien wie Frösche werden nicht regelmäßig getestet. Hormonelle (endokrine) Wirkungen werden für die meisten Pestizide nicht überprüft. Ich möchte jetzt nicht noch mehr Details aufzählen, da die Botschaft mittlerweile eigentlich angekommen sein sollte: Die registrierten Wirkstoffe werden nur an sehr wenigen ausgewählten Organismen getestet. Von wegen, dass es sich um die am besten geprüften Substanzen handelt!

Die alleinige Überprüfung der aktiven Substanzen sagt nichts aus über die Wirkung des fertigen Produkts. Einige Beistoffe sind hormonell wirksam, andere beeinflussen die menschliche Reproduktion, wieder andere zeigen negative Auswirkungen auf das Nervensystem. Deshalb ist es nicht verwunderlich, dass in mehreren Studien nachgewiesen wurde, dass die Pestizid-Formulierungen wesentlich toxischer sind als die reinen aktiven Substanzen.[118] Einige Pestizidprodukte, also Wirkstoffe und Beistoffe, zeigten sogar bis zu tausendfach höhere Toxizität bei menschlichen Zelllinien als die aktiven Substanzen.[119]

Jeder Bürger geht davon aus, dass die Behörden, die die Sicherheit von Pestiziden bewerten, selbstverständlich unabhängig sind. In der EU ist die Europäische Behörde für Lebensmittelsicherheit (EFSA) für die Zulassung der Pestizide zuständig. Eine Studie der Organisation Corporate Europe Observatory hat aufgezeigt, dass über die Hälfte der 209 für die EFSA tätigen Wissenschaftler direkte oder indirekte Verbindungen zu Industriezweigen haben, die sie eigentlich kontrollieren sollten.[120] Die EFSA und Behörden von EU-Mitgliedsstaaten messen bei der Beurteilung wissenschaftlicher Studien zudem offenbar mit zweierlei Maß. Studien, die keine negativen gesundheitlichen Effekte für Pestizide nachweisen, werden eher akzeptiert, während Studien, die negative gesundheitliche Effekte zeigen, eher kritisiert werden. Für das Herbizid Glyphosat erhärtet sich mittlerweile der Verdacht, dass das gesamte Zulassungsprozedere von Pestiziden auf die Interessen der Industrie zugeschnitten ist. Es werden fast ausschließlich industriefinanzierte Studien berücksichtigt, die die Ungefährlichkeit eines Stoffes belegen sollen. Diese Firmenstudien bleiben als »vertrauliche Geschäftsgeheimnisse« so gut wie immer geheim und können somit nicht durch unabhängige Wissenschaftler überprüft werden.

Ohne den Fall Glyphosat allzu detailliert auszurollen, ist noch erwähnenswert, dass die europäische Chemikalien-Agentur ECHA ihre positive Bewertung des Herbizids Glyphosat vorab von einem Lobbyverband der Hersteller kommentieren ließ.[121] Pestizidhersteller haben auch versucht, gezielt Behördenentscheidungen zu beeinflussen – insbesondere durch gekaufte Studien. Dass dies kein Einzelfall ist, zeigen die von einem Gericht im US-Bundesstaat Kalifornien freigegebenen Monsanto Papers. Darin wird deutlich, dass der für die Krebsbewertung von Glyphosat zuständige Mitarbeiter der US-Umweltbehörde EPA auf der Seite von Monsanto stand. Zudem zeigten interne Mails, dass Monsanto Wissenschaftler anheuerte, um vorgefertigte Texte als unabhängige Studien auszugeben und zu publizieren. Diese Studien sollten dazu dienen, die Einstufung von Glyphosat als möglicherweise krebserregend durch die Krebsforschungsagentur IARC der Weltgesundheitsorganisation zu widerlegen.

Im Oktober 2017 wurde auch das Europaparlament von amerikanischen Rechtsanwälten über diese Monsanto Papers informiert. Als Abgeordnete des Europaparlaments mit Vertretern des US-Konzerns sprechen wollten, bekamen sie von Monsanto einen Korb. Daraufhin hat das Parlament, in einer bisher einmaligen Aktion, den Lobbyisten von Monsanto die Hausausweise für das Parlament entzogen.[122] Es wird vermutet, dass diese Lobbyisten versuchen, Änderungsanträge für Gesetze und auch Risikobewertungen für Pestizide zu beeinflussen. Dem deutschen Bundesinstitut für Risikobewertung BfR wurde mittlerweile auch von einem wissenschaftlichen Plagiatsprüfer nachgewiesen, für die Risikobewertung von Glyphosat ausgerechnet den Antrag des Herstellers über Dutzende Seiten wortwörtlich abgeschrieben zu haben. Im November 2017 wurde nach mehrmaliger Abstimmung statt der von der EU-Kommission geforderten zehnjährigen, eine fünfjährige Verlängerung von Glyphosat in Europa beschlossen. Eine qualifizierte Mehrheit von achtzehn Mitgliedsstaaten hat für eine Verlängerung, neun Länder (Frankreich, Italien, Belgien, Österreich, Griechenland, Zypern, Malta, Kroatien und Luxemburg) haben dagegen gestimmt. Portugal hat sich enthalten. In Deutschland hat die Zustimmung des Landwirtschaftsministers entgegen der Geschäftsordnung der Bundesregierung für einen kurzen Sturm der Entrüstung gesorgt. Personelle Konsequenzen wurden nicht gezogen. Industrievertreter und Landwirtschaftsfunktionäre waren vom »mutigen« Schritt des Ministers angetan. Demokratiepolitisch bedenklich war auch, dass die Glyphosat-Hersteller die EU-Kommission vor der Abstimmung vor möglichen Schadenersatzklagen bei einer Nichtverlängerung der Zulassung gewarnt hatten.

Vorbehalte der Bevölkerung gegenüber Pestiziden werden auch in Fachbüchern manchmal etwas abfällig mit einer zunehmend ur-

ban geprägten und der landwirtschaftlichen Produktion entfremde-
ten Lebensweise erklärt. Diesen Leuten falle es dann schwer, so wird
angedeutet, eine sachgerechte Abwägung zwischen Nutzen und Risiken des chemischen Pflanzenschutzes vorzunehmen.[123]

Wenn Pestizide so schädlich wären, wären sie wohl nicht zugelassen worden, ist dann die Standardreaktion auf Pestizidskandale in
den Medien. Die Industrievertreter pflichten dann schnell bei und
betonen, dass man mit den heutigen Analysemethoden praktisch alles messen kann und überhaupt alle Rückstandsmeldungen unterhalb der gesetzlichen Grenzwerte liegen. Etwas stutzig wird man erst,
wenn erwähnt wird, dass die gesetzlichen Rückstandsmengen für Pestizide in Nahrungsmitteln in den letzten Jahrzehnten zum Teil um das
Hundertfache angehoben wurden. Dies nicht etwa, weil sie sich als
weniger gesundheitsgefährdend herausgestellt haben, sondern vielmehr weil gängige Produktionsmethoden, wie zum Beispiel die vorhin bereits erwähnte Reifespritzung kurz vor der Ernte, es verunmög-
lichen, unter den niedrigeren Grenzwerten zu bleiben.

WIE KOMMEN GRENZWERTE ZUSTANDE?

Werden Pestizidrückstände in Lebensmitteln gefunden, wird oft beschwichtigt, dass diese durchschnittlich unterhalb der gesetzlichen
Grenzwerte liegen. Über die generelle Problematik von Grenzwerten hat bereits der bekannte Soziologe Ulrich Beck trefflich geschrieben.[124] Er bringt als Beispiel die Ernährung der Weltbevölkerung mit
Hungernden auf der einen Seite und die Fettleibigen auf der anderen
Seite. Man könnte zum zynischen Schluss kommen, dass im Durchschnitt alle Menschen auf dieser Erde satt sind. Aber ebenso zynisch
ist es zu sagen, dass die durchschnittliche Pestizidbelastung gering ist.
Wir wissen, dass es Regionen oder Berufsgruppen mit überdurchschnittlich hoher Belastung gibt. Gebiete mit intensivem Obst- und
Weinbau und Landwirte oder Hilfskräfte, die dort arbeiten, sind Beispiele dafür. Andererseits wissen wir aber nicht, ob geringe Pestizid-

belastungen für empfindliche oder kranke Personen oder Kinder wirklich unbedenklich sind. Wer mit dem Durchschnitt argumentiert, blendet sozial ungleiche Gefährdungslagen aus. Wer Grenzwerte festlegt, hat sich bereits damit abgefunden, Natur und Mensch ein bisschen vergiften zu dürfen. Generell werden Grenzwerte an Einzelschadstoffen festgemacht, wenn wir aber gleichzeitig mit Hunderten, ja Tausenden von schädlichen Stoffen konfrontiert werden, gerät die Grenze der bisherigen Grenzwerte-Debatte deutlich in den Blick.

In Europa gilt allgemein eine Höchstmenge von 0,1 Milligramm Pestizidrückstand pro Kilogramm oder hundert Nanogramm pro Kilogramm Produkt. Das sind extrem geringe Mengen, die einerseits auf die Strenge der Gesetze, andererseits aber auch auf die Gefährlichkeit der Stoffe hinweisen. Tatsächlich wird in der Diskussion um Pestizidrückstände in Lebensmitteln oft angeführt, dass die Rückstandshöchstgehalte besonders sicher wären. Um die Giftigkeit eines Pestizids oder anderer Schadstoffe für den Menschen zu beurteilen, werden in der Regel immer noch viele Tierversuche durchgeführt. Dies ist ethisch durchaus bedenklich, eine Diskussion darüber würde aber den Rahmen dieses Buches sprengen. Mein sehr verehrter Kollege Peter Weish, mehrfach ausgezeichneter Ökologe und Umweltaktivist, vertritt in diesem Zusammenhang die radikale Auffassung, dass »jede industrielle Giftproduktion an sich schon ein Verbrechen am Leben ist«, und zitiert einen passenden Spruch des Philosophen Adorno, der sagte, »im Falschen kann man nichts richtig machen«.

Für die Risikobewertung von Pestiziden werden in Tierversuchen gesunde Labortiere meist mit einem einzelnen Pestizidwirkstoff unter kontrollierten Bedingungen konfrontiert (gefüttert, besprüht) und Auswirkungen auf die Tiere beobachtet. Aus diesen Beobachtungen werden dann toxikologische Grenzwerte, wie die akzeptable tägliche Dosis (acceptable daily intake, ADI), berechnet. Nun kann man sich vorstellen, dass die Übertragung der Ergebnisse von Labortieren auf den Menschen problematisch ist. Deswegen hat man in den 1950er Jahren pauschal sogenannte Sicherheitsfaktoren eingeführt, die diese

Unterschiede berücksichtigen sollen. Da man nicht weiß, wie empfindlich ein Mensch im Vergleich zum Versuchstier ist, hat man einen Faktor von 10 eingeführt. Weiters geht man pauschal davon aus, dass es innerhalb der menschlichen Bevölkerung Unterschiede in der Empfindlichkeit gibt. Gesunde reagieren anders als Kranke, Alte anders als Kleinkinder. Daraus leitet sich nochmals ein Faktor 10 ab. Ein zusätzlicher Faktor in beliebiger Höhe kann angewendet werden, wenn die Behörden wegen ungenügender Datenlage (zum Beispiel fehlende Tests) zu wenig über die Giftigkeit eines Stoffes wissen.

Nur um es noch einmal auf den Punkt zu bringen: Diese Sicherheitsfaktoren wurden erfunden, weil man es in den 1950er Jahren nicht besser wusste.[125] Sicherheitsfaktoren werden sie übrigens nur in der öffentlichen Darstellung und von den Pestizidherstellern genannt. In der wissenschaftlichen Literatur spricht man korrekterweise von Unsicherheitsfaktoren (uncertainty factors).[126] Wenn in Zusammenhang mit Pestizidgrenzwerten von Unsicherheit anstatt von Sicherheit die Rede ist, wird einem schon mulmiger zumute.

Probleme mit diesen Grenzwerten gibt es auch, da die Versuchstiere nicht alle gleich reagieren und in der Regel auch keine Langzeitstudien über mehrere Generationen durchgeführt werden. Laborratten werden höchstens über zwei Jahre hinweg untersucht, ein Mensch ist im schlimmsten Fall aber über Jahrzehnte den Pestiziden ausgesetzt. Wie sich lebenslange Belastung mit Pestiziden auf die Nachkommen auswirkt, wird überhaupt ignoriert. Wir haben gesehen, dass viele Pestizide gleichzeitig eingesetzt werden. Die gegenseitige Beeinflussung verschiedener Pestizide, sogenannte Cocktail- oder Kreuzeffekte, werden systematisch ausgeklammert und erst gar nicht untersucht. Dabei gibt es zahlreiche Untersuchungen, die zeigen, dass Pestizide in Kombination mit anderen Pestiziden wesentlich toxischer sind, als wenn sie einzeln angewendet werden.[127] Zugegeben, die Untersuchung möglicher Kreuzwirkungen wäre auch extrem aufwendig, immerin geht es um Kombinationen von Tausenden Pestiziden.

Zusammenfassend kann man sagen, dass der gegenwärtige angewandte Sicherheitsfaktor von 100 (10 × 10) auf sechzig Jahre alten, rein pragmatischen Annahmen beruht. Von wissenschaftlicher Untermauerung ist da keine Rede. Dementsprechend kann man sich auch nicht sicher sein, dass Rückstandswerte unterhalb der Grenzwerte unbedenklich sind. Und deswegen ist es auch so ärgerlich, wenn bei Rückstandsmeldungen regelmäßig beschwichtigt wird, dass alles unterhalb der Grenzwerte quasi im grünen Bereich ist. Das bedeutet, wenn Pestizidrückstände unterhalb von Grenzwerten gefunden werden, dann sagt das nichts über gesundheitliche, sondern nur etwas über rechtliche Unbedenklichkeit aus.

Neben der obenerwähnten akzeptablen, täglichen Aufnahmemenge wird noch eine Vielzahl anderer Konzentrationen ermittelt, um eine gesundheitliche Beeinträchtigung mit hinreichender Sicherheit ausschließen zu können (zum Beispiel Dosis ohne erkennbare schädliche Wirkung – No Observed Adverse Effect Level, NOEL, Niedrigste Dosis mit erkennbarer schädlicher Wirkung – Lowest Observed Adverse Effect Level, LOAEL, Höchstmenge an Rückständen in Lebensmitteln – Maximum Residue Level, MRL). Die Vorgangsweise, diese Werte zu berechnen, ist ähnlich, wie für ADI geschildert.

Bei all diesen Unsicherheiten und Unwissenschaftlichkeiten sollte eigentlich dem Vorsorgeprinzip noch viel mehr Bedeutung beigemessen werden und Pestizide bereits bei geringsten gesundheitlichen Verdachtsmomenten aus dem Verkehr gezogen werden.

Wenn es um die Giftigkeit von Substanzen geht, wird auch gerne der im 16. Jahrhundert in Salzburg tätige Arzt und Gelehrte Paracelsus zitiert: »Alle Dinge sind Gift, und nichts ist ohne Gift; allein die Dosis machts, dass ein Ding kein Gift sei.« Obwohl schon vor fast 500 Jahren formuliert, spielt dieser Spruch noch immer eine große Rolle bei der Zulassung von Pestiziden. Natürlich wissen wir inzwischen mehr über die Auswirkungen von Giftstoffen auf Mensch und Umwelt. Neben der reinen Dosis spielen auch die Einwirkzeit eines Stoffes, der Zeitpunkt der Belastung, etwaige Zusatzbelastungen (zum

Beispiel Stress oder Krankheit), das Alter und Geschlecht des Organismus, der mit den Giften in Kontakt kommt, oder Begleitschäden des Organismus für die Entfaltung der Giftigkeit eine Rolle. Für Pestizide und andere Chemikalien mit hormoneller Wirkung spielt die Dosis überhaupt keine Rolle, da sie bereits in den geringsten Konzentrationen wirken!

Tatsache ist, dass es für Pestizide keine sicher ungefährliche Dosis gibt.[128] Viele Pestizide sind Speichergifte, die sich in bestimmten Körperdepots anreichern. Bis es überhaupt zu einer Wirkung kommt, kann es Jahre oder sogar Jahrzehnte dauern. Grenzwerte spiegeln nur das Hauptrisiko. Für viele andere Alltagsgifte werden die Grenzwerte der Arbeitsmedizin herangezogen, also von gesunden Arbeitern bezogen auf eine einzige Substanz. Grenzwerte gelten in erster Linie für Gesunde und nicht für die eigentlichen Risikogruppen wie Kinder, Alte oder Geschwächte. Auch wenn es radikal erscheint, sollten aus Vorsorgegründen körperfremde Giftstoffe bei niemandem in irgendeiner Konzentration nachweisbar sein!

Man sollte annehmen, dass die Rückstandshöchstwerte wenigstens für häufig konsumierte Lebensmittel besonders niedrig angesetzt werden. Doch eher das Gegenteil ist zu beobachten. Der maximale Rückstandshöchstwert (MRL, Maximum Residue Level) ist der höchste Wert, der in Nahrungsmitteln oder Futtermitteln gesetzlich zugelassen ist, nachdem Pestizide nach guter fachlicher Praxis angewendet wurden. Dieser Rückstandshöchstwert wurde über die Jahre hin sukzessive angepasst, vor allem, wenn es zu häufigen Überschreitungen kam. Am Beispiel des Herbizidwirkstoffs Glyphosat sieht man, dass die zulässigen Rückstandswerte für Lebensmittel stark variieren: zwanzig Milligramm pro Kilogramm für Sojabohnen, Sonnenblumen, Gerste, Hafer; fünfzig Milligramm pro Kilogramm für Wildpilze; zehn Milligramm pro Kilogramm für Roggen, Weizen, Leinsamen, Lupinen, Raps, Erbsen, Linsen; zwei Milligramm pro Kilogramm Bohnen; ein Milligramm pro Kilogramm Mais; 0,1 Milligramm pro Kilogramm beim Großteil der pflanzlichen Produkte; 0,05 Milligramm pro Kilogramm für Fleisch (Ausnahme Niere), Milch und Eier. Das bedeutet, dass die vom Gesetz tolerierte Pestizidbelastung für ein Sojaschnitzel um das 400-fache höher ist als für ein gleich schweres Schweinsschnitzel! Wissenschaftlich kann das niemand rechtfertigen, ökonomisch-politisch gibt es sicher Erklärungen dafür.

Viele dieser Rückstandswerte wurden in den letzten Jahren angehoben. Ausschlaggebend dafür waren nicht gesundheitliche Unbedenklichkeit, sondern zu erwartende Glyphosat-Rückstände. In manchen Fällen werden Zulassungen von Pestiziden aber auch widerufen, weil durch deren Anwendung nach guter fachlicher Praxis die gesetzlichen Höchstwerte nicht eingehalten werden können.[129]

Wie sieht eigentlich die Position der Pestizidhersteller dazu aus?[130] Auf der Website von BASF werden Pestizide für Pflanzen mit Medizin für die menschliche Gesundheit gleichgesetzt. Sie schützen die Pflanzen vor und/oder nach der Ernte vor Krankheiten, Schädlingen und Unkraut und lösen sich auf, so heißt es, sobald sie diesen Zweck erfüllt haben. Konsequent in der Argumentation werden die Rückstandshöchstwerte als Handelsnormen bezeichnet, keine Rede von gesundheitlichen Bedenken. Interessant, dass der Hersteller auf der Website zugibt, dass es sich bei den Rückstandsgrenzwerten nicht um Sicherheitsgrenzwerte handelt. Die Begründung ist originell, denn »obwohl Rückstände, die über dem MRL liegen, aus ökonomischer Sicht nicht akzeptabel sind, stellen sie nicht automatisch ein Risiko für den Verbraucher dar«. Der Hersteller beklagt sich dann noch, dass es mittlerweile auch schon Handelsketten gibt, die niedrigere Grenzwerte fordern. Dies würde aber das Vertrauen in die Genehmigungsbehörden und die gesetzlichen Vorgaben untergraben. Rührend diese Sorge um die Behörden, zumal die Hersteller sich ja immer über zu strenge Regeln seitens der Behörden beschwert haben! Dieses Beispiel zeigt, in welches Abhängigkeitsverhältnis sich die Behörden mittlerweile begeben haben.

Von Journalisten wurde ich des Öfteren gefragt, was denn passieren würde, wenn zum Beispiel glyphosathaltige Herbizide verboten würden? Dann würde man doch wohl wieder auf andere, vielleicht weniger harmlose Mittel zurückgreifen müssen, wird gleich vermutet. Da greift offenbar auch schon die Propaganda-Maschinerie der Agrochemieindustrie. Warum sollte auf gefährlichere Mittel zurückgegriffen werden, wenn diese aus gutem Grunde verboten worden sind? Ganz oft gibt es schlichtweg nicht-chemische Alternativen. Immerhin gibt es die ökologische Landwirtschaft, die seit Jahrzehnten erfolgreich demonstriert, dass es auch ohne synthetische Pestizide möglich ist, Lebensmittel zu produzieren. Im Detail werden wir uns mit Alternativen zu Pestiziden später in einem eigenen Kapitel beschäftigen.

Der Ersatz eines Pestizids durch ein anderes, wo sich dann herausstellt, dass das Ersatzprodukt gefährlicher ist als das alte Produkt, ist eigentlich nichts Außergewöhnliches. Tatsächlich wurden in der Vergangenheit sehr viele Pestizide durch neuere, vermeintlich sicherere Pestizide ersetzt. Roundup war zum Beispiel Ersatz für das Herbizid 2,4,5-T. Als in der EU das Herbizid Atrazin verboten wurde, hat der Hersteller Syngenta das Ersatzprodukt Terbuthylazin herausgebracht. Terbuthylazin ist chemisch Atrazin sehr ähnlich und hat ähnliche ökologische und gesundheitliche Auswirkungen. Die *Bacillus-thuringiensis*-Pestizide, die von gentechnisch veränderten Pflanzen produziert werden, werden von der Agrochemie als sichere Ersatzprodukte für Organochlorine, Carbamate und Organophosphor angesehen. Diese Pestizide wiederum waren Ersatz für DDT, DDT selbst hat Bleiarsenat ersetzt.

Viele andere solcher Beispiele für Ersatzprodukte könnten hier aufgezählt werden. Verbote von Pestiziden werden normalerweise von kritischen Nichtregierungsorganisationen oder Pestizidgegnern als Erfolge gefeiert. Andererseits muss man aber auch festhalten, dass die Hersteller wissen, dass der regelmäßige Ersatz von Pestiziden zum Geschäft gehört. Einer der Hauptgründe ist, dass Unkräuter und Schädlinge Resistenzen gegenüber Pestiziden entwickeln und diese mit der Zeit unwirksam werden. Ein anderer Grund ist, dass Patente auslaufen und in der Folge auch andere Firmen diese Produkte herstellen können, wie zurzeit bei den glyphosathaltigen Herbiziden. Das heißt aber auch, dass die Hersteller ständig auf der Suche nach Ersatzprodukten sind, auch unabhängig von Kampagnen durch Umweltgruppen.

Die Hersteller wissen auch, dass die Registrierung der Produkte auf ihren eigenen Untersuchungen und Tests beruht. Das heißt, Probleme mit der Sicherheit oder der Toxizität der Pestizide kommen erst später durch unabhängige Studien und praktische Erfahrung zutage. Bis es so weit ist, können gute Geschäfte mit den Pestiziden gemacht werden. Wenn man dieses System der gegenwärtigen Bewilligung von Pestiziden betrachtet, dann liegt es in der Natur der Sache, dass alte, weitverbreitete Pestizide automatisch eine schlechtere Reputation haben als neuere Produkte, einfach, weil zu diesen noch weniger bekannt ist. Mit dieser Tatsache kann die Propagandamaschinerie trefflich argumentieren und Ängste schüren.

Ich hoffe, dass nach diesen Ausführungen auch klargeworden ist, dass Aussagen, wonach Pestizide die am besten getesteten Substanzen überhaupt sind, schlichtweg falsch sind. Diese Aussagen werden auch konterkariert durch regelmäßige Rücknahmen und Verbote von einstmals weitverbreiteten Pestiziden. Wenn die ökotoxikologischen Tests so umfassend und gut wären, dann hätten etwaige Probleme viel früher auffallen müssen und die Produkte erst gar nicht für den Markt zugelassen werden dürfen. Die Behörden agieren meist passiv, immer erst auf öffentlichen Druck.

Wie wird nun konkret bestimmt, ob ein Produkt gefährlich für die Umwelt ist oder nicht? Die Schwierigkeit ist dabei, dass Organismen und Ökosysteme extrem vielfältig reagieren können. Bei Menschen wissen wir, dass sie individuell auf Fremdstoffe reagieren, abhängig vom Geschlecht, von der Tageszeit, vom Alter, von Zusatzbelastungen, Krankheiten und vom Vorhandensein anderer Stressoren. Bei allen anderen Organismen, die getestet werden, wird beispielsweise angenommen, dass ein getesteter Regenwurm so reagiert wie alle seine Artgenossen, eine Vogelart stellvertretend für alle anderen Vogelarten. Sicher eine grobe Vereinfachung. Aber zu diesen artspezifischen Reaktionen ist selbst in Spezialdisziplinen noch viel zu wenig bekannt.

Die pragmatische Lösung für die Einschätzung von Pestizidwirkungen ist die Extrapolation. Das bedeutet, dass von den Ergebnissen eines Experiments auf andere Arten und andere Umweltsituationen geschlossen wird. Die meisten dieser Extrapolationen sind jedoch wissenschaftlich schwer nachvollziehbar oder eindeutig unzulässig und oft falsch.[131] Zum Beispiel werden Ergebnisse, die mit ausgewachsenen Honigbienen ermittelt werden, auf alle andere Lebensstadien und alle Bienenarten (es gibt in Österreich allein 700 verschiedene Arten von Wildbienen), manchmal sogar auf alle Insektenbestäuber übertragen. Mit solchen Extrapolationen wird oft erklärt, wie rigoros Risikoabschätzung für Pestizide sei. Ein Kollege, der für die Zulassung von Pestiziden in einem Agrochemieunternehmen gearbeitet hat, bestätigte mir, dass die dort erstellten Studien in vielen Fällen nicht den in wissenschaftlichen Zeitschriften geforderten Qualitätsstandards entsprechen.

Eine andere wichtige Unzulänglichkeit in der Testung von Pestizideffekten ist, dass aus budgetären und praktischen Gründen nur bestimmte Endpunkte untersucht werden. Diese Endpunkte werden frei vom Untersucher gewählt. Typische Endpunkte sind der Tod des Versuchstieres (Mortalität), Krebsgeschwüre oder das Gewicht bestimmter Organe. Aber Endpunkte können in der Realität auch viel subtiler sein, wie zum Beispiel die Neurotoxizität. Dazu zählen zum Beispiel Lerndefekte, Fehlfunktionen des Immunsystems, der Reproduktionsorgane oder Multigenerationeneffekte. Die meisten dieser Aspekte werden bei der Untersuchung möglicher Wirkungen von Pestiziden nicht berücksichtigt. So viel zu den angeblich am besten untersuchten Substanzen!

Ein anderes Beispiel für die Schwierigkeit, mögliche Effekte realistisch zu untersuchen, sind Pestizid-Cocktails, also das Zusammenwirken verschiedener Giftstoffe.[132] In tatsächlichen Lebenssituationen sind Organismen ständig mehreren Pestiziden gleichzeitig ausgesetzt. Die Problematik, dass Pestizide immer nur in Formulierungen verwendet werden, bei Tests jedoch nur die aktiven Wirkstoffe bewertet werden, wurde vorhin schon erläutert.[133] Zu berücksichtigen ist auch, dass die Einschätzung der Wirkung von Pestiziden auf linearen Dosis-Wirkungs-Zusammenhängen beruht. Das klingt kompliziert, ist aber im Prinzip die Anwendung des Satzes von Paracelsus, wonach die Dosis das Gift macht. Je höher die Dosis, desto stärker die Wirkung. Damit kann von einer getesteten Pestiziddosis auf andere Mengen geschlossen werden. Die Annahme eines linearen Zusammenhangs wurde selten in Zweifel gezogen, für sehr viele Giftstoffe, vor allem für solche, die endokrine, also potenziell hormonähnliche Wirkung aufweisen, gelten diese linearen Zusammenhänge allerdings nachweislich nicht. Das bedeutet, dass eigentlich alle Pestizide zuerst auf ihre endokrine Wirksamkeit getestet werden sollten, denn wenn dies der Fall ist, dann ist die Substanz bereits in den kleinsten Konzentrationen beeinflussend.[134]

Es gibt also jede Menge Zweifel an der Risikoeinschätzung von Pestiziden, die Tests beruhen auf einer Übertragung von einfachen Laboruntersuchungen auf reale Situationen in der Natur. Im Prinzip ist dies auch bei medizinischen/pharmakologischen Tests so. Bei Medikamenten besteht allerdings auch ein Netz von Ärzten, die Rückmeldungen über etwaige Nebenwirkungen geben können. Wenn in der Natur eine Tierart verschwindet, ist es viel schwieriger, dies eindeutig auf Pestizidwirkungen zurückzuführen. Damit ist eine große Ungewissheit verbunden, dennoch werden die Hersteller und auch viele Toxikologen nicht müde zu behaupten, dass es sich bei Pestiziden um jene chemischen Stoffe handelt, die vor ihrer Zulassung und Anwendung am intensivsten untersucht werden, vergleichbar nur mit Arzneimitteln.[135]

Wenn von Pestiziden und Rückstandsgrenzwerten die Rede ist, dann müssen auch gentechnisch manipulierte Organismen (GMOs oder GVOs) erwähnt werden. In vielen Fällen ist der Einsatz von GMOs obligatorisch an einen Herbizideinsatz gekoppelt, weil sonst die vermeintlichen Vorteile nicht ausgespielt werden können. Wir haben bereits erwähnt, dass die festgelegten Grenzwerte recht flexibel sind und situationselastisch angepasst werden.[136] Die bisherigen Beispiele haben meist den Pflanzenbau betroffen. Schauen wir uns jetzt einmal an, wie die Tierzucht auch von Pestiziden betroffen ist. Die Qualität von Nahrungs- und Futtermitteln ist essenziell für die Gesundheit von Mensch und Tier. Qualität bedeutet aber nicht nur das Vorhandensein von Nährstoffen, Mineralien, Vitaminen oder wichtigen Fettsäuren, sondern auch die Abwesenheit von Giftstoffen, wie Pestiziden.

Überraschenderweise gibt es selbst in der wissenschaftlichen Literatur fast keine Daten über Herbizidrückstände in gentechnisch veränderten Pflanzen (GMOs), obwohl diese schon seit zwanzig Jahren auf dem Markt sind. In einer Studie wurden Sojabohnen untersucht, die in verschiedenen landwirtschaftlichen Systemen angebaut wurden, im Biolandbau, als GMO-Sojabohnen, die resistent gegenüber einem Glyphosat-Herbizid waren, und als dritte Variante konventionell angebaut ohne GMOs.[137] Die Analysen zeigten, dass alle Proben aus dem GMO-Anbau Rückstände von neun Milligramm pro Kilogramm Sojabohnen an Glyphosat und AMPA enthielten. AMPA (Aminomethylphosphonsäure) ist übrigens das wichtigste Abbauprodukt von Glyphosat und gibt einen Hinweis auf den Zerfallsgrad des Wirkstoffs Glyphosat. Im Gegensatz dazu zeigten die konventionell produzierten und die biologisch produzierten Sojabohnen keine Glyphosat-Rückstände. Erklärt wird das damit, dass Glyphosat auf den GMO-Feldern immer öfter und mit höherer Dosierung ausgebracht wird, da viele Unkräuter mittlerweile resistent gegenüber Roundup sind.[138] Global gesehen ist GMO-Soja die Nummer eins unter den GMO-Kulturen. Die weltweite Sojabohnen-Produktion im Jahr 2011 lag bei rund 252 Millionen Tonnen, mit den USA (33 Prozent), Brasilien (29 Prozent), Argentinien (neunzehn Prozent), China (fünf Prozent) und Indien (vier Prozent) als den größten Produzenten.[139] In den USA wird zu 95 Prozent GMO-Soja angebaut.

Gerade in Ländern, in denen GMOs angebaut oder wo diese Produkte importiert werden, haben die Behörden die gesetzlich akzeptierte Menge an Glyphosat in Nahrungs- und Futtermitteln (MRL) in den letzten Jahren angehoben. In Brasilien wurde der MRL in Sojabohnen im Jahr 2004 von 0,2 Milligramm pro Kilogramm Sojabohnen auf zehn Milligramm pro Kilogramm erhöht: eine fünfzigfache Steigerung – aber nur für GMO-Soja. In Europa und den USA wurde der erlaubte Rückstandswert von Glyphosat in Sojabohnen im Jahr 1999 von 0,1 Milligramm pro Kilogramm auf zwanzig Milligramm pro Kilogramm erhöht, eine 200-fache Steigerung! In all diesen Fällen wurde der MRL angepasst, ohne wissenschaftlichen Hintergrund, sondern aus praktischen Gründen, da in den Proben immer höhere Rückstandswerte gemessen wurden und die Produkte sonst nicht mehr vermarktbar gewesen wären. Als ob Glyphosat in GMO-Soja weniger schädlich wäre als im normal angebauten Soja! Diese unfassbaren Tricksereien mit den Rückstandsgrenzwerten untermauern auch die Wichtigkeit der Kennzeichnung von Lebensmitteln, die GMOs enthalten. In den USA wird diese Forderung der Verbraucherverbände seit Jahrzehnten von der Industrielobby verhindert, lediglich einzelne Bundesstaaten haben eine GMO-Kennzeichnung eingeführt. Europa ist hier konsumentenfreundlicher und hat eine Kennzeichnungsverordnung für gentechnikfreie Produkte; lediglich eine technisch unvermeidbare und zufällige Verunreinigung von 0,9 Prozent wird toleriert.

Wenn Sie jetzt sagen, dass Sie Soja nicht betrifft, da Sie kein Vegetarier sind und Tofu oder andere Sojaprodukte meiden, dann wird Sie vielleicht interessieren, dass rund siebzig Prozent der Proteine für die Fleischproduktion in Europa durch importiertes Soja gedeckt werden. Nur etwa zwei Prozent des Sojas für Tierfutter werden in Europa selbst produziert.[140] Es sind diese globalen Vernetzungen in der Lebensmittelproduktion, die die Thematik komplex und unübersichtlich machen. Letztendlich sind wir jedoch fast immer mit der Pestizidproblematik persönlich konfrontiert, ob wir das wollen oder nicht.

Aus dem bisher Geschilderten folgt, dass die Grenzwerte, mit denen uns Sicherheit und Unbedenklichkeit vorgegaukelt werden, ziemlich sicher zu hoch angesetzt sind. Erst recht, wenn kombinierte Wirkungen mit anderen Chemikalien in Betracht gezogen werden. Wie sollen Menschen der Risikoabschätzung durch Behörden vertrauen, wenn gesetzliche Rückstandsmengen ohne wissenschaftliche Begründung festgelegt werden und ständig, je nach Bedarf, nach oben angepasst werden? Wenn das alles aus Unverständnis passierte, wäre das traurig. Wenn diese Anpassungen aber auf Druck oder aufgrund von Abhängigkeiten von den Agrochemiekonzernen zustande gekommen wären, so wäre das zutiefst besorgniserregend für unsere demokratischen Gesellschaftssysteme. Jedenfalls nehmen Pestizidrückstände in Nahrungsmitteln zu, und die Grenzwerte werden noch immer nach veralteten Standards ohne Einbeziehung neuer wissenschaftlicher Forschungsergebnisse festgelegt.[141]

Natürlich können Pestizidgrenzwerte nicht beliebig hoch festgelegt werden. Im Gegenteil. In der zuständigen EU-Verordnung steht ausdrücklich, dass die Gehalte so niedrig festzusetzen sind, wie dies mit einer guten landwirtschaftlichen Praxis vereinbar ist, um besonders gefährdete Gruppen wie Kinder und Ungeborene zu schützen. Die Hersteller sind es, die Rückstandshöchstmengen beantragen. Sie müssen dafür Unterlagen über Rückstandsversuche einreichen, die unter Annahme der schlimmsten Bedingungen stattgefunden haben.

Eine völlig unmoralische, ja eigentlich kriminelle Gepflogenheit im Zusammenhang mit Pestizidzulassungen ist die Tatsache, dass Gifte, die in einem Land als unsicher, giftig, umweltgefährdend und gefährlich für Menschen klassifiziert wurden, in anderen Ländern weiterhin verwendet werden dürfen. Dies trifft nicht nur auf Entwicklungsländer zu. Australische Farmer beispielsweise verwenden noch immer achtzig Pestizide, die in anderen Ländern bereits verboten sind.[142]

KRIEGSRHETORIK MACHT STIMMUNG

Verbal und medial befinden wir uns in einem ständigen Krieg und Kampf gegen Unkräuter, Schädlinge oder sogenannte invasive Arten, die aus fremden Ländern zu uns kommen. In einem Lehrbuch über Schädlings-Management wird ganz offen von einem immerwährenden Krieg gegen Schädlinge gesprochen, in dem die Menschheit kämpfen muss, um zu überleben.[143] Weiter heißt es, dass Schädlinge, insbesondere Insekten, unsere wichtigsten Konkurrenten auf der Erde seien.

Diese Kriegsrhetorik kommt wohl nicht von ungefähr, immerhin stammen die ersten Pestizide tatsächlich aus ehemaligen Arsenalen von Chemiewaffen. Dieselben Agrarchemiekonzerne, die heutzutage moderne Pestizide herstellen, haben auch kräftig an der Produktion von Giftgasen mitgewirkt.[144] Die Produktion dieser Giftstoffe erfolgte zum Beispiel auch bei der Firma MoBay, einer Kooperation von Monsanto und Bayer. Dieselben beiden Agrochemiekonzerne haben im Herbst 2016 verlautbart, sich zum weltweit größten Agrochemie- und Saatgutkonzern der Welt zusammenschließen zu wollen. Dieser Zusammenschluss wird bis zum Frühjahr 2018 von den Wettbewerbsbehörden in den USA und Europa geprüft. Es darf vermutet werden, dass dem Ansinnen unter wenigen Auflagen zugestimmt wird.

Militärische Bildwelten werden in dieser Branche aber auch heute noch verwendet.[145] In der Werbung für ein Insektizid ist von Kriegsgewinn die Rede. Stechmückenschwärme kommen in Flugzeugformation wie im Zweiten Weltkrieg daher. Daneben stehen Zitate berühmter Kriegsherren wie Winston Churchill.

Roundup, das weltweit am häufigsten eingesetzte Herbizid mit dem Wirkstoff Glyphosat, bedeutet übersetzt Razzia. Es wird also ein militärischer oder polizeilicher Streifzug gegen Verdächtige oder Unliebsame, hier Unkräuter, angedeutet.

Auch in öffentlich-rechtlichen Medien, bei denen es nicht um Produktwerbung geht, wird unnötig Stimmung gegen unliebsame Organismen gemacht. In einer Verbrauchersendung des Österreichischen Rundfunks wird unter dem Titel »Invasion der Wanzen«[146] über völlig harmlose Marmorierte Wanzen berichtet. Die Wanzen wurden aus China eingeschleppt und bevölkern im Herbst Balkone und Terrassen – vor allem in Städten. Wenn es kälter wird, suchen sie sich ein warmes Plätzchen in den Wohnungen und vermehren sich dort. Im Internet wird, natürlich von Schädlingsbekämpfungsfirmen, die Stimmung entsprechend angeheizt.[147] Dort heißt es, dass derartige Lästlinge zwar für den Menschen keine Bedrohung für Leib und Leben darstellen, jedoch in der näheren Umgebung, zum Beispiel im Garten oder in der Küche, als äußerst störend empfunden werden. Selbstredend wird dann auch davor gewarnt, den Lästlingsbefall auf die leichte Schulter zu nehmen, besser gleich bekämpfen!

Kriegsrhetorik wird auch bemüht, wenn es um die Bekämpfung von sogenannten Neobiota geht. Neobiota sind neue Organismen, die in bisher unbekannten Regionen auftreten. Sie werden Neophyten genannt, wenn es sich um Pflanzen handelt, Neozoen, wenn Tiere angesprochen sind. Paradebeispiele für Neophyten in unseren Breiten sind das rosablühende, Drüsige Springkraut, ursprünglich aus Asien kommend, das im Hochsommer entlang von Flüssen blüht, oder die gelbblühende Kanadische Goldrute, die auf Bahndämmen und Straßenböschungen wächst. Allseits bekannte Neozoen sind etwa die jedem Gartenfreund bekannte bräunlich-orange Spanische Wegschnecke oder neuerdings der Buchsbaumzünsler. Gemäß Kriegsrhetorik werden viele dieser Arten als invasive Arten bezeichnet, folgerichtig sollten die Invasoren auch bekämpft werden. Die allgemein fremdenfeindliche Stimmung in unseren Gesellschaften dramatisiert die Lage noch zusätzlich. Dementsprechend werden dann auch schwere che-

mische Geschütze aufgefahren, vor denen nicht einmal in Naturschutzgebieten, Nationalparks oder, wie ein Kollege erzählte, den
Galapagosinseln zurückgeschreckt wird.

Neben Kriegsgelüsten wird auch an unseren Ordnungssinn und
unser Sauberkeitsbedürfnis appelliert. Landwirtschaftliche Fachzeitschriften sind voll von Werbeeinschaltungen für Pestizide. Da wird
zum Beispiel mit einer weiblichen Reinigungskraft geworben. Sie ist
ausgestattet mit grünen Gummihandschuhen, Schrubber, blau-ge-
tupfter Schürze und aufgesteckten Haaren und verkündet mit nach
oben gerichtetem Daumen: »So sauber war Ihr Feld noch nie!« Geworben wird für eine breite Komplettlösung und Sicherheit gegen alle
Unkräuter.[148] Dieses vermeintliche Bedürfnis nach Sauberkeit und
Sicherheit und der soziale Druck dazu sind nicht zu unterschätzen,
stellen sie doch im Privatbereich einen wichtigen Grund zur Anwendung von Pestiziden dar! Aber auch in Gesprächen mit Landwirten
wird regelmäßig betont, dass Pestizide oft auch eingesetzt werden, damit auf dem Feld alles ordentlich aussieht. Man will ja nicht zum Ge-
spött des Dorfes werden.

In einer Zeitschrift, die jeder Landwirt in Österreich zugestellt bekommt, wird auch gleich für ein »neues, flexibles Herbizid mit brei-
tem Wirkungsspektrum für Kartoffeln« geworben. Das Produkt ist
»anwenderfreundlich« und hat »gute Kulturverträglichkeit«. Es bleibt
dem Leser überlassen, das zu interpretieren. Schließlich wird in dieser
Zeitschrift auch noch für Fungizide geworben. Interessant ist die Aussage: »Leistungsstarke Fungizide sind heute durch intensiven Einsatz
auch resistenzgefährdet.« Das beworbene Fungizid wirkt »protektiv
und kurativ und ist ein exzellenter Resistenzbrecher für ein effizien-
tes Anti-Resistenz-Management und die Sicherung eines langfristigen Anbauerfolgs«. Auffällig ist der häufige Hinweis auf Resistenzen,
ein immer öfter auftretendes Problem, das wir noch näher beleuchten werden.

Für Österreich wird der Pestizidwirkstoffverbrauch im Anwen-
dungsbereich »Sonstige nicht-land- und forstwirtschaftliche Pesti-

zidanwendung« auf 250 Tonnen geschätzt, also zirka sechs Prozent am Gesamtverbrauch. Ob diese Schätzungen mit der Realität übereinstimmen, ist – da öffentlich zugängliche Verbrauchsangaben nicht vorhanden sind – schwer zu verifizieren. Selbst der Fachverband der chemischen Industrie Österreichs kann oder will eine Differenzierung der Verbrauchsmengen zwischen landwirtschaftlichen und nicht-land- und forstwirtschaftlichen Pestiziden weder erheben noch abschätzen.[149] Im Sinne des Umwelt- und Konsumentenschutzes und zur Abschätzung der Exposition von Mensch und Umwelt ist hier auch von den zuständigen Behörden mehr Transparenz einzufordern. Hierzu sollte dringend eine gesetzliche Meldepflicht der in Verkehr gebrachten Pestizidwirkstoffmengen eingeführt werden.

AGROÖKOSYSTEME HABEN EINEN GESELLSCHAFTLICHEN NUTZEN

Bevor wir die konkreten Auswirkungen der Pestizide auf Natur und Mensch beleuchten, noch ein paar Aspekte zur Bedeutung der landwirtschaftlichen Flächen in unserer Kulturlandschaft. Alles zusammen wird als Agroökosystem bezeichnet. Natürlich dienen landwirtschaftliche Flächen in erster Linie dazu, Nahrungsmittel zu produzieren. In der Debatte wird aber oft vergessen, dass sie darüber hinaus auch viele Leistungen für die Gesellschaft erbringen. Ökosysteme funktionieren durch das Zusammenwirken von belebten und unbelebten Komponenten. Zu den belebten Teilen zählen Pflanzen, Tiere und Mikroorganismen, die auf vielfältige Weise interagieren, indem zum Beispiel Nährstoffe, Energie oder Informationen ausgetauscht werden. Ein Agroökosystem dient der Erzeugung von Nahrungsmitteln für uns Menschen, Tierfutter, der Haltung von Nutztieren oder der Produktion von Bioenergie oder anderen Rohstoffen.

Daneben sind aber auch die vielfältigen zusätzlichen Funktionen für uns Menschen zu erwähnen. Jeder kennt die vier Funktionen des

Waldes: die Nutzfunktion (Holzproduktion); die Schutzfunktion vor Lawinen, Überflutungen oder Bodenerosion, Wasserreinigung und Wasserspeicherung, Klimaschutz, die Filterung von Schadstoffen und Lärm und die Produktion von Sauerstoff; die Erholungsfunktion, die wir beim Waldspaziergang genießen, sowie die Sonderfunktionen des Landschafts- und Naturschutzes. Ähnliche Funktionen für die Gesellschaft haben auch alle anderen Ökosysteme, so auch die Agroökosysteme. In der Wissenschaft hat sich dafür der Begriff der Ökosystemdienstleistungen etabliert. Grob gesagt versteht man darunter die Wirkungen der Ökosysteme für uns Menschen. Beispiele für Ökosystemdienstleistungen sind neben der Nahrungsmittelproduktion das Bestäuben von Obstblüten durch Insekten, die natürlicherweise stattfindende Schädlingskontrolle, die Bereitstellung von sauberem Trinkwasser durch natürliche Filtration von Niederschlag, die Bereitstellung von frischer Luft oder auch einer ästhetischen Kulturlandschaft, die zur Erholung genutzt werden kann. Diese Leistungen können bewertet werden, indem man zum Beispiel kalkuliert, was eine künstliche Bestäubung unserer Obstkulturen kosten würde. Das ist gar nicht so abwegig und wird beispielsweise in China bereits von Hilfsarbeiterinnen durchgeführt. Im Dokumentarfilm »More than Honey« von Markus Imhoof sieht man beispielsweise mit kleinen Pinselchen ausgestattete Landarbeiterinnen, die in Obstbäumen sitzen und dort die Rolle der ausgestorbenen Insektenbestäuber übernehmen. Diese Berechnungen werden manchmal kritisiert, weil damit der Natur ein monetärer Wert beigemessen wird. Andererseits kann man dadurch aber vielen, rein wirtschaftlich denkenden Menschen und vielleicht auch manchen Politikern den Nutzen der Natur für die Gesellschaft besser vermitteln.

Der grundlegende Unterschied zwischen natürlichen Ökosystemen wie zum Beispiel einem Wald, Grasländern, Steppe und Prärie und Agroökosystemen ist, dass Agroökosysteme stärker durch den Menschen bewirtschaftet werden. Im Gegensatz zu natürlichen Ökosystemen gibt es in Agroökosystemen auch keine geschlossenen Stoff-

und Nährstoffkreisläufe, weil durch die Abfuhr des Erntegutes die darin enthaltenen Nährstoffe aus dem System entfernt werden. Das bedingt, dass regelmäßig Nährstoffe in Form von Dünger zugesetzt werden müssen, andernfalls würde sich die Produktivität des Agroökosystems mit der Zeit erschöpfen. Der Einsatz von Pestiziden kann erforderlich werden, da landwirtschaftliche Systeme oft in Form von Monokulturen bewirtschaftet werden und sich dadurch das natürliche Wechselspiel zwischen Nützlingen und Schädlingen nicht entwickeln kann.

Chronisch ignoriert wird in der öffentlichen Debatte auch die immense Bedeutung des Bodens. Der Boden ist grundsätzlich eine nicht erneuerbare Ressource: Verlorener Boden kann nicht mehr wiederhergestellt werden, wie an den vielen einstmals bewaldeten Karstflächen im Mediterranraum zu sehen ist. Der Boden wird ja landläufig nur als ein Medium zum Wachsen von Pflanzen gesehen. Aber der Boden kann natürlich mehr, er speichert Wasser, trägt zum Klimaschutz bei durch die Speicherung von Kohlenstoff, ist wichtig für die Versorgung mit Pflanzennährstoffen und ist natürlich auch ein wichtiges Habitat für Bodenorganismen. Landläufig wird das alles als Bodengesundheit bezeichnet. Der Boden ist ein dynamisches System, das auf Veränderungen reagiert. Die Erhaltung und Verbesserung dieser Bodenfunktionen und der Bodengesundheit ist jedenfalls essenziell für die menschliche Ernährung.

Eine sehr wichtige Komponente, die zur Aufrechterhaltung der Bodengesundheit notwendig ist, ist das Bodenleben. Dabei ist die Vielfalt der Bodenorganismen überwältigend: Eine Handvoll Ackerboden (zirka 200 Gramm) enthält mehr Organismen, als es Menschen auf der Erde gibt. Hauptsächlich Mikroorganismen wie Bakterien und Pilze, aber auch Regenwürmer, Insekten, Springschwänze und jede Menge Milben. Man nimmt an, dass rund 25 Prozent aller auf der Erde lebenden Arten im Boden vorkommen; die meisten sind noch nicht einmal wissenschaftlich klassifiziert. Das Bodenleben ist auch wichtig für die nachhaltige Gesundheit von Kulturpflanzen, und damit sind wir wieder beim Kernthema des Buches. In eigenen Arbeiten konnten wir feststellen, dass ein Austausch stattfindet zwischen Regenwürmern im Boden und Blattläusen, die auf der Pflanze saugen[150], und dass Regenwürmer dazu beitragen, dass Nacktschnecken weniger häufig an Pflanzen fressen.[151] Umgekehrt kann verringerte Bodengesundheit dazu führen, dass sich Kulturpflanzen weniger gut gegen Pflanzenkrankheiten oder Schädlinge wehren können. Das bedeutet, dass wir in der Landwirtschaft möglichst bodenschonend arbeiten sollten, um diese Wirkungen zu gewährleisten. Es ist zwar nicht so unmittelbar ersichtlich, aber unsere Böden sind für die menschliche Gesellschaft genauso wichtig wie Luft und Wasser. Angeblich soll der ehemalige US-Präsident Franklin D. Roosevelt einmal den Ausspruch gemacht haben:»Eine Nation, die ihre Böden zerstört, zerstört sich selbst.« Das zeugt von einem umfassenden Naturverständnis, was man bei vielen moderneren Politikern vergeblich sucht.

REGENWÜRMER SIND DIE VERBORGENEN AGRARINGENIEURE

Die Bedeutung der Regenwürmer wurde schon erwähnt, sie werden auch später noch eine Rolle spielen, da wir in unseren eigenen Arbeiten Auswirkungen von Pestiziden auf Regenwürmer getestet haben. Im gesunden Boden eines Hektars Grünland leben zwischen fünf bis zehn Millionen Regenwürmer, das entspricht bei einem mittleren Gewicht von einem Gramm pro Wurm rund 5000 bis 10 000 Kilogramm Regenwurmbiomasse pro Hektar. Wenn wir den unteren Wert nehmen und diesen in einer konservativen Rechnung mit der halben Grünlandfläche in Österreich multiplizieren, dann ist die Regenwurmbiomasse etwa fünfmal so groß wie das Gewicht der menschlichen Einwohner. In Österreich gibt es übrigens mehr als fünfzig verschiedene Regenwurmarten, weltweit sogar mehrere tausend. Je mehr Würmer vorhanden sind, desto besser ist die Bodenfruchtbarkeit. In einem zu intensiv und unsachgemäß bewirtschafteten Boden können die Regenwürmer fast vollständig verschwinden. Im Rahmen eines Forschungsprojektes haben wir Plexiglasrohre in einer Weide vergraben, um mittels Endoskop die unterirdische Aktivität von Regenwürmern und Pflanzenwurzeln zu erforschen.[152] Regenwürmer durchgraben den Boden, verbessern deutlich die Wasseraufnahme, Wasserspeicherung und Wassereinsickerung sowie die Drainage des Bodens. Dabei entstehen bis zu 150 Gänge pro Quadratmeter oder 900 Meter Röhren pro Quadratmeter und einem Meter Tiefe.[153] Oberflächenabfluss und Erosion können dadurch vermindert werden. Die Regenwürmer arbeiten im Acker pro Jahr mehrere Tonnen abgestorbenes Pflanzenmaterial pro Hektar in den Boden ein. Im Wurmkot sind organische und mineralische Teile gut durchmischt, und die Nährstoffe liegen in für Pflanzen leicht verfügbarer und angereicherter Form vor. Die Bezeichnung Kot ist vielleicht ein bisschen despektierlich, da der Regenwurmkot überhaupt nicht stinkt, im Gegenteil, er duftet sogar angenehm erdig. Die Regenwürmer produzieren vierzig bis hundert Tonnen davon pro Hektar und Jahr.

Generell genießt der Regenwurm unter Landwirten und Hobbygärtnern einen sehr guten Ruf. Das war aber nicht immer so. Bis Mitte des 19. Jahrhunderts wurde der Regenwurm allgemein als Schädling gesehen. Wesentlich zur Imageverbesserung des Regenwurms beigetragen hat Charles Darwin, der berühmte britische Naturforscher. Er hat nicht nur bahnbrechende Arbeiten zur Evolutionstheorie und Entstehung der Arten geleistet, sondern hat sich in seinen letzten Jahren auch dem Regenwurm gewidmet.[154] In seinem letzten Buch kommt er schließlich zu dem Fazit: »Man kann wohl bezweifeln, ob es noch viele andere Tiere gibt, welche eine so bedeutende Rolle in der Geschichte der Erde gespielt haben wie diese niedrig organisierten Geschöpfe.«

Neben den Regenwürmern lebt im Boden noch eine schier unendliche Zahl von anderen Organismen: Fadenwürmer, Springschwänze, Milben, Spinnen, Käfer und vor allem unzählige Mikroorganismen. Diese Bodenorganismen sind genauso vom Aussterben bedroht wie die oberirdischen Tiere und Pflanzen, nur redet darüber fast niemand.[155]

Wie bereits angedeutet, gibt es in einem funktionierenden Agroökosystem ein komplexes Wechselspiel zwischen den dort lebenden Organismen. Dabei wird auch natürliche Schädlingskontrolle betrieben. Blattläuse werden von Marienkäfern gefressen, gefräßige Raupen werden von Schlupfwespen parasitiert und unschädlich gemacht, um nur die bekanntesten Interaktionen zu erwähnen. Mit mehr als 45 000 Arten und einem Vorkommen von bis zu tausend Individuen pro Quadratmeter gehören Spinnen zu den artenreichsten und weitverbreitetsten räuberischen Tierarten. Die allgemein wenig beliebten Spinnen tragen dadurch wesentlich zur Aufrechterhaltung des ökologischen Gleichgewichtes der Natur bei. Es wird geschätzt, dass Spinnen weltweit mehr Biomasse in Form von Insekten vertilgen, als die Menschen in Form von Fleisch und Fisch verzehren: nämlich jährlich bis zu 800 Millionen Tonnen Insekten weltweit.[156]

Dies sind Leistungen zur Schädlingskontrolle, die natürlicherweise in Agroökosystemen ablaufen. Bei der Landbewirtschaftung sollten wir deshalb dafür sorgen, dass die Landschaft reich strukturiert ist und unbewirtschaftete Rückzugsgebiete für Nützlinge vorhanden sind, ein gesunder Boden erhalten bleibt und auch eine Vielfalt an Kulturpflanzen angebaut wird.

Jeder Mensch hat ein Recht auf seine eigene Meinung, aber nicht auf seine eigenen Fakten.

DANIEL PATRICK MOYNIHAN

WAS SIND DIE FOLGEN FÜR NATUR UND MENSCH?

Pestizide treffen bei ihrer Anwendung nicht nur Schaderreger, sondern haben auch Auswirkungen auf Nicht-Zielorganismen, die Umwelt und uns Menschen. Je nach Anwendungsort werden Pestizidwirkstoffe im Boden oder Wasser abgebaut oder wandeln sich um in neue Abbauprodukte, sogenannte Metabolite. Im Hinblick auf den Verbleib eines Pestizidwirkstoffes oder seiner Metaboliten wird insbesondere dem Abbauverhalten in Boden und Wasser, dem Transport in der Luft und der Mobilität im Boden bei der Zulassung Beachtung geschenkt. Im Bereich der Ökotoxikologie werden die Auswirkungen auf Vögel und Säugetiere, Gewässer- und Bodenorganismen, Insekten, Spinnentiere und Pflanzen geprüft. In der Regel werden zunächst einfache Laborversuche mit wenigen, meist gezüchteten Tieren durchgeführt. Standardtierarten dafür sind zum Beispiel Japanwachteln, Regenbogenforellen oder Kompostwürmer. Wenn es um die Abschätzung der Risiken für den Menschen geht, werden Versuche mit Mäusen oder Ratten durchgeführt. Um ethisch bedenkliche Tierversuche zu vermeiden, werden auch menschliche Zellkulturen aus Organen oder Embryonen verwendet. Viel zu wenig berücksichtigt in der Risikoabschätzung werden epidemiologische Daten von Vergiftungszentralen oder niedergelassenen Ärzten. Daraus könnte man beispielsweise die Risiken für bestimmte Anwendergruppen (Ackerbauern, Weinbauern, Tierzüchter, Gärtner et cetera) anhand von Befunden an Menschen ermitteln. Ist eine Bewertung der Substanzen anhand der Laborergebnisse nicht möglich, folgen Versuche unter praxisnäheren Bedingungen, wie zum Beispiel Freilandversuche. Wenn diese Tests ein nicht vertretbares Risiko ergeben, sind geeignete Risikominderungsmaßnahmen zu prüfen. Das kann bedeuten, dass für die Ausbringung der Pestizide spezielle Geräte vorgeschrieben werden, die eine Verdriftung vermindern. Oder es wird ein erhöhter Abstand zu Gewässern oder Saumbiotopen vorgeschrieben oder die Aufwandmenge begrenzt.

Als Ökologe fand ich die wissenschaftliche Auseinandersetzung mit Pestiziden und deren Nebenwirkungen zunächst nicht so spannend. Ich nahm schlichtweg an, dass diese Produkte ja ohnehin von guten und bestens bezahlten Wissenschaftlern in den Forschungsabteilungen der Agrochemiekonzerne untersucht werden und deshalb wissenschaftlich nicht viel beizutragen wäre. Viele Ökologen sind außerdem Verfechter des Biolandbaus, und da dürfen Pestizide ja ohnehin nicht angewendet werden. Also weshalb soll man sich damit auseinandersetzen? Bei aller Begeisterung für den Biolandbau und obwohl Österreich 2017 mit 22 Prozent der landwirtschaftlichen Fläche unter Biolandbau Europameister ist, darf nicht vergessen werden: 78 Prozent der Landwirtschaft werden auch in Österreich konventionell, also mit mehr oder weniger Pestizideinsatz, durchgeführt. Weltweit sind es weit über neunzig Prozent der landwirtschaftlichen Fläche. Das heißt, die Auseinandersetzung mit den Nebenwirkungen des Pestizideinsatzes ist höchst relevant.

Auch wenn das nicht immer zugegeben wird: Auch viele Wissenschaftler informieren sich zuerst einmal in Wikipedia, um einen ersten Einblick in ein neues Wissensgebiet zu bekommen. Immerhin gilt Wikipedia mittlerweile als die weltweit größte Enzyklopädie, die so renommierte Nachschlagewerke wie den Brockhaus oder die Enzyklopedia Britannica vom Markt verdrängt hat. Die Wikipedia-Beiträge zu den Nebenwirkungen von Pestiziden auf Mensch und Umwelt sind generell recht beruhigend. Es scheint wohl ein paar Studien zu geben, die kontrovers diskutiert werden, aber diese weisen offenbar gravierende methodische Mängel auf und sind nicht wirklich relevant. Damit war vorerst auch für mich bestätigt, dass Pestizide zu den am besten untersuchten Chemikalen überhaupt gehören. Dass dem in Wahrheit nicht so ist, haben wir schon gesehen. Erst später habe ich dann gemerkt, dass die Pestizidhersteller auch die Wikipedia-Einträge kontrollieren.

Der nächste Schritt war dann, wissenschaftliche Datenbanken zum Thema zu konsultieren. Mit entsprechendem Zugang über Universitätsbibliotheken findet man dort eine Unmenge an Informationen, die in Zigtausenden wissenschaftlichen Zeitschriften weltweit publiziert wurden. Das Ergebnis der Literatursuche war beeindruckend: Seit den 1970er Jahren wurden weit über 100 000 Studien über Pestizide publiziert. Jedoch befassten sich weniger als tausend Studien mit der Wirkung auf Bodenorganismen, also weniger als ein Prozent aller Studien! Und das, obwohl praktisch alle Pestizide auf oder in den Boden gelangen. Bei genauer Sichtung der Studien zu Bodenorganismen wurde außerdem klar, dass viele Aspekte offenbar ignoriert wurden: Nur wenige Studien befassten sich mit der Wirkung der Pestizide auf wildlebende Tierarten und das Zusammenspiel verschiedener Organismen wie Pflanzen, Tiere, Pilze und andere Mikroorganismen.[1] Da der Schwerpunkt unserer Arbeitsgruppe an der Universität für Bodenkultur in Wien Bodenökologie und ökologische Interaktionen zwischen verschiedenen Organismen ist, war das schon einmal eine sehr gute Ausgangslage für eigene Studien in diesem Bereich.

VOM »STUMMEN FRÜHLING« ZU
EIGENEN EXPERIMENTEN

Bereits während meiner Schulzeit hat mich das Buch von Rachel Carson mit dem deutschen Titel »Der stumme Frühling«[2] begeistert (Originaltitel »Silent Spring«), es wurde in den 1960er Jahren publiziert. Das Buch ist auch heute noch lesenswert, es geht darin um die Auswirkung von Pestiziden und vor allem dem Insektizid DDT auf die menschliche Gesundheit, auf Fische, Vögel, Insekten, Pflanzen und viele andere Organismen in der Umwelt. Carson hat aufgezeigt, dass sich das damals sehr beliebte DDT im Gewebe von Menschen und Tieren anreichert. Im Laufe der Zeit wurde festgestellt, dass DDT und einige seiner Abbauprodukte hormonähnliche Wirkungen haben. Greifvögel legten Eier mit dünneren Schalen, was zu erheblichen Bestandseinbrüchen führte. Die Erzählungen im Buch haben mich damals derart erschüttert, dass ich mich nach der Lektüre entschlossen habe, nach meiner Fachschul-Ausbildung als Elektrotechniker ein Studium der Biologie und Ökologie zu beginnen. In den österreichischen Alpen aufwachsend, waren mir Pestizidbehandlungen in der Landwirtschaft fremd, da damals kein Getreide- oder Kartoffelfeld im Alpenraum mit Pestiziden behandelt wurde. Die Situation hat sich mittlerweile jedoch verändert. Komplett pestizidfrei war die Umgebung im Nachhinein betrachtet wohl aber auch nicht. In Haushalten und Ställen wurden Insektizide gegen lästige Fliegen verwendet. Meine Mutter erzählte auch, dass die Schulkinder nach dem Zweiten Weltkrieg regelmäßig mit einem Pulver gegen Kopfläuse behandelt wurden. Es wird sich wohl um das Insektizid DDT gehandelt haben.

Mir hat die Lektüre von Carsons Buch die Augen geöffnet für den weitverbreiteten Gebrauch von Pestiziden in unserem Alltag und die Folgen für Mensch und Umwelt. Ich ging jedoch davon aus, dass die darin geschilderten Berichte wohl nur auf Amerika zutreffen und wir hier in Europa davon wenig betroffen sind. Carson hat beispielsweise beobachtet, dass der Bestand an jungen Lachsen in einem Fluss im Nordwesten der USA zurückging, nachdem DDT zur Kontrolle des Nordamerikanischen Fichtenwicklers, einer Schmetterlingsart, eingesetzt worden war. Sie hat herausgefunden, dass die Pestizidbehandlung zwar den Fichtenwickler vernichtete, aber gleichzeitig auch Wasserinsekten reduzierte, von denen sich die jungen Lachse ernähren. Auch andere Vergiftungsfälle durch Pestizide waren bereits sehr früh ein ernstes Problem. In den USA hat in den 1950er Jahren die großflächige Behandlung des Ulmensplintkäfers mit DDT zum Verhungern von Amseln und anderen Vögeln geführt. DDT geriet dann bald auch unter Verdacht, beim Menschen Krebs auslösen zu können. Das Buch hatte auch einen sehr großen Einfluss auf die Bildung von Umweltschutzbewegungen weltweit, weshalb Rachel Carson als eine Pionierin der ganzen Ökologiebewegung gilt. Zumindest in den USA wurden in dieser Zeit auch viele Umweltgesetze zur Reinhaltung von Luft und Wasser, gegen Smog und sauren Regen verabschiedet.

Letztendlich hat ein Beratergremium 1972 empfohlen, DDT in den USA zu verbieten. Deutschland folgte fünf Jahre später, bis man in Österreich von der Gefährlichkeit von DDT überzeugt war, dauerte es weitere fünfzehn Jahre. Mittlerweile ist die Herstellung und Verwendung von DDT nur noch in Ausnahmefällen zur Bekämpfung von krankheitsübertragenden Insekten, insbesondere den Überträgern der Malaria, zulässig.

Der Entschluss war gefasst, dass ich mit meiner Arbeitsgruppe die Wirkungen von Pestiziden auf das Bodenleben wissenschaftlich untersuchen sollte. Ich wollte dabei aber nicht nach einem streng vorgeschriebenen ökotoxikologischen Testprotokoll vorgehen, da mir das ziemlich praxisfern erschien. Am Beispiel der Tests an Regenwürmern soll das erläutert werden. Zur Untersuchung von Pestizideffekten auf Regenwürmer werden bei diesen Standardtests üblicherweise zwei Testverfahren angewendet: der Vermeidungstest und der Reproduktionstest. Beim Vermeidungstest wird Bodensubstrat in eine kleine Plastikschale gefüllt, und ein Teil des Bodens wird mit Pestiziden besprüht. Dann werden Regenwürmer dazugegeben, und über zwei Tage hinweg wird aufgezeichnet, ob sie pestzidbehandelte Flächen meiden oder nicht. Reproduktionstests laufen protokollmäßig über acht Wochen, aber länger dauernde Tests sind nicht vorgesehen, obwohl Regenwürmer mehrere Jahre leben. Dabei wird untersucht, wie ein mit einem Pestizid behandelter Boden die Vermehrungsrate von Regenwürmern beeinflusst. Diese Tests werden unter sehr kontrollierten Laborbedingungen durchgeführt und haben wenig mit der Realität im Feld zu tun. Ein weiterer Haken an diesen Tests ist, dass sie üblicherweise mit Kompostwürmern durchgeführt werden. Diese Regenwurm-Art kommt eigentlich in Lebensräumen vor, in denen es eine Schicht an abgestorbenem Pflanzenmaterial gibt – am Waldboden oder im Komposthaufen –, aber nicht auf Ackerflächen. Also stellt sich generell die Frage nach der Relevanz dieser Tests, wenn die Testspezies natürlicherweise nie mit Pestiziden in Kontakt kommt. Mittlerweile haben Studien ergeben, dass Kompostwürmer sehr unempfindlich gegenüber Pestiziden sind, wesentlich unempfindlicher als viele andere Regenwurmarten, die in Ackerböden vorkommen.

Noch etwas ist uns gegen den Strich gegangen. Nämlich, dass in der Ökotoxikologie fast ausschließlich die reinen Pestizidwirkstoffe getestet werden. Also von einem Glyphosat-basierten Herbizid ausschließlich der Wirkstoff Glyphosat. Wir haben aber schon gesehen, dass ein Pestizid aus einem Wirkstoff und vielen sogenannten inerten Beistoffen besteht. Von den Inhaltsstoffen eines Pestizides wird jedoch nur ein Bruchteil der Ingredienzien bekanntgegeben. Die genaue Zusammensetzung wird aus Gründen des Betriebsgeheimnisses verschwiegen. Dies wird vom Gesetzgeber toleriert, obwohl diese Substanzen zu Zigtausenden Tonnen in unserer Landschaft versprüht werden. Beispielsweise steht auf dem Etikett eines sehr häufig eingesetzten Totalherbizids im Acker-, Gemüse- und Weinbau nur, dass der Wirkstoff Glyphosat zu 480 Gramm pro Liter zu einem Gewichtsanteil von 35,75 Prozent enthalten ist. Über die restlichen 64,25 Prozent der Inhaltsstoffe werden wir nicht informiert! Und das ist kein

Einzelfall, sondern die Regel. Das ist skandalös, weil wir inzwischen wissen, dass die im Handel erhältlichen Produkte giftigere Wirkungen haben als die reinen Wirkstoffe.

Deswegen war für uns klar: erstens nur Pestizidprodukte zu testen, die auch tatsächlich in der Landwirtschaft oder Privatgärten eingesetzt werden, und zweitens als Testorganismen Arten zu verwenden, die auch auf den Feldern potenziell mit Pestiziden in Kontakt kommen können. Und drittens, so gut es versuchstechnisch möglich ist, praxisähnliche Situationen zu simulieren.

REGENWÜRMER WERDEN FAUL UND HABEN WENIGER NACHWUCHS

Ökologische Experimente bedürfen sorgfältiger Planung. Es besteht eine ethische Verantwortung, da mit lebenden Tieren gearbeitet wird. Verschiedene Varianten sollten vor Beginn durchdiskutiert werden, nach Möglichkeit auch Notfallpläne erstellt werden, sollte irgendetwas schiefgehen. Wir wollten die Situation in der Natur möglichst gut nachbilden und haben uns die Frage gestellt, ob das Niederspritzen der Unkräuter mit Herbiziden Bodenorganismen beeinflusst. Konkret waren wir interessiert an den Auswirkungen auf Regenwürmer und auf sogenannte Mykorrhiza-Pilze. Regenwürmer sind wichtig für die Durchlüftung und Fruchtbarkeit des Bodens. Nicht minder wichtig sind die Mykorrhiza-Pilze. Sie gehen mit zirka achtzig Prozent aller Pflanzen eine Symbiose ein, helfen der Pflanze, schwerlösliche Nährstoffe aus dem Boden aufzuschließen, und bekommen dafür von der Pflanze Nährstoffe aus der Fotosynthese. Pflanzen mit guter Mykorrhizierung sind weniger anfällig für Krankheiten und können Trockenperioden besser überstehen. Man nimmt an, dass viele Speisepilze die Fruchtkörper von Mykorrhiza-Pilzen sind.

Zur Vorbereitung der Versuche haben wir vom landwirtschaftlichen Versuchsgut der Universität für Bodenkultur in Wien Ackerboden geholt, gesiebt und in große Fünfzig-Liter-Blumentöpfe gefüllt. Die Töpfe wurden in einem Glashaus aufgestellt, da wir unter kontrollierten Temperaturbedingungen ohne Wettereinflüsse arbeiten wollten. In die Blumentöpfe wurden Wildkräuter gesät, die später durch eine Herbizidspritzung vernichtet werden sollten. So wie es in der Landwirtschaft passiert, zum Beispiel vor der Ansaat neuer Feldkulturen. Um auch die gegenseitige Beeinflussung von Regenwürmern und Mykorrhiza-Pilzen untersuchen zu können, setzten wir in der Hälfte der Töpfe Regenwürmer oder Mykorrhiza-Pilze zu. Die Versuchsregenwürmer der Art Tauwurm (*Lumbricus terrestris*) habe ich in meinem Garten ausgegraben. Die Mykorrhiza-Pilze können als sogenanntes Inokulum bei Spezialfirmen gekauft werden. Diese Art der Versuche nennt man vollfaktorielle Experimente, da jeder Faktor mit jedem kombiniert wird. Zusätzlich wollten wir auch noch wissen, was mit den Herbiziden passiert, wenn plötzlich ein Starkregen niedergeht. Die Hersteller geben nämlich stets an, dass die Herbizide rasch an Bodenteilchen gebunden werden und nicht ausgewaschen werden.

Nachdem die Pflanzen sich gut entwickelt hatten, haben wir uns ein Herbizid mit dem Wirkstoff Glyphosat im nächsten Baumarkt besorgt und die Pflanzen damit besprüht. Die Wirkung war wie vorgesehen: Nach wenigen Tagen wurden die Pflanzen welk und starben ab. Im Ackerland wäre das Feld somit vorbereitet für die Einsaat, auch ohne vorhergehendes Pflügen. In den Versuchstöpfen haben wir die Aktivität der Regenwürmer und die Besiedelung der Wurzeln und des Bodens mit Mykorrhiza-Pilzen untersucht. Unsere Resultate zeigten, dass das verwendete Herbizid deutliche Effekte auf die Bodenorganismen hatte. Regenwürmer waren tendenziell dicker und weniger aktiv. Die Mykorrhizierung von Pflanzenwurzeln und Boden fast um die Hälfte verringert. Weiters konnten wir feststellen, dass nach einem simulierten Starkregen von vierzig Litern pro Quadratmeter eine große Menge des Herbizids ausgewaschen wurde. Bedenkt man, dass mit dem Klimawandel eine Zunahme an Starkregenereignissen zu erwarten ist, könnte dies zu einem erhöhten Pestizideintrag in benachbarte Gewässer oder ins Grundwasser führen. Die Ergebnisse des Experimentes wurden, wie es sich gehört, in einem Fachjournal publiziert[3] und auch von mehreren österreichischen Tageszeitungen und landwirtschaftlichen Fachzeitschriften breit aufgenommen.

Ermuntert durch diese Ergebnisse, planten wir ein weiteres Experiment. Uns interessierte jetzt nicht nur die Aktivität einer Regenwurmart, sondern auch deren Vermehrung. Da im Boden mehrere Regenwurm-Arten leben, wollten wir noch eine zweite Art hinzunehmen, den Wiesenwurm (*Aporrectodea caliginosa*). Die beiden Regenwurm-Arten unterscheiden sich auch in ihrem Verhalten und ihrer Funktion im Boden. Der Versuchsaufbau war ähnlich, nur standen jetzt nur Regenwürmer, aber keine Mykorrhiza-Pilze im Fokus. Das Ergebnis war, dass nach der Herbizidbehandlung die Aktivität der Regenwürmer drastisch reduziert war und die Regenwürmer nur mehr halb so viele Nachkommen hatten.[4] Dies war nun wirklich ein Befund mit weitreichenden Konsequenzen für die Bodengesundheit und Bodenfruchtbarkeit, wenn man sich die vorher erläuterten positiven Effekte der Regenwürmer in Erinnerung ruft. Weiters konnten wir zeigen, dass nach dem Herbizideinsatz die Menge an Nitrat und Phosphat im Boden stark erhöht war. Durch das Abtöten des Pflanzenbewuchses durch Herbizide blieben plötzlich die Nährstoffe, die normalerweise von Pflanzen aufgenommen werden, ungenutzt im Boden. Durch Regen oder Erosion können diese Nährstoffe in benachbarte Gewässer oder ins Grundwasser ausgewaschen werden. Diese gravierenden Auswirkungen haben uns überrascht, und man fragt sich, wieso derartige, recht einfache, Untersuchungen nicht schon längst im Zuge der Registrierung der Pestizide durchgeführt wurden.

Wichtig ist, noch einmal zu betonen, dass diese Befunde nur für ein Herbizid gelten, während im Normalfall Dutzende unterschiedliche Pestizidprodukte – Insektizide, Fungizide, Herbizide, Akarizide – gleichzeitig verwendet werden. Über die Nebenwirkungen dieser Pestizid-Cocktails ist so gut wie gar nichts bekannt.

Diese Studie hat nach ihrer Publikation für viel mehr Wirbel gesorgt als die vorhergehende. Eine österreichische Nichtregierungsorganisation, Global 2000, die sehr viel zum Thema Pestizide arbeitet, hat nach der Veröffentlichung der Studie eine Pressekonferenz einberufen, in der unsere Studie der Öffentlichkeit vorgestellt und entsprechende Forderungen für die Politik formuliert werden sollten. Eine Einladung, an der Pressekonferenz teilzunehmen, habe ich damals abgelehnt, weil ich mich mit meiner Arbeit nicht politisch exponieren wollte, sondern eigentlich nur Fakten zur Debatte liefern wollte.

Nach dieser Pressekonferenz hat sich umgehend die Industriegruppe Pflanzenschutz mit einer Entgegnung gemeldet. Diese Gruppe bezeichnet sich als Interessengemeinschaft der pestizidproduzierenden Unternehmen in Österreich, die sich für eine »offene und sachliche Information rund um das Thema Pflanzenschutz« einsetzt. Im Umkehrschluss wird damit impliziert, dass alles andere nicht offen und unsachlich ist. Von dieser Industrie-Lobbygruppe wurde unsere Studie gleich der Nichtregierungsorganisation, die die Pressekonferenz veranstaltete, zugeordnet und uns vorgeworfen, mit überhöhten Dosierungen gearbeitet zu haben. Die Ergebnisse hätten somit nichts mit der Realität der landwirtschaftlichen Praxis zu tun.[5] Als Neuling in diesem Fachbereich war ich derartige Angriffe nicht gewohnt. Im Normalfall melden sich höchstens Fachkollegen innerhalb des akademischen Glashauses zu einer wissenschaftlichen Publikation, aber keine Lobbyorganisation. Mittlerweile ist mir klar, dass diese Attacken zur Methode gehören und damit kritische Wissenschaftler verunsichert werden sollen.

Zurück zum Vorwurf der falschen Dosierung. Dazu muss gesagt werden, dass die Hersteller der Herbizide zur Dosierung sehr widersprüchliche Angaben machen. Einerseits eine flächenbezogene und andererseits eine pflanzenbezogene Mengenangabe. Die flächenbezoge Dosierung beträgt 33 Milliliter pro Quadratmeter. Ich kann mir nicht vorstellen, dass sich ein Hobbygärtner die Mühe macht, diese Menge abzumessen, zumal dem Produkt auch kein Messbecher beiliegt. Das Herbizid kommt ja in einer Sprühflasche in den Verkauf.

Zur pflanzenbezogenen Dosierung von einem Liter für bis zu tausend Pflanzen stellt sich die Frage, wer denn vor der Behandlung die Pflanzen zählt, die besprüht werden sollen. Außerdem kommt es wohl auch auf die Größe der zu behandelnden Pflanzen an. Nachdem wir in unserem Versuch aber die exakte Anzahl an Pflanzen kennen, die wir ausgesät haben, haben wir die pflanzenbezogene Auftragsmenge angewandt. Schon damals wurde mir klar, dass die in Sprühflaschen verkauften Herbizide nicht fachgerecht zu dosieren sind und allein schon deshalb vom Markt genommen werden sollten. Darüber hinaus ist hinlänglich bekannt, dass fast niemand die Gebrauchsanweisungen liest.[6] Falsche Dosierungen im Privatbereich haben auch keinerlei Konsequenzen, weil das niemand kontrolliert. Wenn im Beipacktext steht, dass die Produkte so angewendet werden sollen, dass die Unkräuter gleichmäßig benetzt werden und die Anwendung im Bedarfsfall wiederholt werden soll, dann wird jegliche gesetzlich festgelegte Höchstmenge ohnehin hinfällig. Es ist daher mit großer Sicherheit anzunehmen, dass im Privatbereich praktisch immer zu hoch dosiert wird, weil häufig die Devise vorherrscht, dass viel gesprüht auch viel hilft. Lieber ein bisschen mehr drauf geben, damit das Unkraut auch wirklich vernichtet wird.

Die falsche Dosierung betrifft aber leider nicht nur den Privatbereich. Es wurde schon erwähnt, dass Herbizide in rumänischen Weingärten mit dem Gartenschlauch ausgebracht werden. Ein sehr erfahrener Kollege hat mir erzählt, dass in vielen tropischen Regionen oft schon von vornherein das Zehnfache der empfohlenen Dosierung von Glyphosat-Herbiziden verwendet wird, da die tropischen Böden sehr eisenhaltig sind (rote Farbe) und Eisen die Wirkung dieser Herbizide sehr stark hemmt. Auch aus den Niederlanden hat mir ein Kollege erzählt, dass manche Landwirte beim Befüllen der Spritztanks das Pestizid nicht etwa mittels Messgefäß abmischen, sondern das Konzentrat schluckweise, nach der Gluck-Gluck-Methode, ohne genau abzumessen, in den Spritztank geben.

Nach der Kritik der Pestizid-Lobbygruppe hat sich auch die

Österreichische Agentur für Gesundheit und Ernährungssicherheit (AGES) mit einer mehrseitigen Stellungnahme unserer Studie angenommen.[7] Eigentlich eine Wertschätzung der Studie, zumal die AGES ja für die Zulassung der Pestizide in Österreich zuständig ist. Der Hauptkritikpunkt war, dass unsere Studie nichts über den Effekt von Glyphosat auf Regenwürmer aussagt. Das ist korrekt, haben wir aber auch nie behauptet. Wir haben stets betont, dass wir die Wirkung eines Herbizids auf Glyphosat-Basis mit allen möglichen Beistoffen untersucht haben. Über die Effekte des reinen Wirkstoffs können wir tatsächlich nichts aussagen. Wir waren an praxisrelevanten Effekten interessiert und haben deshalb ein Produkt untersucht, das auch tatsächlich angewendet wird: das heißt Wirkstoff plus Beistoffe. Es ist sehr wichtig, dies immer wieder auseinanderzuhalten. Weitere Kritik betraf die Versuchsbedingungen, wobei hier unsere Studie aber nicht sorgfältig gelesen wurde. Als Mangel wurde auch noch angesehen, dass keine Kontrollgruppe mit abgestorbenem Pflanzenmaterial ohne Herbizidanwendung vorhanden war. Es könnte ja sein, dass allein abgestorbenes Pflanzenmaterial zu einer Verringerung der Regenwurmaktivität führt. Dies war auch die Hauptkritik, die uns von einem Internet-Blog aus den USA vorgeworfen wurde.[8] In diesem Blog wird unsere Studie als Paradebeispiel für Bad Sience genannt. Dieser Blog wird übrigens von einem Wissenschaftler geführt, der sich damit rühmt, wie viel Fördermittel er von der Agrochemieindustrie für seine Forschung lukriert hat. Wir wissen, dass sich Regenwürmer in erster Linie von abgestorbenen Pflanzen ernähren. Das Vorhandensein von Pflanzenmaterial würde also nicht zu einer Reduzierung, sondern im Gegenteil zu einer Erhöhung der Regenwurmaktivität führen. Diese Kritik zeugt also von einer gewissen Unkenntnis ökologischer Zusammenhänge. Erst später wurde mir bewusst, dass es bei diesen Anschuldigungen in erste Linie darum geht, die Wissenschaftler durch den Kakao zu ziehen. Immerhin hat die AGES aber bei aller Kritik geschlussfolgert, dass definitiv Effekte auf Regenwürmer festgestellt wurden.

Das rege Interesse in deutschsprachigen Medien wurde bereits erwähnt. Wenige Tage nach der Veröffentlichung unserer Studie kam ich nach einer Vorlesung in mein Büro. Das Telefon klingelte, und am anderen Ende war eine Mitarbeiterin der BOKU-Abteilung für Öffentlichkeitsarbeit. Wo ich denn gewesen wäre, weil mich die BBC live in eine Show auf Radio 4 schalten wollte. Sie wollten mich zu unserer Regenwurm-Studie befragen. Total aufgeregt, war ich mir der Einmaligkeit dieses Anrufs durchaus bewusst. Als ich mich dann bei der BBC nochmal gemeldet habe, um zu bekräftigen, dass ich gerne beim nächsten Sendetermin auftreten würde, gab man mir etwas hochnäsig zu verstehen, dass man nur eine Chance bekäme, von der BBC angerufen zu werden, und ich jetzt Pech hätte, weil für die nächsten Tage schon andere Themen vorgesehen wären. Abgesehen davon hat das Medieninteresse national und international noch eine Zeitlang angehalten. Die Studie wurde in Dutzenden Beiträgen erwähnt. Ich habe Vorträge vor Landwirten gehalten und bei wissenschaftlichen Veranstaltungen von unseren Experimenten erzählt. Daneben gab es zur Studie auch noch eine parlamentarische Anfrage im österreichischen Parlament.[9] Vom zuständigen Ministerium gab es jedoch wenig konkrete Reaktionen zur Thematik.

Ein halbes Jahr später hat sich dann auch noch der Bayerische Rundfunk gemeldet. Man wolle eine Dokumentation über Glyphosat machen, bekäme aber von deutschen Wissenschaftlern nur Absagen. Wir hatten damals gerade zusammen mit der Bundesforschungsanstalt für Obst- und Weinbau in Klosterneuburg bei Wien einen Feldversuch zum Herbizideinsatz im Weingarten laufen. Das Ziel war, die Übertragbarkeit der Ergebnisse vom Glashaus ins Freiland zu untersuchen. Die Situation im Freiland ist unendlich komplexer, weil viel mehr Einflussfaktoren dazukommen. Die Dreharbeiten waren eine sehr interessante Erfahrung. Man macht sich als Fernsehzuschauer irgendwie keine Vorstellung davon, wie langwierig es ist, einen Dokumentarfilm zu drehen. Für den sechsminütigen Beitrag dauerten die Dreharbeiten einen vollen Tag. Das Ergebnis kann sich durchaus sehen lassen, der Beitrag kommt sachlich und nicht zu reißerisch rüber. Auf YouTube wurde das Filmchen unter dem Titel »Glyphosat im Weinberg: Regenwürmer auf Rückzug« bereits einige tausendmal angeschaut.[10]

Nachdem wir einige Versuche zur Wirkung von Unkrautvernichtungsmitteln angestellt hatten, haben wir uns einer Stoffgruppe zugewandt, die in Zusammenhang mit dem Bienensterben große Aufmerksamkeit erlangt hatte: Insektizide mit der Wirkstoffgruppe der Neonicotinoide. Wir haben diese Wirkstoffgruppe bereits erwähnt. Neonicotinoide sind die weltweit wichtigsten Insektizide. Sie wirken systemisch und verteilen sich in der gesamten Pflanze von der Wurzel bis in die Blüten und Früchte. Behandelte Pflanzen sind dadurch sowohl vor beißenden als auch vor saugenden Insekten geschützt. Neonicotinoide werden vor allem als Saatgutbeizmittel verwendet, können aber auch als Spray, Granulat oder Zusatz zum Bewässerungswasser eingesetzt werden. Neonicotinoide werden in der Pflanze und im Boden sehr langsam abgebaut, ihre Wirkung kann über Jahre anhalten.[11]

Im Fokus des nächsten Experiments stand die Wirkung von Saatgutbeizmitteln. Beim Saatgutbeizen wird das Samenkorn gleichmäßig von Insektiziden oder Fungiziden umschlossen. Angewandt wird diese Methode bei Samen verschiedener Getreidesorten sowie Mais, Raps und Kartoffeln. Die Überlegung der Entwickler dieser Produkte entbehrt nicht einer gewissen Attraktivität, da das gebeizte Samenkorn bereits für die vielen potenziellen Krankheiten und Schädlinge ausgerüstet wird.

Die Wirkungen auf Bienen und andere Insekten werden wir noch detailliert betrachten. Vorerst haben meine Kollegen und ich uns in diesem Experiment für die Wirkung auf Regenwürmer und andere Bodenlebewesen interessiert.[12] Unsere Arbeitshypothese war, dass die Pestizide, die direkt am Pflanzensamen anhaften, auch Bodenorganismen direkt beeinflussen. Ein Aspekt, der bisher wenig untersucht wurde. Wir waren gespannt, was rauskommt, da die Pestizidmengen, die beim Eintauchen der Pflanzensamen in die Pestizidbrühe anhaften, extrem gering sind.

Wir haben wieder im Glashaus gearbeitet. Diesmal wollten wir auch mit tiefgrabenden Regenwürmern arbeiten und haben uns als Versuchsgefäße Kanalrohre liefern lassen, die wir auf sechzig Zentimeter abgeschnitten haben. Witzigerweise sind die Rohre innen glatt, aber außen gewellt und sehen selbst aus wie große Regenwürmer. Die Rohre haben wir mit Ackerboden gefüllt und dort pestizidgebeizte Weizenkörner angesät. Die empfohlene Saatstärke für die verwendete Weizensorte beträgt 367 Samen pro Quadratmeter, umgerechnet auf den Durchmesser unserer Töpfe waren das dann ganze achtzehn Samenkörner pro Topf. Um den Versuch möglichst praxisnah zu gestalten, haben wir uns das Samenmaterial besorgt, das auch Landwirte verwenden. Die Samenkörner sind dabei mit einer Kombination von Pestiziden beschichtet; Insektizide auf Neonicotinoid-Basis und Fungizide. Insektizide sollen vor Fraßschädlingen und Blattläusen schützen, Fungizide vor Pilzerkrankungen. Als Kontrollvariante haben wir normales, ungebeiztes Saatgut verwendet. Eine Überlegung war auch, dass Regenwürmer oder andere Bodentiere die Wirkung der Pestizide beeinflussen könnten. Bodentiere könnten zum Beispiel die Samenkörner anknabbern oder sogar im Boden verlagern und dadurch die Wirkung der Pestizide auf andere Bodenlebewesen beeinträchtigen. Also haben wir auch Versuchseinheiten mit und ohne Regenwürmer sowie mit und ohne Springschwänze angelegt. Springschwänze sind mikroskopisch kleine, insektenähnliche Tierchen. Ihren deutschen Namen verdanken sie einer Sprunggabel am Hinterleib, mit der sie sich auf der Bodenoberfläche über weite Distanzen katapultieren können. Springschwänze kommen im Boden in sehr großen Mengen vor, da können schon einmal 100 000 Tiere pro Quadratmeter auftreten. Auffällig werden sie, wenn sie nach Massenvermehrung zu Tausenden weißen Pünktchen auf dem Komposthaufen auftreten, oder als schwarze Teppiche auf Schneedecken in Form der sogenannten Gletscherflöhe. Sie zersetzen organisches Material und sind am

Humusaufbau beteiligt. Die Ergebnisse unseres Experiments zeigten, dass vor allem die Fungizide auf den Samenkörnern zu einer erhöhten Aktivität der Springschwänze an der Bodenoberfläche führten. Wir interpretierten diesen Befund als eine Vermeidung des mit Pestiziden verseuchten Bodens. Die Regenwürmer waren übrigens unempfindlich gegenüber der Pestizidbeize. Generell waren wir überrascht von den Effekten. Immerhin haben wir die Wirkung von nur achtzehn gebeizten Samenkörnern untersucht. Schon die wenigen Tausendstel Gramm an Pestiziden, die auf den Samenkörnern aufgebracht sind, beeinträchtigen offenbar das Bodenleben.

In einem nachfolgenden Experiment haben wir dann erneut gebeiztes Saatgut ausgebracht, wo dies schon zuvor angesät war.[13] Zusätzlich waren wir daran interessiert zu sehen, was passiert, wenn auf diesen Flächen Herbizide gespritzt werden. Dies würde dann Hinweise auf sogenannte Cocktaileffekte liefern. Wir haben dabei nachgestellt, was auch in der Landwirtschaft häufig passiert. Nachdem Getreide mit gebeiztem Saatgut angebaut wurde, wird ein Herbizid entweder zur Reifespritzung oder später zur Unkrautbekämpfung vor der Ansaat der nächstfolgenden Frucht ausgebracht. Unsere Ergebnisse haben gezeigt, dass die Herbizide die Nebenwirkungen der Beizmittel verschlimmern.

Das Weizenwachstum war in unserem Experiment übrigens nicht beeinflusst von der Saatgutbeizung. Dies verwundert zunächst nicht weiter, da der Krankheits- und Schädlingsdruck im Glashaus nicht groß war und folglich die Pestizide ihre Wirkung nicht entfalten mussten. Aber dabei wird auch gleich ein anderes Dilemma der Saatgutbeize deutlich. Die Saatgutbeizung mit Pestiziden erfolgt vorbeugend, für den Fall, dass Schädlinge oder Pflanzenkrankheiten auftreten. Dies ist aber sehr stark vom Klima oder der umgebenden Landschaft und natürlicherweise stattfindenden Nützlings-Schädlings-Interaktionen beeinflusst. Wenn die Umstände günstig sind, treten vielleicht überhaupt keine Schädlinge und Pflanzenkrankheiten auf. Die Pestizidgabe war dann unnötig.

Die für die Saatgutbeizung verwendeten Insektizide aus der Klasse der Neonicotinoide gehören zu den giftigsten Stoffen überhaupt. Die tödliche Konzentration, bei der fünfzig Prozent einer Regenwurmpopulation stirbt, schwankt je nach Regenwurmart und liegt bei empfindlichen Regenwürmer bei zwei bis vier Milligramm pro Kilogramm Boden.[14] Subletale Effekte, das heißt solche, die nicht unmittelbar zum Tod führen, treten bereits bei Konzentrationen zwischen einem halben und einem Milligramm pro Kilogramm Boden auf.[15] Wenige Neonicotinoid-Prisen pro Quadratmeter würden genügen, um die Hälfte der im Boden lebenden Regenwürmer zu töten.

Insektizide auf Neonicotinoid-Basis beeinflussen aber auch viele andere Wildtiere an Land sowie Tiere im Süß- und Salzwasser.[16] Die Wirkungen reichen dabei von direkter letaler Giftigkeit bis zu subletalen Effekten zum Beispiel in Form von Verhaltensänderungen. Diese subletalen, chronischen Effekte, die nicht zum Tod führen, werden in der Zulassung der Pestizide nur unzureichend berücksichtigt. Obwohl es noch viele Forschungslücken gibt und die Wirkungen auf viele Organismen noch nicht untersucht sind, zeigen die vorliegenden Studien, dass die gegenwärtigen Umweltkonzentrationen von Neonicotinoiden bereits gravierende Einflüsse auf Organismen in unterschiedlichsten Ökosystemen haben.

Andere Studien haben gezeigt, dass Neonicotinoide – entgegen den Herstellerangaben – jahrelang im Boden wirksam bleiben. Das bedeutet, dass sich die Pestizide im Boden ansammeln, wenn auf demselben Feld nach der Ernte wieder eine neue Saat mit gebeiztem Saatgut ausgebracht wird.[17]

Die Halbwertszeit für Neonicotinoide im Boden beträgt bis zu 7000 Tage. Das bedeutet dann auch, dass damit ein hohes Auswaschungspotenzial ins Grundwasser oder in Oberflächenwässer einhergeht.[18] Obwohl Neonics erst seit zirka zwanzig Jahren im Einsatz sind, wurden sie mittlerweile in der Umwelt auf dem ganzen Globus gefunden. Wieder einmal wird durch klare wissenschaftliche Belege am Mythos gekratzt, wonach neuere Pestizide wesentlich besser abbaubar sind als die alten. Wie schon ausgeführt, sind die neuen Produkte aber nur vermeintlich besser, weil über sie noch weniger Negatives bekannt ist; schon gar nicht über deren Langzeiteffekte.

Eine weitere Problematik bei der Zulassung von Pestiziden ist die Vorgabe, dass alle Versuche bei Standardtemperaturen (meistens zwanzig Grad Celsius) durchgeführt werden sollen. Wir wissen alle, dass das nicht der Realität von täglichen Temperaturschwankungen entspricht. In weiteren Experimenten haben wir uns deshalb genau damit auseinandergesetzt. Wir haben uns die Frage gestellt, ob die Pestizidwirkung durch die Temperatur verändert wird. Zur Abwechslung haben wir uns jetzt einmal die Situation bei Amphibien (Lurche) und Algen angesehen.

KAULQUAPPEN MIT VERKRÜPPELTEN SCHWÄNZEN

Wir haben vorhin gesehen, dass Pestizide bei Starkregen oder durch Bodenerosion in benachbarte Gewässer gespült werden können. Nun war es naheliegend zu untersuchen, inwiefern dadurch Wasserorganismen betroffen sind. Generell gibt es Auflagen, dass je nach Pestizid fünf bis zwanzig Meter Abstand zum Gewässer einzuhalten sind, um das Auswaschsungsrisiko zu minimieren. Verdeckte Kontrollen in Deutschland haben aber ergeben, dass diese oft nicht eingehalten werden. Bei kleinen Feldstücken ist es schlichtweg oft nicht möglich, diese Abstandsauflagen einzuhalten, da gar nicht so viel Platz ist.

Im Fokus unserer nächsten Experimente standen Kröten und Algen. Beim Anblick eines Frosches oder einer Kröte im Garten oder in der Natur lacht das Herz eines jeden Naturliebhabers. Frösche und andere Amphibien sehen nicht nur nett aus, sondern sind auch überaus nützlich, da sie Unmengen an Insekten vertilgen, die uns sonst lästig werden könnten, wie Fliegen oder Stechmücken. Damit betreiben Amphibien klassische biologische Schädlingskontrolle, wie sie in intakten Ökosystemen unbemerkt stattfindet. Amphibien zählen mittlerweile aber zu den weltweit am stärksten gefährdeten Wirbeltieren, weil Sumpfgebiete trockengelegt, Teiche zugeschüttet und neue Krankheiten eingeschleppt werden, und weil durch Insektizideinsatz die Futtergrundlage für Amphibien vernichtet wird. Aber auch Herbizide können indirekt Amphibien bedrohen, da dadurch Futterpflanzen für Insekten eliminiert werden. Außerdem haben Amphibien eine sehr empfindliche Haut und können auch direkt durch Pestizide beeinträchtigt werden. In Mitteleuropa stehen deshalb die meisten Arten an Kröten, Fröschen, Salamandern und Molchen unter Naturschutz.

In zwei Experimenten haben wir uns daher die Auswirkungen eines Herbizideintrags in die Laichgewässer von Erdkröten angesehen.[19] Erdkröten sind die häufigsten Amphibien in Mitteleuropa. Sie wandern im Frühjahr zu Teichen und Seen, wo sie ihre Laiche ablegen. Auf ihren Wanderungen durchstreifen sie auch Agrargebiete und kommen so mit Pestiziden in Kontakt. Da Erdkröten zu den Wirbeltieren zählen, sind für Experimente jede Menge Genehmigungen zum Tierschutz einzuholen. Dies war bei den Experimenten mit Regenwürmern und Springschwänzen nicht erforderlich. Im Besitz dieser Genehmigungen, haben wir ein paar hundert Kröteneier aus Laichgewässern entnommen und sie gleichmäßig in Wassergefäße mit realistisch geringen Konzentrationen von Glyphosat-Herbiziden verteilt. Die Populationen der Erdkröten waren dadurch nicht gefährdet, da ein Erdkrötenweibchen bis zu 8000 Eier legt und im Laichgewässer Dutzende Erdkrötenweibchen lebten. Da wir zusätzlich herausfinden wollten, wie die Pestizideffekte von der Wassertemperatur beeinflusst werden, haben wir die Hälfte der Kröteneier bei fünfzehn Grad, die andere Hälfte bei zwanzig Grad Celsius aufgestellt. Man kann damit auch etwas über die Auswirkungen des Klimawandels aussagen. Denn entgegen der landläufigen Meinung kommt es beim Klimawandel nicht nur zu einer gleichmäßigen Erwärmung, sondern auch zu vermehrten Temperaturextremen. Erstaunlicherweise weiß man über die Wirkung von Pestiziden bei unterschiedlichen Temperaturen nur sehr wenig. Die Ergebnisse haben gezeigt, dass die Herbizide die Entwicklung der Kaulquappen vor allem bei fünfzehn Grad beeinflussen, weniger bei zwanzig Grad Celsius. Unter diesen Umständen zeigten die Tiere vermehrt Schwanz-Fehlbildungen, was es ihnen im Gewässer vermutlich erschwert, Fressfeinden zu entkommen. Die Kaulquappen sind unter kühleren Bedingungen langsamer gewachsen und waren deshalb länger dem Gift ausgesetzt. Bei höheren Temperaturen konnten sie dem Gift regelrecht davonwachsen. Neben den Wassertieren lebt in jedem natürlichen Gewässer eine Vielzahl von zum Teil mikroskopisch kleinen Algenarten. Diese Vielfalt der Algengemeinschaften war durch Herbizide verändert, unabhängig von der Temperatur.

Brisant an diesen Befunden war, dass die Temperatur die Wirkung der Herbizide beeinflusste. Üblicherweise werden die für die Pestizidzulassung nötigen Untersuchungen von den Herstellerfirmen bei einer Normtemperatur von zwanzig Grad durchgeführt. Unsere Ergebnisse gaben somit Anlass zum Zweifel, ob diese offiziellen Untersuchungen viel mit der Situation in der Natur zu tun haben.

Da mag es dann vielleicht auch nicht überraschen, dass andere Studien gezeigt haben, dass Trockenheit und hohe Temperaturen auch Fungizide giftiger machen.[20] Der untersuchte Wirkstoff wurde durch die veränderten Umweltbedingungen für die Bodenorganismen giftiger. Diese Ergebnisse haben besondere Bedeutung in Anbetracht häufiger Wetterextreme durch den menschenbedingten Klimawandel.

Amphibien werden aber nicht nur in ihren Laichgewässern durch Pestizide beeinträchtigt, sondern auch an Land. Wenn sie beispielsweise von ihren Überwinterungsquartieren zu den Laichgewässern wandern oder nach Ablaichung wieder in die Landlebensräume zurückwandern. In den Landlebensräumen laufen sie Gefahr, direkt von Pestiziden besprüht zu werden. Carsten Brühl von der Universität Koblenz-Landau konnte nachweisen, dass Grasfrösche bei Kontakt mit Pestiziden eine Sterblichkeitsrate von bis zu hundert Prozent zeigten.[21] Die Amphibienhaut ist nicht wie die menschliche Haut in drei recht robusten Schichten aufgebaut, sondern viel dünner und besser in der Lage, Wasser – und darin gelöste Pestizide – direkt aufzunehmen. Die Gefahr der Vergiftung bestand für Fungizide, Herbizide und Insektizide. Diese Pestizide kommen auf den Markt, ohne dass mögliche Auswirkungen auf Amphibien bei der Zulassung untersucht werden. Hier galt bislang die wissenschaftlich äußert fragwürdige Einschätzung, dass Pestizidmengen, die für Vögel und Säugetiere unbedenklich sind, auch bei Fröschen kein großes Problem darstellen. Dies ist ein weiteres Beispiel zur Widerlegung des Mythos, dass Pestizide rigoros getestet werden, bevor sie zugelassen werden. An sich sollten auch Landwirte ein großes Interesse an einer intakten Natur und dem Schutz von Amphibien haben, da diese Tiere, wie erwähnt, sehr viele potenzielle Schadinsekten von landwirtschaftlichen Kulturen fernhalten.

Bei der Vorstellung der Herbizide haben wir kurz das Produkt Atrazin kennengelernt. Atrazin ist eines der weltweit am häufigsten verwendeten Pestizide und kann bei erwachsenen Fröschen zur Unfruchtbarkeit und sogar zur Geschlechtsumwandlung führen. In einer Studie wurden drei Viertel der männlichen Frösche, die dem Pestizid Atrazin ausgesetzt waren, »chemisch kastriert«. Sie waren danach nicht mehr in der Lage, sich zu vermehren.[22] Bei jedem zehnten männlichen Frosch kam es sogar zu einer Geschlechtsumwandlung. Die männlichen Frösche litten unter Testosteronmangel und verloren all jene Fähigkeiten, die vom Hormon gesteuert werden. In der freien Wildbahn, wo Konkurrenz um einen Geschlechtspartner herrscht, hätten diese Tiere wahrscheinlich keine Chance. Die zehn Prozent der männlichen Frösche, die zu weiblichen Tieren wurden, konnten sich zwar erfolgreich paaren, brachten aber ausschließlich männliche Nachkommen zur Welt. Diese Verschiebung des natürlichen Geschlechterverhältnisses könnte ganze Froschpopulationen zum Aussterben bringen. Obwohl diese Experimente an Afrikanischen Krallenfröschen durchgeführt wurden, kann davon ausgegangen werden, dass Atrazin als endokriner Disruptor auch bei anderen Arten ähnlich wirkt. Als endokrine Disruptoren werden Stoffe bezeichnet, die wie Hormone wirken und so das empfindliche Gleichgewicht des Hormonsystems von Lebewesen stören können. Atrazin ist zwar in Europa seit den 1990er Jahren verboten, in unserer Umwelt ist es allerdings noch immer im Boden und in Gewässern nachweisbar. In den USA wird dieses Herbizid trotz dieser beängstigenden Nebenwirkungen immer noch verwendet, zum Beispiel beim Mais-, aber auch im Spargel-, Kartoffel- und Tomatenanbau. Über Atrazinrückstände in diesen Lebensmitteln können wir Konsumenten trotz Verbots auch hierzulande noch damit in Kontakt kommen.

Die Situation, was Pestizide und Amphibien betrifft, ist noch komplizierter, als diese simplen Experimente vermuten lassen. Neben Pestiziden oder Temperaturschwankungen lauern natürlich auch Fressfeinde in den Laichgewässern, wie etwa räuberische Libellen- und Wasserkäferlarven, Fische oder Ringelnattern. Studien haben gezeigt, dass Amphibien bei Anwesenheit von Fressfeinden, das heißt unter natürlichen Stressbedingungen, anders auf die Pestizide reagieren als ohne diese Stressoren.[23]

BIENEN UND HUMMELN VERLIEREN DIE ORIENTIERUNG

Wir haben bereits erfahren, dass keine Insektizidgruppe so häufig verwendet wird wie die Neonicotinoide (unter Wissenschaftlern werden sie meistens weniger zungenbrecherisch Neonics genannt). Als gesichert gilt, dass Neonics nicht allein Insektenschädlinge angreifen, sondern auch Nützlinge, wie Wild- und Honigbienen.[24] Die meisten Menschen denken an ein oder zwei Bienenarten, aber es gibt allein in den USA 4000, in Österreich um die 700 Bienenarten. Wenn genügend Lebensraum existiert, tragen Wildbienen sogar den Hauptteil der Bestäubungsleistung für einige Kulturpflanzen. In der EU gab es deshalb in den letzten Jahren eine Nachdenkpause und ein Verbot von drei bestimmten Neonic-Wirkstoffen. Generell gelten Neonics als extrem toxisch, der häufig verwendete Wirkstoff Clothianidin ist beispielsweise 10 800-mal giftiger für Bienen als das berüchtigte DDT.[25] Die Nebenwirkungen wurden inzwischen genauer erforscht, mittlerweile steht sogar ein komplettes Verbot dieser Wirkstoffgruppe in Europa und Kanada im Raum. Die Diskussion hat sich in erster Linie auf Honigbienen fokussiert. Die Befunde verdichten sich aber, dass die Umweltschäden weit umfassender sind, als bisher gedacht.

In Experimenten wurden Hummeln unterschiedlich hohe Dosierungen eines Neonics über den Nektar und Pollen verabreicht.[26] Die Mengen entsprachen der Dosis, wie sie typischerweise bei Raps angewendet wird. Das Ergebnis war, dass Hummeln, die mit dem Insektizid in Berührung kamen, kleiner blieben und bis zu 85 Prozent weniger Königinnen produzierten. Hummeln haben einen Ein-Jahres-Lebenszyklus: Nur die neuen Königinnen überleben den Winter und können im Frühjahr neue Völker gründen. Weniger Königinnen bedeutet somit schlichtweg auch weniger Hummelvölker, die neu gegründet werden können. Hummeln ernähren sich wie andere Bienenarten von den Pollen der Wildblumen an Feldrändern und insbesondere von Rapsblüten und Sonnenblumen. Auch in anderen Studien wurde herausgefunden, dass Feld-realistische Neonic-Konzentrationen das Pollensammeln von Hummelarbeiterinnen reduzierte. Neonic-Konzentrationen im Bereich von einem ppb (*parts per billion, Teilchen pro Milliarde Teilchen*) in der Nahrung führten zu einer Reduktion der Eiablage um dreißig Prozent. Ein ppb, das entspricht einer unvorstellbar kleinen Menge von einem Gramm auf tausend Tonnen. Die Neonic-Konzentrationen, die in Pollen von Kulturfrüchten gefunden wurden, lagen typischerweise bei einem bis zehn ppb. Bei Luzernepollen wurden Konzentrationen von fünfzig ppb, in Melonenpollen wurden sogar über hundert ppb gefunden.[27] Da Neonicotinoide systemisch wirken, findet man sie in Blütenpollen und Nektar wieder, auch wenn sie auf den Boden aufgesprüht, über Bewässerung zugeführt oder als Saatgutbeizung eingesetzt werden.

Die meisten Studien haben die Wirkung der Neonics auf weibliche Honigbienen oder Königinnen untersucht. Eine Untersuchung an männlichen Drohnen konnte aber kürzlich zeigen, dass die Neonics bei Drohnen wie Verhütungsmittel wirken.[28] Drohnen, die im Labor mit Neonics in Kontakt waren, produzierten weniger aktive Spermien. Wenn die begattete Bienenkönigin dann weniger Eier legt, wirkt sich dies auf die Vitalität des gesamten Bienenvolks aus. Zusammenfassend konstatiert auch ein gemeinsamer Bericht mehrerer europäischer Wissenschaftsakademien, dass die verbreitete vorbeugende Nutzung von Neonics starke Nebenwirkungen auf Nicht-Zielorganismen hat.[29] Das schließt Insekten mit ein, die Ökosystemleistungen wie Bestäubung und natürliche Schädlingsbekämpfung bereitstellen. Die zusätzlichen Auswirkungen auf Bodenorganismen wurden in einem früheren Kapitel schon angesprochen. Die prophylaktische Nutzung von Neonicotinoiden, die momentan praktiziert wird, widerspricht den Grundprinzipien der integrierten Schädlingsbekämpfung, die in der EU-Strategie zum nachhaltigen Einsatz von Pestiziden und der entsprechenden Richtlinie festgelegt sind. Damit wird auch die Wiederherstellung der biologischen Vielfalt in der landwirtschaftlichen Fläche gefährdet, eigentlich auch ein Ziel der EU-Agrarpolitik.

Selbst die EFSA, jene Behörde, die in der EU für die Zulassung von Pestiziden zuständig ist, ist nach monatelanger Überprüfung der Risiken von Neonics zum Schluss gekommen, dass die gegenwärtige Nutzung von Neonics ein unakzeptables Risiko für Bienen darstellt.

In Österreich hat sich im Jahr 2013 der Landwirtschaftsminister vehement hinter die Landwirtschaft, oder sollte man sagen Agrarchemie, gestellt und die Nutzung der Neonics vehement verteidigt. Noch als sich andere EU-Staaten klar für ein Moratorium von Neonics ausgesprochen haben, sah das Landwirtschaftsministerium in Österreich keine Veranlassung zu einer Einschränkung. Unter Berufung auf das Amtsgeheimnis wollte man auch nicht preisgeben, welche Menge dieser bienenschädlichen Pestizide in Österreich verwendet wird. Letztendlich war der Druck durch die Medien, die Zivilgesellschaft und auch die wissenschaftliche Beweislage so groß, dass der Landwirtschaftsminister zurücktreten musste. In den Medien wurde das in Anlehnung an amerikanische Polit-Affären volkstümlich »Sumsigate« genannt.[30] In der EU-Politik war der Meinungsumschwung sehr bemerkenswert, was früher als Radikalstandpunkt betrachtet wurde, war jetzt mehrheitsfähig. Österreich war nach dieser Affäre besonders streng und hat sich statt des obligaten zweijährigen ein dreijähriges Moratorium der Nutzung von drei Neonics (Clothianidin, Imidacloprid und Thiamethoxam) auferlegt.

Solche zwei- bis dreijährigen Moratorien sind wissenschaftlich umstritten, da Neonics mehr als zwei Jahre im Boden nachweisbar sind und bei mehrmaliger Anwendung sogar eine Akkumulierung im Boden zu beobachten ist. Weiters wurden ja nur drei von acht Neonicotinoid-Wirkstoffen verboten. Somit dient die Aktion eher der Beruhigung der Öffentlichkeit und dürfte wahrscheinlich keine großen Effekte auf Bienenpopulationen zeigen. Auch gibt es meines Wissens keine großangelegten Begleituntersuchungen, um wenigstens stichhaltig zu überprüfen, ob das Moratorium überhaupt einen Effekt hat. Hier hat wieder einmal der Gesetzgeber versagt, die Hersteller in die Pflicht zu nehmen und zum Nachweis zu zwingen, dass die in Kritik geratenen Produkte tatsächlich unbedenklich sind. Unabhängige Studien haben mittlerweile aber erdrückende Daten zur Schädlichkeit der Neonics zutage gebracht, sodass 2018 sogar ein komplettes Verbot der Neonics in Europa in Erwägung gezogen wird.[31]

Was werden die Landwirte ohne Neonics machen? Sofort, nachdem das vorhin erwähnte Moratorium für drei Neonics verlautbart wurde, hat sich die Agrochemieindustrie an die Landwirtschaft gewandt und Alternativprodukte empfohlen. Bei einem Komplettverbot würden sicher sofort jede Menge andere chemische Insektizide als Ersatz empfohlen werden. Die viel vernünftigere Konsequenz aus der Misere wäre aber, sich zumindest wieder auf die Prinzipien des integrierten Pflanzenschutzes zu besinnen. Demnach sollten Pestizide nur dann eingesetzt werden, wenn bestimmte Schadschwellen überschritten werden. Damit würden die eingesetzten Pestizidmengen drastisch sinken, was aber natürlich schlecht für die Umsätze der Agrochemieindustrie wäre. Zu befürchten ist, dass alles so weitergeht wie bisher, verbotene Insektizide durch vermeintlich neue, bessere ausgetauscht werden; immerhin erfolgt ja auch die Beratung der Landwirte größtenteils über die Pestizidhersteller.

Weiters sollten wieder verstärkt Fruchtfolgen eingesetzt werden oder natürliche Gegenspieler von Schädlingen zum Beispiel über Blühstreifen, Hecken oder blütenreiche Brachen gefördert werden.

Haben wir mit einem Verbot von Neonics das Bienensterben gelöst? Wahrscheinlich nicht ganz. Seit Jahrzehnten ist weltweit ein Rückgang an Bienen und anderen Insekten zu verzeichnen, bienenschädliche Insektizide sind daran nicht ausschließlich schuld. Wir wissen, dass verschiedene Faktoren der Bienengesundheit schaden, darunter Parasiten (Stichwort Varroa-Milbe), Bienenkrankheiten, längere Schlechtwetterphasen und schlechte Ernährung, aber eben auch Pestizide. Neben den Neonics können auch Herbizide indirekt Bienen schädigen, da sie Wildkräuter und damit die Nahrungsgrundlage der Bienen vernichten. Wenn wir gesunde Bestände von Honigbienen, Hummeln und anderen wildlebenden Bestäuberinsekten sicherstellen wollen, müssen wir generell etwas zur Förderung der Biodiversität in der Agrarlandschaft machen. Vergessen wir nicht, dass weltweit rund achtzig Prozent aller Kulturpflanzen von der Bestäubung durch Insekten abhängen und unsere Obst- und Gemüseregale ziemlich leer aussehen würden, wenn das nicht mehr funktioniert.

Wie stark die Belastung unserer Umwelt mit Pestiziden ist, zeigen Untersuchungen von Pflanzenpollen aus Bienenstöcken. Bis zu siebzehn verschiedene, toxische Pestizide wurden in Bienenpollen gefunden.[32] Es konnten weiters insgesamt 53 verschiedene Chemikalien nachgewiesen werden. In den Proben aus Deutschland fielen vor allem ein toxisches, bioakkumulatives Abbauprodukt des vor Jahrzehnten verbotenen DDT und das insektizide Nervengift Thiacloprid, ein bekanntes Neonicotinoid, auf.

Wenn Neonicotinoide zur Saatgutbeizung eingesetzt werden, gelangen über neunzig Prozent des Wirkstoffs nicht in die Pflanze, sondern in den Boden. Die Konzentrationen an Neonics, die in Flüssen in Kalifornien und den Niederlanden gefunden wurden, übersteigen im Allgemeinen die tödlichen Dosen für aquatische Wildtiere. Neonics werden nicht nur in den behandelten Kulturpflanzen gefunden, sondern auch in der Ackerrandvegetation. Das bedeutet, dass alle Insekten, die sich von diesen Ackerrandblüten ernähren, wie beispielsweise Schmetterlinge oder die überaus nützlichen Schwebfliegen, davon betroffen sind. Wenn gebeiztes Saatgut von körnerfressenden Vögeln, wie zum Beispiel Rebhühnern, oder von Nagetieren gefressen werden, reichen wenige Körner für eine tödliche Dosis aus. Die Wahrscheinlichkeit, dass gebeiztes Saatgut von Wildtieren gefressen wird, ist recht hoch. Während der Saat mit sogenannten Drill-Maschinen geht manchmal unweigerlich das rot eingefärbte Saatgut verloren, das dann am Rand von frisch gesäten Feldern liegt. Wie oft es dabei zu Vergiftungen von Wildtieren kommt, ist nicht dokumentiert.

Die Konzentrationen der Neonics, die auf landwirtschaftlichen Feldern auftreten, haben oft keine akut tödliche Wirkung auf Insekten, aber es konnte gezeigt werden, dass das Verhalten, die Lernfähigkeit, die Nahrungssammlung und die Orientierung im Raum beeinträchtigt werden. Da parasitische und räuberische Insekten oft komplexe Such- und Angriffsmuster haben, kann bei subletalen Effekten über neurotoxische Insektizide auch dieses Verhalten beeinträchtigt werden und damit die Effizienz der biologischen Kontrolle. Auch dies sind Auswirkungen, die nicht in Pestizidzulassungsprüfungen getestet werden.

Ein Argument, das von der Pestizidindustrie für die weitere Verwendung von Neonics vorgebracht wird, ist, dass sie einen großen ökonomischen Vorteil für die Landwirtschaft bringt und die Alternativprodukte schlimmer seien. Diese Art der Rechtfertigung ist immer ähnlich gestrickt. Immer wird davor gewarnt, dass die Ernährung der Weltbevölkerung in Gefahr und nichts Besseres vorhanden sei.

Die Crux an der ganzen Geschichte ist aber, dass es keine wissenschaftlich belastbaren Zahlen dazu gibt, dass Saatgutbeizung mit Neonics überhaupt die landwirtschaftlichen Erträge erhöht! Dies zeigt, dass die moderne pestizidintensive Landwirtschaft nicht auf wissenschaftlich belegten Fakten fußt, sondern eher von Marketinginteressen der agrochemischen Industrie geleitet ist.

Der Agrochemiekonzern Syngenta hat nach dem Moratorium für Neonics durch die EU-Kommission für Großbritannien eine Ausnahme beantragt, weil es sonst angeblich zu einer Gefahr für die Produktion käme.[33] Ein Industrievertreter wurde im Jahr 2014 vom britischen Umweltausschuss gebeten, eine Studie vorzulegen, die wissenschaftlich belegen kann, dass Neonics bei irgendeiner Ackerkultur zu Ertragssteigerungen führten. Peinlicherweise konnte keine Studie vorgelegt werden, die dies beweisen hätte können.

In einer Überblicksstudie, für die neunzehn Studien zu Neonics zusammengefasst wurden, ergaben acht Studien keinen Ertragsvorteil und elf Studien unklare Ertragseffekte.[34] Die Verwendung von Neonics brachte keine ökonomischen Vorteile für die Landwirte, verglichen mit anderen Methoden oder gar keinem Einsatz von Pestiziden, wenn der Schädlingsdruck gering war. Es ist unglaublich, aber Neonics werden seit mehr als zwanzig Jahren verwendet, obwohl es keine Beweise für deren Wirksamkeit gibt. Solche Befunde stärken nicht gerade das Vertrauen in die Agrochemieindustrie und in politische Behörden, die diese Produkte ohne kritisches Hinterfragen genehmigen.

Um die allgemeine Kenntnis, die Bedeutung und das Wissen um die Wichtigkeit der Insekten ist es nicht allzu gut bestellt. Die wenigsten machen sich Vorstellungen davon, wie viele Insekten sich in einem Feld tummeln. In einer Versuchsparzelle mit Weizen haben wir bis zu 1400 Gliederfüßer pro Quadratmeter gezählt, darunter Ameisen, Bienen, Spinnentiere, Grashüpfer, Blattkäfer, Laufkäfer, Springschwänze, Zikaden, Fliegen oder Florfliegen.[35] Das zeigt, dass landwirtschaftliche Flächen nicht unbedingt grüne Wüsten sind, sondern tatsächlich auch eine hohe Biodiversität beherbergen können. Die wenigsten davon sind Schädlinge an den landwirtschaftlichen Kulturen. Im Gegenteil, viele davon dezimieren Schädlinge in den Weizenfeldern und betreiben damit biologische Schädlingskontrolle. Viele dieser Tiere sind auch wertvolle Futterquellen für Vögel, die wiederum viele Schadinsekten vertilgen und so letztlich dafür sorgen, dass die landwirtschaftlichen Kulturen gesund bleiben. Gelegentlich auftretende Stechmücken-Invasionen sollen nicht darüber hinwegtäuschen, dass die Menge und Vielfalt an Insekten und Spinnen in unserer Kulturlandschaft in den letzten 35 Jahren fast um die Hälfte gesunken ist.[36] Dass sich in derselben Zeit die menschliche Bevölkerung verdoppelt hat, ist bemerkenswert.

Die Leistung, die die Bestäuberinsekten weltweit an unseren Nutzpflanzen, Obstbäumen, Erdbeer-, Tomaten-, Rapspflanzen oder Sonnenblumen erbringen, haben deutsche und französische Forscher im Jahr 2008 weltweit auf jährlich rund 150 Milliarden Euro gerechnet.[37] Allein in Deutschland erwirtschaften rund 80 000 Imker mit ihren 655 000 Bienenvölkern geschätzte drei bis fünf Milliarden Euro. In diesen Berechnungen sind die Auswirkungen, die ein Rückgang der Bestäuber auf die landwirtschaftliche Pflanzen- und damit auch auf die Tierproduktion hätte, nicht enthalten. Ebenso fehlen die Auswirkungen auf Wildblumen und sämtliche weitere Ökosystemdienstleistungen, die die natürliche Flora und Fauna für Landwirtschaft und Gesellschaft erbringen.

Wie bei den Regenwürmern wurde auch bei den Bienen nachgewiesen, dass nicht nur die reinen Pestizidwirkstoffe, sondern auch Beistoffe tödliche Wirkungen haben.[38] Ein verbreiteter Hilfsstoff in Pestiziden macht Bienenlarven anfälliger für tödliche Viren. Andere Beistoffe, sogenannte Organosilikate, scheinen auch für das allgemeine Sterben von Honigbienen verantwortlich zu sein.[39] In Kalifornien, wo über neunzig Millionen Mandelbäume auf die Bestäubung durch Honigbienen angewiesen sind, karren Berufsimker mit riesigen

Sattelzügen fast zwei Drittel der amerikanischen Bienenstöcke durch das ganze Land. Pestizideffekte auf Bienen gefährden auch diese Bestäuber-Dienstleistung.

Neben Honigbienen sind auch parasitische Wespen von Neonicotinoiden beeinträchtigt. Schon geringste Dosen von Neonicotinoiden stören deren Paarung und Eiablage.[40] Das hat wichtige Konsequenzen, da parasitische Wespen als natürliche Feinde von Schadinsekten eine wichtige Rolle spielen als natürliche Schädlingsbekämpfer in Agrarökosystemen.

VÖGEL UND FLEDERMÄUSE VERHUNGERN

Vögel in der Agrarlandschaft sind europaweit auf dem Rückgang. Viele Vogelarten finden durch den Insektizideinsatz weniger Nahrung, weil mit den Schädlingen auch Futtertiere wie Schmetterlingsraupen und andere Insekten getötet werden.[41] Andererseits beseitigen Herbizide Wildkräuter auf den Äckern, auf denen Insekten leben und Bodenbrütern und Jungvögeln Schutz bieten. Wenn die Wildkräuter durch Herbizide vernichtet werden, fallen auch die vielen Sämereien für die Vögel weg. Durch den Pestizideinsatz bleibt diesen Vögeln nicht genügend Nahrung, um zu überleben und ihre Brut aufziehen zu können. Diese indirekten Gefährdungen durch Pestizide sind bei Rebhuhn, Goldammer, Grauammer und Feldlerche wissenschaftlich belegt. Die Wirkungen von Fungiziden sind subtiler. Weil es chemische Fungizide gibt, können Getreidepflanzen dichter gesät werden; die Ackervögel jedoch finden in den dichten Getreidebeständen buchstäblich keinen Platz zum Leben.

Viele Vögel sterben auch an direkten Vergiftungen durch Pestizidanwendungen. Beispiele von Vogelvergiftungen durch gebeiztes Saatgut wurden bereits erwähnt. In einem Weizenfeld in den USA wurden beispielsweise 1200 Kanadagänse getötet, nachdem das Insektizid Parathion in einer Dosis von nur 0,08 Gramm pro Quadratmeter ausgebracht wurde.[42] Andere Studien berichten von Pestizidvergiftungen von Tausenden von Enten und Gänsen nach Anwendungen in Getreidebeständen.[43] Es wird geschätzt, dass allein in den USA zirka ein bis zwei Millionen Vögel pro Jahr durch Carbofuran-Anwendung getötet werden.[44] Dieser Wirkstoff war auch in Europa sehr beliebt als Saatgutbeizmittel im Zuckerrübenanbau, gegen Schadinsekten bei der Champignonzucht, beim Zwiebelanbau sowie im Erwerbsgartenbau, ist aber seit 2007 in der EU verboten. Ein anderes Insektizid (Diazinon), angewendet auf drei Golfplätzen in Kanada, tötete 700 atlantische Brandgänse einer Überwinterungspopulation von nur 2500 Vögeln.[45] In den USA ist dieses Produkt nach wie vor in Verwendung.

Insektizide aus der Gruppe der Neonics schädigen nicht nur Bienen, Hummeln und Bodenorganismen, sondern auch Vögel. In den Niederlanden wurde herausgefunden, dass, je mehr Imidacloprid im Oberflächenwasser zu finden war, desto rückläufiger die Bestände von fünfzehn Vogelarten waren.[46] Konzentrationen unvorstellbar kleiner Mengen von zwanzig Milliardstel Gramm Insektizid (Neonic Imidacloprid) pro Liter Wasser resultierten in einem jährlichen Rückgang von 3,5 Prozent der Vogelpopulationen.

Auf der anderen Seite können Herbizide die Nahrungsgrundlage für viele Vögel dezimieren.[47] Bei Zuckerrüben und Winterraps führten die dezimierten Unkräuter zu einem Rückgang von siebzehn primär samenfressenden Feldvogelarten. In einer Studie über mehrere europäische Länder fand man heraus, dass speziell Insektizide und Fungizide einen sehr negativen Effekt auf die Diversität von bodenbrütenden Feldvögeln haben.[48] In Kanada und Frankreich fand man einen Zusammenhang zwischen der Herbizidanwendung und dem Rückgang vor allem samenfressender Vögel.[49]

Vögel spielen eine sehr wichtige Rolle in natürlichen und landwirtschaftlichen Ökosystemen. Sie können Schadinsekten signifikant reduzieren und Samen von Wildpflanzen über große Distanzen verbreiten. In den letzten Jahrzehnten ist bei vielen Vogelarten ein dramatischer Rückgang der Populationen zu beobachten. Natürlich sind nicht allein Pestizide für den Rückgang verantwortlich. Faktoren sind die Nutzung ehemaliger Brachflächen, das Pflügen von Wiesen und die Umwandlung zu Ackerland, intensive Graslandbewirtschaftung mit häufigen Mahden und starkem Düngereinsatz, Veränderungen der Ernteprozesse und Erntezeitpunkte sowie die Zerstörung von natürlichen und halbnatürlichen Landschaftselementen.[50]

Bei intensiver landwirtschaftlicher Nutzung sind Feldvögel mehrmals in der Saison direkt mit Pestiziden in Kontakt. In einer Studie über eine Fläche von 6500 Hektar in Frankreich wurde gezeigt, dass 71 Prozent der Rebhuhn-Gelege zumindest einem Pestizid ausgesetzt sind.

Ein weiterer Aspekt, der wenig diskutiert wird, ist die Gefährdung von Beutegreifern unter den Vögeln. Tausende von Bussarden, Eulen, Adlern, Geiern und anderen Greifvögeln werden jedes Jahr getötet, weil im städtischen und landwirtschaftlichen Bereich Pestizide zur Tötung von Nagetieren (Rodentizide) eingesetzt werden. Eine Studie hat gezeigt, dass eine einzige chemische Bekämpfungsmaßnahme gegen Wühlmäuse zum Tod von 28 Rotmilanen und sechzehn Mäusebussarden führte.[51] Das wahre Ausmaß von Pestizidvergiftungen bei Vögeln und anderen Wirbeltieren ist nicht bekannt, da keine systematischen Erhebungen gemacht werden.

Gerade bei so mobilen Organismen wie Vögeln kann die Pestizidproblematik nicht völlig isoliert von anderen Entwicklungen in der Landwirtschaft diskutiert werden. Wer aufmerksam in unseren Landschaften unterwegs ist, erkennt den rasanten Wandel. Wo bis vor kurzem Wiesen und Weiden das Auge erfreuten und vielen Tier- und Pflanzenarten Lebensraum boten, stehen heute monotone Maisäcker und Getreidebestände. Brachflächen, die nicht landwirtschaftlich genutzt werden, Hecken, Solitärbäume, kleine Baumgruppen, Wegraine und all die anderen kleinen Strukturen sind vielerorts aus dem Landschaftsbild verschwunden.[52] Für Rebhühner und Feldhasen in der Schweiz sowie für Grauammern und einige weitere Arten in Brandenburg waren – vereinfacht dargestellt – stabile Bestände nur zu erwarten, wenn die bevorzugten Lebensräume wie Brachen und bracheähnliche Strukturen mindestens zehn Prozent der Fläche ausmachten.[53]

Mit den genannten Studien wird zwar oft kein eindeutiger Beweis für einen kausalen Zusammenhang geliefert, es geht meistens um korrelative Muster und Indizien. Natürlich würde ein Freilandexperiment weit belastbarere Beweise liefern, doch exakte Versuche zu dieser Fragestellung durchzuführen ist äußert aufwendig und kostspielig, da Vögel sehr mobil sind. Die Frage ist, ob nicht die Agrochemieindustrie verpflichtet werden sollte, derartig umfassende Untersuchungen durch unabhängige Wissenschaftler zu finanzieren, bevor einem Pestizid die Zulassung erteilt wird. Die Auswirkungen der Pestizide auf Nahrungsressourcen terrestrischer Tierpopulationen werden im Rahmen der Pestizidzulassungen nicht überprüft. Die Risikoanalyse sollte endlich einen Ökosystemansatz verfolgen, bei dem die Auswirkungen von Pestiziden für alle potenziell betroffenen Tiergruppen untersucht werden.

Eine andere sehr mobile Wirbeltiergruppe sind Fledermäuse. In Europa leben in etwa vierzig verschiedene Fledermausarten. Die einzigen flugfähigen Säugetiere leben häufig auch in der Agrarlandschaft und ernähren sich dort von Unmengen an Insekten. Dennoch wird die Auswirkung von Pestiziden auf Fledermäuse bei den EU-Zulassungsverfahren für Pestizide nicht berücksichtigt. Die Bestände vieler in ländlichen Räumen vorkommender Fledermausarten sind seit dem verstärkten Einsatz von Insektiziden in den sechziger und siebziger Jahren rückläufig und teilweise sogar zusammengebrochen. Ähnlich wie bei Vögeln tragen auch Herbizide dazu bei, dass Fledermäuse wesentlich weniger Nahrung finden und dadurch bedroht sind. Pestizide vernichten die Beuteinsekten der Fledermäuse, außerdem reichern sich viele Gifte in den Speicherfetten der Fledermäuse an. Während der Überwinterung werden die Fettdepots abgebaut und die Pestizide freigesetzt. Fledermäuse können fast vierzig Jahre alt werden, und in ihnen werden noch heute gefährliche Pestizide wie DDT und PCB nachgewiesen, die schon seit vielen Jahren verboten sind. Zu den Auswirkungen von Pestiziden gehören neben der Dezimierung der Nahrungsgrundlage auch Störungen der Kommunikationsfähigkeit und des Lernvermögens sowie Beeinträchtigungen des Immunsystems. Natürlich tragen auch Windräder, Straßen oder das Verschwinden von Brutmöglichkeiten (Altbäume, offene Stallgebäude) zum Rückgang von Fledermäusen bei.

Viele halten wahrscheinlich den Rückgang von Fledermausarten für ein eher akademisches Problem. Die ökonomischen Auswirkungen sind jedoch so bedeutend, dass es uns alle interessieren sollte.[54] Zum Beispiel wurde für die USA berechnet, dass eine einzelne Fledermauskolonie von 150 Tieren der Großen Braunen Fledermaus im Jahr zirka 1,3 Millionen Schadinsekten vertilgt. Andere Schätzungen zeigen, dass eine Kleine Braun-Fledermaus bis zu acht Gramm Insekten pro Nacht vertilgt. Hochgerechnet auf eine Million Fledermäuse, können 1320 Tonnen Insekten konsumiert werden. Dies entspricht einem Beitrag von etwa 400 US-Dollar pro Hektar, der durch Fledermäuse eingespart wird. Ohne Fledermäuse müsste dieser Betrag für Insektizide ausgegeben werden, um dieselbe Menge an Insekten zu töten. Wenn man das auf die Baumwoll-dominierten Agroökosystem in Texas und die Erntefläche der USA im Jahr 2007 hochrechnet, ergibt sich ein Wert der Leistung der Fledermäuse für die US-Landwirtschaft von unglaublichen 23 Milliarden US-Dollar pro Jahr. Die Schätzungen beeinhalten die Kosten für die verringerten Ausgaben für chemische Insektizide beim Baumwollanbau. Nicht enthalten sind die Kosten für mögliche Pestizidresistenzen und notwendige Ersatzprodukte oder die positiven Auswirkungen von Fledermäusen auf Schädlinge in benachbarten Wäldern. Selbst wenn diese Schätzungen vorsichtshalber stark nach unten revidiert werden, zeigen sie eindeutig, dass Fledermäuse auch eine sehr wichtige ökonomische Komponente für die Landwirtschaft darstellen.

AGROÖKOSYSTEME VERLIEREN IHRE
SELBSTREGULATION

Wenn Pestizide nicht nur die Zielorganismen, sondern mehr oder weniger alle Lebewesen in einem Ökosystem beeinträchtigen, dann wird dadurch auch die Funktion der Ökosysteme beeinflusst. Pestizide tragen maßgeblich zu Biodiversitätsverlusten bei: Fast ein Viertel der in der EU gefährdeten Arten sind durch aus Land- und Forstwirtschaft stammende Schadstoffe bedroht.[55] Für die Zulassung von Pestiziden verlangt die EU mittlerweile, die Wirkung der Mittel auf die Biodiversität, also eigentlich auf die gesamte biologische Vielfalt, zu berücksichtigen. In die Praxis umgesetzt ist das allerdings noch nicht. Bisher werden bei der Zulassung in sehr beschränktem Rahmen nur die toxischen Effekte der Pestizide, nicht aber die indirekten Effekte auf die Natur überprüft. Trotz erdrückender Belege sind bisher keine wirksamen politischen Maßnahmen zur Reduktion des Pestizideinsatzes umgesetzt worden. In der EU-Politik wird dieses Thema auch von den zuständigen Stellen recht nachlässig behandelt.

Welche Ökosystemfunktionen sind es nun, die durch Pestizide beeinträchtigt werden? Es ist bereits mehrfach angeklungen: Eine wichtige Funktion von Agroökosystemen ist es, die natürliche Balance zwischen Nützlingen und Schädlingen aufrechtzuerhalten. Am Beispiel der Vögel durchgespielt heißt das, dass Insektizide und Herbizide zunächst das Nahrungsangebot vermindern. Weniger Vögel bedeutet aber auch verminderte Kontrolle von Insekten oder Kleinsäugern, die zu Massenvermehrungen neigen und dann wieder als Schädlinge auftreten könnten. Wenn Insekten und Beikräuter durch Pestizide vernichtet werden, leiden darunter auch Parasitoide oder räuberische Spinnen, die als Gesundheitspolizei im Ökosystem fungieren und Schadinsekten dezimieren. Daraus entstehen Lücken im Nahrungsnetz, die Stabilität von Ökosystemen ist gefährdet.

Was letztendlich auf dem Spiel steht, sind vielfältige Ökosystemdienstleistungen wie Bestäubung, natürliche Schädlingskontrolle, Trinkwasserreinigung, Nährstoffkreisläufe und Bodenfruchtbarkeit. Diese können nur von einem gut funktionierenden Ökosystem erbracht werden. Auch die Widerstandsfähigkeit von Ökosystemen gegen Klima- und Wetterextreme steht auf dem Spiel. Ganz allgemein lässt sich sagen, dass ein Ökosystem umso widerstandsfähiger gegen klimatische Einflüsse oder andere Stressoren ist, je vielfältiger es ist.

Der größte Nachteil der Pestizide liegt eindeutig in ihrer mangelnden Selektivität, auch wenn die Agrochemieindustrie ein anderes Bild zeichnet. Idealerweise sollen sie nur bestimmte Schädlinge oder Krankheitserreger töten und alle anderen Organismen verschonen, vor allem die Nützlinge. Dies konnte bis heute nicht realisiert werden, und es gibt trotz intensiver Forschung keine hochspezifischen, selektiven Pestizide. Da Nützlinge meist komplexere Lebensraumansprüche und längere Generationszeiten haben als Schädlinge, führt diese Entwicklung letztlich zu einer Zunahme der Schädlinge und einer Abnahme der Funktion der Nützlinge als Schädlingskontrolleure. Viele Insektizide sind für die natürlichen Gegenspieler giftiger als für den Schädling selbst. Es wurde gezeigt, dass nützliche Parasitoide, die Schädlinge befallen, über tausendmal empfindlicher sind als der Schädling selbst.[56] Ein erster Pestizideinsatz bedingt daher weitere Pestizideinsätze, man gerät unweigerlich in eine Pestizid-Tretmühle.

Bei Forstschädlingen in Kanada wurde dokumentiert, dass der Schädlingsbefall zunahm, wenn das Behandlungsgebiet größer wurde. Nach dem Absetzen der großflächigen Pestizidbehandlungen verringerte sich der Befall, da die natürlichen Gegenspieler wieder zunahmen.[57] Wir wissen inzwischen, dass viele Ökosysteme an einen bestimmten Schädigungsgrad angepasst sind und sich flexibel der Schädlinge erwehren können. Ein chemisches Eingreifen beraubt diese Systeme ihres natürlichen Regulierungspotenzials. Entweder man akzeptiert die ständige, geringe Schädigung, oder es ist ein ständiger Pestizideinsatz erforderlich.

Interessanterweise führt der Einsatz von Herbiziden auch zu einer Zunahme anderer Pflanzenkrankheiten. In der Landwirtschaft wird oft aus Gründen des Erosions- und Klimaschutzes auf das Pflügen der Felder verzichtet. Um das Feld auf die Aussaat vorzubereiten, werden die Unkrautbestände, die früher eingepflügt wurden, nun mit Totalherbiziden totgespritzt. Durch diese Praxis ist es zu einer dramatischen Zunahme von Pilzkrankheiten bei Getreidebeständen in Anbausystemen mit reduzierter Bodenbearbeitung gekommen.[58] Weil die mit dem Pilz befallenen Pflanzenteile nach der Ernte nicht mehr untergepflügt werden, überleben die schädlichen Pathogene länger und können die nächstfolgende Feldfrucht infizieren.

Eine weitere Funktion von Ökosystemen ist die Aufrechterhaltung von Nährstoffkreisläufen. Totes Pflanzenmaterial, Erntereste werden abgebaut, die darin enthaltenen Nährstoffe stehen dann wieder zur Verfügung. Wir haben in unserer Arbeitsgruppe herausgefunden, dass Glyphosat-Herbizide die Bodenfruchtbarkeit und das Bodenleben beeinflussen. Durch das Totspritzen der Pflanzen werden keine Nährstoffe aus dem Boden aufgenommen, sondern vermehrt ausgewaschen, wodurch sie für das Ökosystem verlorengehen.

Eine wichtige Tatsache ist viel zu wenig bekannt: Die natürlichen Gegenspieler machen mindestens fünfzig Prozent der Schädlingskontrolle in Agroökosystemen aus.[59] Für Ackerkulturen wurde berechnet, dass parasitische Insekten, räuberische Organismen und Wirtspflanzen-Resistenz schätzungsweise etwa achtzig Prozent der nicht-chemischen Kontrolle von Gliederfüßern und Pflanzenpathogenen ausmachen. Zusätzliche Schädlingskontrolle kann noch erreicht werden durch verbesserte Fruchtfolgen, ein verbessertes Boden-, Wasser- und Düngungsmanagement, optimale Wahl von Saatzeitpunkt, Saatstärke, durch Fangkulturen zum Wegfang von Schädlingen oder durch Mischkulturen. Zusammengenommen kann durch diese sogenannte kulturelle Schädlingskontrolle die Schädlingspopulation effektiv um mehr als fünfzig Prozent dezimiert werden, ohne negative Auswirkungen auf die Ernteerträge oder auf die Qualität der Ernteprodukte.[60]

Wir haben dazu selbst Versuche im ökologischen Baumwollanbau in Ägypten durchgeführt und konnten zum Beispiel zeigen, dass der Anbau von Basilikum in den Zwischenreihen von Baumwolle dazu führte, dass weniger Schädlinge auftraten. Basilikum enthält viele ätherische Öle und wirkt abweisend auf viele Insekten. Und die Bauern hatten noch eine zusätzliche Einkommensquelle mit dem Verkauf von Basilikum.[61] Dieser Mischanbau von zwei Kulturen kam früher oft zur Anwendung, wegen der zunehmenden Spezialisierung geriet er jedoch in Vergessenheit.

Prinzipiell werden Pestizide angewendet, um Kulturpflanzen vor Schädlingen zu schützen, um die Erträge zu erhöhen. Wir haben gesehen, dass der Beweis dafür für viele Pestizide noch nicht erbracht ist. Manchmal werden die landwirtschaftlichen Kulturen aber auch durch Pestizide geschädigt. Wenn das Wachstum der Kulturen durch Pestizidanwendung verringert wird, wenn Reste von Herbiziden im Boden den Wuchs nachfolgender Kulturen schädigen, oder wenn erhöhte Pestizidanwendung zu erhöhten Rückstandswerten in den Produkten führt und diese dann nicht mehr verkäuflich sind. Diese Verluste bedeuten natürlich finanzielle Einbußen für die Landwirte und alle an der Verteilung der Lebensmittel Beteiligten.

Landwirtschaftliche Kulturen können auch von Pestizidabdrift betroffen sein, selbst wenn sie mehrere Kilometer in Windrichtung entfernt sind.[62] Abdrift passiert mit allen Methoden der Pestizidanwendung, am stärksten jedoch bei der Ausbringung mittels Flugzeugen. Dort erreichen überhaupt nur 25 bis fünfzig Prozent der eingesetzten Pestizide den Schadorganismus. Wenn Sprühgeräte am Boden eingesetzt werden, erreichen immerhin 65 bis neunzig Prozent der Pestizide die Zielorganismen.[63] Eine Kontrolle der Spritzgeräte ist zwar regelmäßig vorgeschrieben, aber was nützt das, wenn trotzdem bei starkem Wind gespritzt wird. Die Praxis zeigt auch, dass die Herstellerangaben sehr oft nicht eingehalten werden. Gerade Nebenerwerbslandwirte mit knappem Zeitbudget bringen Pestizide aus, wenn sie Zeit haben, das Wetter, etwaige Schadschwellen oder die genaue Beobachtung des Schädlings- und Krankheitsbefalls fallen da oft dem Zeitmangel zum Opfer.

Schäden an Kulturpflanzen durch Pestizidabdrift sind vor allem in landwirtschaftlich vielfältig genutzten Gebieten zu verzeichnen. Konkrete Daten dazu sind aus Baumwollanbaugebieten bekannt, da Baumwolle zu den pestizidintensivsten landwirtschaftlichen Kulturen weltweit zählt. Zum Beispiel wurde im Südwesten von Texas Baumwolle im Wert von zwanzig Millionen US-Dollar durch Abdrift eines benachbarten Weizenfeldes kontaminiert, das aus dem Hubschrauber mit dem Herbizid 2,4-D behandelt wurde.[64] Abdrift ist aber nicht nur ein Problem in den USA, auch bei uns sind die Folgen akut und zum Teil existenzbedrohend. Vor allem für benachbarte Bio-Landwirte, die ja keine Pestizide einsetzen dürfen und deren Produkte dann womöglich mit Pestizidrückständen belastet sind. Auch in Weingärten kommt es durch Pestizidabdrift aus benachbarten Feldern zu Problemen.[65]

Neben der Abdrift beim Versprühen verdampfen viele Pestizide, nachdem sie aufgebracht wurden, und werden dann buchstäblich mit dem Wind verweht.[66] Aus Deutschland sind Fälle bekannt, bei denen Herbizidwirkstoffe (Pendimethalin und Prosulfocarb) über weite Strecken verfrachtet wurden und die Ernten von Biobauern und konventionellen Landwirten, die diese selbst nicht ausbringen, kontaminierten. Im schlimmsten Fall können dadurch die Waren nicht vermarktet werden. Pestizidrückstände können damit sogar in ökologisch produzierten Produkten auftreten. Die gesetzlichen Grenzwerte werden in der Regel zwar eingehalten. Aber durch die Abdrift mit dem Wind gelangen die Pestizide auch auf Felder, auf denen beispielsweise Babynahrung oder Kräuter angebaut werden, und dort gelten besonders strenge Grenzwerte.

Eigentlich sollten solch flüchtige Pestizide von den Behörden gar nicht zugelassen werden. Manche dieser verdrifteten Pestizide sind langlebig im Boden vorhanden und wirken auch auf die Folgekulturen. Nachdem zum Beispiel das Herbizid Atrazin bei Mais eingesetzt wurde, war die nachfolgend angepflanzte Sojabohne stark geschädigt, da das Herbizid im Boden überdauerte.[67] Mit diesen Beispielen im Hintergrund drängt sich die Frage auf, ob ein Nebeneinander von pestizidintensiver und ökologischer Landwirtschaft praktisch überhaupt möglich ist. Dies ist eine politisch sehr heikle Angelegenheit, weil als Konsequenz daraus ganzen Regionen eine bestimmte Wirtschaftsweise vorgeschrieben werden müsste.

Wir haben bereits ausgeführt, dass einige Pestizide ausgewaschen werden und im Grundwasser enden, auch wenn sie in den empfohlenen Dosierungen aufgebracht werden. Die drei häufigsten Pestizide, die im Grundwasser gefunden werden, sind Aldicarb, Alachlor und Atrazin. Es gibt Schätzungen, wonach fast die Hälfte des Grund- und Brunnenwassers in den USA mit Pestiziden belastet ist. Für Europa gibt es meines Wissens keine derartigen Schätzungen. Die Lage dürfte aber ähnlich sein, vor allem in intensiv landwirtschaftlich genutzten Regionen. Erschwerend kommt hinzu, dass mit Pestiziden kontaminiertes Grundwasser nur mit viel Aufwand wieder gereinigt werden kann. Die Pestizide, die am leichtesten ausgewaschen werden, sind die wasserlöslichen, mit wenig Anhaftung an Bodenteilchen und solche mit Langzeitwirkungen. Wenn solche Pestizide auf sandige Böden gelangen und der Grundwasserstand hoch ist, dazu noch starke Niederschläge kommen oder bewässert wird, dann besteht ein sehr hohes Risiko der Auswaschung ins Grundwasser. Brisant wird die Geschichte, weil etwa die Hälfte der Menschen auf unserer Erde ihr Trinkwasser aus Grundwasserbrunnen gewinnt und Pestizide über sehr lange Zeit in diesem Grundwasser verbleiben. Kosten fallen an für die Reinigung des Grundwassers und für die Überwachung der Grenzwerte. Für die USA betragen die Schätzungen dafür zirka zwei Milliarden Dollar jährlich.[68]

Neben der direkten Einwaschung von Pestiziden gelangen sie auch durch Bodenerosion in Gewässer. Damit werden, wie vorhin gesehen, Amphibien, die in diesen Gewässern aufwachsen, beeinträchtigt. Auch Fische können durch Pestizide direkt getötet werden, oder indirekt, indem chronische Schäden an besonders empfindlichen Fischen auftreten oder die Nahrungsgrundlage der Fische in Form von Insekten, Amphibien oder Wasserpflanzen durch die Pestizide vernichtet wird. Das wahre Ausmaß dieser Pestizidschäden an Fischbeständen ist schwer abzuschätzen, dürfte sich aber nach Expertenschätzungen allein in den USA bei mindestens hundert Millionen Dollar pro Jahr bewegen.[69] Abgesehen von Fischen wurden in stark pestizidbelasteten Bereichen bis zu 42 Prozent weniger Arten in Fließgewässern verzeichnet als in von Pestiziden unberührten Regionen.[70]

Die vielfältigen Auswirkungen von Pestiziden auf Vögel haben wir schon ausführlich dargelegt. Allein die ökonomischen Auswirkungen der Pestizidvergiftungen an Vögeln werden in den USA jährlich auf zirka zwei Milliarden Dollar geschätzt.[71]

Ein Aspekt, der bei der Berechnung der ökonomischen Auswirkungen von Pestiziden meist vergessen wird, sind die Kosten, die bei den Behörden anfallen, für die notwendige Kontrolle der Anwendung und der Rückstände in Böden, Lebensmitteln, Gewässern und im Trinkwasser. Diese Kontrollen sind erforderlich, weil die Einhaltung gesetzlicher Grenzwerte zum Schutz der Umwelt und der menschlichen Gesundheit erforderlich ist. Weiters fallen Kosten an für die Schulungen für Pestizidanwendungen, die meist über die Landwirtschaftskammern finanziert und organisiert werden. Für die USA werden diese Kosten auf etwa 500 Millionen Dollar pro Jahr geschätzt.[72] Hier drängt sich die Frage auf, ob nicht das Verursacherprinzip stärker zur Anwendung kommen sollte und die Hersteller der Pestizide für diese Kosten aufkommen sollten.

Nicht wirklich in Geld auszudrücken sind ethische und moralische Aspekte, wenn es um Kosten-Nutzen-Abwägungen für den Pestizideinsatz geht. Wiegen die erhöhten landwirtschaftlichen Erträge negative Auswirkungen auf die Volksgesundheit auf? Gilt das auch für Pestizide, die im Verdacht stehen, Krebs oder andere chronische Krankheiten auszulösen? Laut Studien sind in den USA mehr als 10 000 Krebsfälle im Jahr auf Pestizide zurückzuführen, andererseits wird vorgerechnet, dass die Pestizide zu einer Erhöhung des landwirtschaftlichen Einkommens um 32 Milliarden US-Dollar pro Jahr beitragen. Heißt das dann im Umkehrschluss, dass jeder Krebsfall 3,2 Millionen Dollar wert ist? Und dass das ein angemessener Preis ist, den die Gesellschaft bereit ist zu bezahlen? Diese Art der Berechnungen ist zwar unethisch, wird aber ständig genau so durchgeführt. Das Problem ist, dass die Auswirkungen der Pestizidwirkungen nicht kleinräumig berechnet werden können, da sie überregional, ja eigentlich global wirken. Alle von Pestiziden betroffenen Aspekte miteinzubeziehen ist wegen der Komplexität der Interaktionen praktisch unmöglich. Jedenfalls wird selbst mit dieser groben Kalkulation klar, dass sich die Pestizidanwendungen vielleicht betriebswirtschaftlich rechnen, jedoch volkswirtschaftlich wenig Sinn ergeben.

Ein weiterer Punkt ist noch, wie die Kosten für die Pestizidanwendungen verteilt werden. Dass die Pestizidhersteller trotz Milliardengewinnen wenig zu den durch ihre Produkte verursachten Schäden beitragen, wurde schon ausgeführt. Aber auch die Landwirtschaft, die jedes Jahr Hunderte Millionen für die Anwendung von Pestiziden ausgibt, trägt sehr wenig zur Sanierung der Verschmutzungen bei. Die oben skizzierten Umweltkosten oder auch die Kosten für die Volksgesundheit werden stattdessen auf die Allgemeinheit abgewälzt. Eigentlich sollten bei jeder Anwendung von Pestiziden die Auswirkungen auf die Nahrungsmittelproduktion maximiert und gleichzeitig die Auswirkungen auf Gesundheit und Umwelt minimiert werden. In Schweden wurde beispielsweise nach einer solchen Rechnung der Pestizidaufwand um 68 Prozent reduziert, ohne dass die Erträge oder die Qualität der geernteten Produkte gesunken wären.[73] Zur selben Zeit gingen auch die Pestizidvergiftungen in Schweden um 77 Prozent zurück. Was spricht dagegen, ähnliche Konzepte auch in anderen Ländern umzusetzen? Im letzten Kapitel werden dazu ein paar Vorschläge gemacht. Die Politik müsste sich nur trauen, diese zum Wohle von Mensch und Umwelt auch umzusetzen.

Landwirtschaftliche Intensivierung hat viele Komponenten, wie

eine Verarmung von Landschaftselementen (Hecken), die Vergrößerung der landwirtschaftlichen Flächen und Schlagflächen sowie den
vermehrten Einsatz von Düngern und Pestiziden. Die Wirkung hoher Biodiversität für die biologische Schädlingskontrolle kann nur
dann aufrechterhalten werden, wenn die angewandten Pestizidmengen drastisch reduziert werden.

Wir haben bisher in erster Linie Pestizidwirkungen im Ackerland,
Obst- und Weinbau erwähnt. Herbizidverwendung kann aber auch
Folgen für die landwirtschaftliche Tierproduktion haben. Am Beispiel der Krankheit »chronischer Botulismus« bei Rindern wird dies
deutlich.[74] Als Botulismus wird seit gut 200 Jahren eine durch Vergiftung ausgelöste Krankheit bezeichnet, die sowohl den Menschen
als auch weitere Säugetiere befallen kann. In letzter Zeit macht die
Krankheit vor allem im Zusammenhang mit Rindern und dabei vor-
nehmlich mit Milchkühen verstärkt von sich reden. Allein zwischen
1996 und 2010 wurde diese Krankheit in über tausend deutschen Rin-
derbetrieben nachgewiesen. Befallene Rinder verenden erbärmlich
oder bringen tote Kälber zur Welt. Erzeugt wird der Botulismus in
beiden Fällen durch Gifte des Bakteriums *Clostridium botulinum*.
Das Gift, BoNT (Botulinum Neurotoxin) genannt, ist ein derart starkes Nervengift, dass rein theoretisch eine Menge von vierzig Gramm
ausreichen würde, um die gesamte Weltbevölkerung zu vernichten.[75]
Lange Zeit blieb unklar, weshalb immer mehr Rinder an chronischem
Botulismus erkranken und warum davon vor allem Hochleistungs-
milchkühe betroffen sind. Mittlerweile verdichten sich jedoch die Indizien, dass wahrscheinlich Glyphosat als Hauptauslöser der Krankheit gilt. Glyphosat tötet gesundheitsfördernde Bakterien in Magen
und Darm, womit die Darmflora erheblich geschädigt wird. Bakterien wie das Botulismus-Bakterium können so vom körpereigenen
Imunsystem nicht mehr ausreichend abgewehrt werden. Gerade bei
Hochleistungsmilchkühen besteht das Futter zum überwiegenden
Anteil (78 Prozent) aus importierten, gentechnisch veränderten Soja-
Eiweiß-Futtermitteln, die mit Glyphosat behandelt wurden.

GEWÖHNUNG AN STÄNDIGE PESTIZIDGABEN: RESISTENZEN

Wenn Pestizide nicht mehr gegen die Zielorganismen wirken, spricht man von Resistenzen. Genauso wie die Wirkungsweise vieler Pestizide oft nicht umfassend bekannt ist, sind die Mechanismen der Resistenzbildung ungenügend erforscht. Im Grunde schlägt uns die Evolution hier ein Schnippchen. In jeder Population von Organismen gibt es wenige Individuen, die resistent sind gegenüber Pestiziden. Da bei wiederholter Anwendung eines Pestizids nur Individuen mit Resistenzeigenschaften überleben, wird die Pestizidbehandlung zur hochwirksamen Selektion von resistenten Individuen. In kurzer Zeit besteht die Population dann nur noch aus resistenten Organismen, sodass das Pestizid wirkungslos wird.

Ein Bericht des UN-Umweltprogramms sah schon in den 1980er Jahren in der Pestizidresistenz eines der vier wichtigsten Umweltprobleme weltweit; die Situation hat sich in der Zwischenzeit eher verschärft.[76] Global sind an die tausend Insekten-, Milben- und Nagetierarten und etwa 550 Unkrautarten und Pflanzenpathogene resistent gegenüber Pestiziden.[77] Erhöhte Pestizidresistenz in Schädlingspopulationen führt oft dazu, dass zusätzliche Pestizidanwendungen durchgeführt werden müssen. Durch diese zusätzlichen Gaben dreht sich die Pestizidspirale nur noch weiter, und auch bei anderen Zielorganismen bilden sich Resistenzen aus. Ein beeindruckendes Beispiel für Pestizidresistenz ist aus den USA bekannt: Dort hat sich über längere Zeit eine extrem hohe Pestizidresistenz in Populationen der Baumwoll-Kapseleule, einer Nachtfalterart, ausgebildet. Letztendlich mussten zirka 285 000 Hektar Baumwolle aufgegeben werden, da die eingesetzten Insektizide völlig unwirksam waren. Die ökonomischen und sozialen Auswirkungen für die betroffenen Regionen in Texas und Mexiko waren verheerend. Berechnungen zufolge gingen allein in Kalifornien etwa zehn Prozent der Baumwollernte wegen Resistenzerscheinungen verloren. Wenn man annimmt, dass auch bei anderen wichtigen Kulturen in den USA zehn Prozent der Ernte zulasten der Pestizidresistenzen verlorengehen, dann schlägt dies mit etwa 1,5 Milliarden US-Dollar pro Jahr zu Buche. Wegen dieser Resistenzen müssen zusätzlich Pestizide eingesetzt werden. Für die USA wird geschätzt, dass etwa zehn Prozent der Pestizide eingesetzt werden, nur um aufkommenden Resistenzen zu begegnen.[78] Noch höher werden die Kosten geschätzt, die in tropischen Ländern notwendig sind, um gegen bestehende Pestizidresistenzen anzukämpfen.

Im Falle von Malaria in Indien konnten bis 1985 die Malariafälle durch Insektizideinsatz von siebzig Millionen auf zwei Millionen reduziert werden. Die Stechmücken, die die Malaria übertragen, entwickelten jedoch rasch Resistenzen gegen die eingesetzten Insektizide, sodass die Malariafälle jetzt wieder bei rund sechzig Millionen Fällen pro Jahr liegen. Ähnliche Probleme gibt es in anderen Teilen Asiens, in Afrika und Südamerika.[79]

Das vermehrte Auftreten von Glyphosat-resistenten Beikräutern hat zu noch mehr Herbizideinsatz geführt. Agrochemiefirmen entwickeln gentechnisch veränderte Kulturpflanzen, die auch gegenüber anderen Herbiziden resistent sind, zum Beispiel 2,4-D. Und das wird sicher zu noch mehr Herbizidverbrauch führen – ein klassischer Fall von Pestizid-Tretmühle. Dabei werden jetzt schon zirka dreißig Prozent des Nettoeinkommens von US-Farmen für Pestizide und Saatgut von Großkonzernen verwendet.[80] Die USA haben ein besonders großes Problem mit Herbizidresistenzen, da dort aufgrund der weiten Verbreitung von gentechnisch veränderten Kulturen systembedingt große Mengen an Herbiziden eingesetzt werden. Dort sind bereits 24 Millionen Hektar Ackerland von Glyphosat-resistenten Unkräutern, sogenannten Superweeds, übersät.[81] Im Südosten der USA sind neunzig Prozent der Baumwoll- und Sojabauern von diesen pestizidresistenten Superweeds betroffen. Zu dieser Entwicklung hat auch die Förderung von Monokulturen beigetragen. Bei Beachtung klassischer pflanzenbaulicher Grundsätze mit Fruchtwechsel und Zwischenfrüchten könnte der Herbizidaufwand drastisch reduziert werden, und gleichzeitig würden auch die Profite der Landwirte steigen. Aber auch in anderen Regionen einschließlich Europa ist das ein Riesenthema. Diese Entwicklung ist so grotesk, dass mancherorts jetzt Unkraut wieder per Hand gejätet werden muss, oder viel schlimmer, dass teilweise alte, sehr giftige Unkrautvernichter aus den alten Lagerbeständen wieder zum Einsatz kommen.

Eine besondere Rolle bei Herbizidresistenzen nimmt hier das giftigste Herbizid auf dem Weltmarkt ein: Paraquat vom Schweizer Agrochemiekonzern Syngenta. Ein Teelöffel reicht, um einen Menschen zu töten. Der Hersteller wirbt dafür, dass das Mittel eine bodenschonende Bewirtschaftung ermöglicht, weil man nicht mehr pflügen muss, um das Saatbeet vorzubereiten. Das Produkt sei auch wichtig, um Unkräuter zu vernichten, die gegen andere Herbizide resistent geworden seien.[82] Es ist perfide, aber damit verdient die Agrochemie an den Problemen, die sie selbst verursacht hat. In der Schweiz und der EU ist Paraquat schon lange nicht mehr zugelassen. In Westeuropa sei die »Befindlichkeit« eben etwas anders als im Rest der Welt, ist die lapidare Analyse eines Firmensprechers.

Diese Superweeds sind nicht nur ein Umweltproblem, da es zu vermehrter Herbizidgabe und zur Anwendung von immer giftigeren Produkten führt, es steigen dadurch auch die Kosten für die Landwirtschaft.

DER PESTIZID-BUMERANG IST BEREITS AUF DEM RÜCKWEG

Pestizide wirken nicht nur auf den Flächen, auf die sie absichtlich verteilt werden. Sie kommen auf vielen Wegen, oft Jahrzehnte später, wie ein Bumerang zu uns zurück. Bei ihrer Ausbringung werden häufig durch die Abdrift benachbarte Flächen zwangsweise »mitbehandelt«, besonders weitläufig bei einer Ausbringung mit Flugzeug oder Helikopter. Ein Teil der ausgebrachten Pestizide verdampft auch direkt von der Oberfläche der Pflanzen. Erfahren kann man dies hautnah, zum Beispiel auf dem Fahrrad, wenn Radwege durch landwirtschaftliches Gebiet führen. Wer diesen beißenden Geruch und das pelzige Gefühl auf der Zunge bei der Fahrt durch die Pestizidwolke einmal erfahren hat, weiß, wovon ich spreche.

Wind und Regen verteilen Pestizide außerdem weit über ihr Anwendungsgebiet hinaus. Einige davon, besonders die langlebigen chlororganischen Verbindungen wie die Insektizide DDT und Lindan oder das Unkrautvernichtungsmittel Atrazin, können an den entlegensten Stellen unserer Erde nachgewiesen werden. Auf unseren Gletschern, in den Ozeanen, in der Arktis und der Antarktis, wo im Umkreis von Tausenden Kilometern nie Pestizide angewendet wurden. Pestizide gelangen über Niederschläge oder durch Auswaschung aus Böden in Seen und Flüsse, die sie weiter in die Meere transportieren. Die Nordsee und das Mittelmeer enthalten daher teilweise hohe Konzentrationen an verschiedenen Pestiziden. Pestizide sickern auch durch Bodenschichten und gelangen so ins Grundwasser. In vielen Ländern ist ein großer Teil des Grundwassers mit Pestiziden belastet, hauptsächlich mit Herbiziden. In Österreich beispielsweise wurde Atrazin 1994 verboten, trotzdem ist es zusammen mit seinen Abbauprodukten immer noch einer der häufigsten Grundwasserverschmutzer.

»Auch das noch! Schmelzende Alpen-Gletscher sind giftig« titelte die Schweizer Boulevardzeitung *Blick* im Oktober 2009.[83] Anstoß für diese Schlagzeile war, dass schmelzende Gletscher in den Alpen Pestizide freigeben, die über Jahrzehnte im Eis eingeschlossen waren. Die Forscher untersuchten Sedimentschichten des Oberaarsees, einem auf 2300 Meter gelegenen Stausee. Sedimentbohrkerne sind Archive der Vergangenheit, in denen wie bei Bohrkernen von Bäumen die Jahresringe analysiert werden können. In dem rund einen Meter langen Bohrkern fanden die Forscher in den Schichten aus den Jahren 1960 bis 1970 viele Umweltgifte, darunter persistente organische Substanzen. Die Schadstoffmengen gingen zurück, nachdem Anfang der 1970er Jahre viele der Umweltschadstoffe verboten wurden. In jüngeren Sedimentschichten stieg der Anteil der Gifte allerdings wieder an. Als Grund dafür wird angegeben, dass der See hauptsächlich vom Oberaargletscher gespeist wird, der durch die Klimaerwärmung abschmilzt und so große Mengen giftiger Substanzen freigibt, die vor Jahren über Luftverfrachtung auf den Gletscher gebracht worden waren. Dieser Aspekt wurde in der Klimawandeldiskussion bislang weitgehend ignoriert.

Auch in anderen Alpengletschern wurden mehrere organochloride Pestizide (DDT, HCH, HCB) in Eisbohrkernen nachgewiesen.[84] Intensive landwirtschaftliche Kulturen sind in den Alpen oft nur wenige Kilometer von Gletschern entfernt, und Pestizide können sehr weit verdriftet werden. Etwas überraschender sind Pestizidnachweise in Tibet.[85] Man nimmt an, dass der Ostasiatische Monsun, der Indische Monsun und westliche Winde dafür gesorgt haben, dass DDT und andere persistente Pestizide dorthin transportiert wurden.

Die persistenten organischen Schadstoffe verdampfen und haften sich an kleine Staubpartikel in der Luft an.[86] Mit Halbwertszeiten von mehreren Tagen bis zu einem Monat können die Stoffe weltweit transportiert werden und in entlegenste Regionen verfrachtet werden.

So hat man in Adelaide-Pinguinen in der Antarktis DDT-Gehalte über mehr als dreißig Jahre nachgewiesen.[87] Auch hier vermutet man, dass Schmelzwasser von Gletschern die Quelle für diese neue DDT-Belastung darstellt. Berechnungen zufolge gelangen über die Gletscherabtragung pro Jahr zirka ein bis vier Kilogramm DDT ins Meerwasser, was eigentlich nicht viel erscheint. Das Tückische ist jedoch, dass sich DDT im Fettgewebe der Pinguine anreichert und jahrzehntelang im Körper bleibt.

Zurück nach Europa. Regen wird ja gerne als reinstes, von allen Verunreinigungen gefiltertes Wasser angesehen. Das war vielleicht einmal so. Regenwasserproben in der Schweiz haben gezeigt, dass sie so stark mit Pestiziden (Atrazin, Alachlor) kontaminiert waren, dass es sogar illegal gewesen wäre, dieses Regenwasser als Trinkwasser zu deklarieren.[88] Wie kommen die Pestizide ins Regenwasser? Man nimmt an, dass die Pestizide von den landwirtschaftlichen Feldern verdampfen und Bestandteil der Regenwolken geworden sind. In der EU und der Schweiz gilt ein Grenzwert von hundert Nanogramm für jedes Pestizid pro Liter Trinkwasser. In einer Regenwasserprobe wurden fast 4000 Nanogramm pro Liter eines breit eingesetzten Pestizids (2,4-Dinitrophenol) gefunden. Die höchsten Pestizidkonzentrationen fanden sich in den ersten Minuten eines heftigen Sturms, vor allem bei Regenereignissen nach einer längeren Trockenphase und wenn Felder kurz davor mit Pestiziden besprüht wurden.

In einer weiteren Studie aus der Schweiz wurden Pestizide aus der Landwirtschaft sowohl im Regenwasser als auch in Abwässern von Hausdächern gefunden.[89] Pestizide werden aus der Atmosphäre ausgewaschen und sickern in das Grundwasser ein, wenn Dachabwässer in schottrige Böden geleitet werden. Da immer mehr Dachabwässer zur Auffüllung von Grundwasservorräten benutzt werden, haben diese Befunde eine große Bedeutung. Neben den Pestiziden aus dem Regenwasser werden übrigens auch Herbizide aus den Dachmaterialien gelöst, die dort aufgebracht werden, um Bemoosung zu verhindern. Dies ein weiteres Beispiel dafür, dass Pestizide in Bereichen eingesetzt werden, in denen man es nicht vermutet.

Der Bumerang kommt beispielsweise auch über Südfrüchte zu uns. Wir haben gesehen, dass das Insektenvernichtungsmittel DDT in den 1950er und 1960er Jahren weltweit verwendet wurde, in der Landwirtschaft, in Haushalten und Gärten, aber auch zur Malaria-Bekämpfung. Obwohl in Europa seit Jahrzehnten verboten, wurde es weiter produziert und in den Plantagen der Länder des globalen Südens reichlich verwendet. Da dort meist zum Export bestimmte Pflanzen angebaut werden, landet auch das DDT schließlich wieder in unserer Nahrung. Auch in Schnittblumen, die oft unter beklagenswerten Bedingungen mit niedrigen Sozial- und Umweltstandards in ärmeren Ländern produziert werden, werden regelmäßig Pestizide nachgewiesen. Allein in Rosen wurden 56 Pestizide nachgewiesen.[90] Jedes dritte davon galt als besonders bedenklich, da sie im Verdacht stehen, Krebs zu erregen. Pragmatiker werden jetzt vielleicht einwenden, dass wir diese Rosen immerhin nicht essen. Stimmt. Aber wenn die Rosen dann auf dem Komposthaufen landen und Gemüsepflanzen mit diesem Kompost gedüngt werden, dann sind wir sehr wohl auch davon betroffen. Die größten Gefahren bestehen aber sicher in erster Linie für die Menschen, die in den großen Schnittblumengärtnereien, oft in Kenia, arbeiten.

In den Sedimenten eines französischen Sees inmitten von Weinbergen fanden Forscher Pestizide aus dem gesamten 20. Jahrhundert.[91] In einem Sedimentbohrkern, der den Zeitraum von 1900 bis 2011 abdeckt, konnten die höchsten Konzentrationen von DDT in Schichten aus den 1990er Jahren nachgewiesen werden. Also rund zwanzig Jahre nach dem Verbot von DDT. Die Erklärung war, dass durch Bodenerosion ältere, im Boden abgelagerte Stoffe in den See gespült wurden.

Selbst an der tiefsten Stelle der Weltmeere wurden überraschend hohe Pestizidwerte nachgewiesen.[92] In Flohkrebsen aus 10 000 Metern Tiefe waren Schadstoffe zu finden, die seit über dreißig Jahren verboten sind (PCB, PBDE). Die Schadstoffwerte in den kleinen Krustentieren übersteigen jene von Krabben, die in stark verschmutzten Flüssen in China leben, um das Fünfzigfache. Die Schadstoffe wurden offenbar über abgestorbene, abgesunkene Tiere bis in den Marianengraben im westlichen Pazifik, die tiefste Stelle der Weltmeere, getragen. Jedenfalls bestätigte sich einmal mehr, dass der Mensch seine Spuren auch in vermeintlich unberührten Gebieten hinterlässt.

Es gibt Pestizide, wie zum Beispiel jene mit dem Wirkstoff Pendimethalin, die sehr flüchtig sind und sich kilometerweit verbreiten können. Britische Untersuchungen zeigen, dass die Abdrift von Pestiziden mit diesem Wirkstoff auf andere Flächen nicht verhindert werden kann, beispielsweise auch nicht dadurch, dass Landwirte Hecken anlegen. Die Koexistenz von ökologischer und konventioneller Landwirtschaft ist Grundpfeiler der Versorgung mit Nahrungsmitteln. Pestizide mit raumgreifender, unkontrollierter Abdrift gefährden diese Koexistenz, weil dadurch ökologisch erzeugte Produkte kontaminiert werden können.

Die Politik hat Pestizide auf Druck der Chemiekonzerne leichtfertig zugelassen, ohne denkbare Ferntransporte in Betracht zu ziehen. Die Mobilität von Pestiziden in der Umwelt und vor allem deren langfristige ökologische Auswirkungen werden bei der Prüfung auf Zulassung nicht ausreichend berücksichtigt.

Mittlerweile scheint sich zumindestens in Deutschland auch die Politik mit dem Thema auseinanderzusetzen.[93] Ausschlaggebend waren Gerichtsverfahren von Bio-Landwirten, deren Ernte durch Pestizidabdrift unverkäuflich wurde. Im Biolandbau gelten strenge Pestizidgrenzwerte, die ständig kontrolliert werden.

Die Deutsche Agrarministerkonferenz hat beschlossen, dass der Ferntransporte bestimmter Pestizide über Thermik und Wind bei der Zulassung berücksichtigt werden soll. Ob und wie sich diese Absichtserklärung dann wirklich in der Praxis der Zulassung niederschlägt, bleibt abzuwarten.

Es versteht sich wohl von selbst, dass Pestizide letztendlich auch im Trinkwasser auftauchen und Europas Gewässer stärker belastet sind, als bis vor kurzem gedacht.[94] Wissenschaftler analysierten Daten von mehr als 4000 Messstellen zu 223 Chemikalien aus den Einzugsgebieten von 91 Flüssen, darunter etwa die Donau und der Rhein. Die chemische Belastung stellt für rund die Hälfte der Gewässer ein ökologisches Risiko dar. Bei rund fünfzehn Prozent könnten sogar akut toxische Effekte auf Gewässerorganismen auftreten. Hauptverursacher der Belastung sind die Landwirtschaft und Kläranlagen. Die stärkste Belastung kommt von Pestiziden.

Auch bei anderen Untersuchungen wurden Überschreitungen des Vorsorgegrenzwertes von 0,1 Mikrogramm pro Liter festgestellt. Wenn abschwächend betont wird, dass bei einer Gesamtanzahl von 134 080 Untersuchungen nur ein Prozent überhöhte Werte aufwiesen, sind das immerhin noch 1340 Grenzwertüberschreitungen. Die häufigsten Überschreitungen treten nach wie vor für das Totalherbizid Atrazin und dessen Abbauprodukt Desethylatrazin auf, obwohl dessen Einsatz bereits seit 1995 verboten ist.

Bei all diesen Analysen ist wichtig zu betonen, dass immer nur nach einer kleinen Auswahl von Pestiziden gesucht wird. Bei den Analyseverfahren, die zum Teil sehr kompliziert und aufwendig sind, wird nur jener Stoff gefunden, der auch konkret gesucht wird. Das heißt, im Grunde genommen kann niemand behaupten, dass unsere Lebensmittel frei von Pestizidrückständen sind. Es gibt weltweit keine Regulierungsbehörde, die ihren Auftrag ernst nimmt und die Lebensmittel auf Rückstände aller im Land zugelassenen Pestizide analysiert.

Bis jetzt war meistens von Pestizidwirkstoffen und deren Verbleib in der Umwelt die Rede. Diese Wirkstoffe werden früher oder später in Abbauprodukte, sogenannte Metabolite, umgewandelt. Über deren toxische Wirkung ist noch weniger bekannt als über die Wirkstoffe. Lange wurden diese Metabolite auch von der Wissenschaft ignoriert, weil nach den Beteuerungen der Hersteller jeder davon ausgegangen ist, dass die Pestizide rasch abgebaut werden und die Zerfallsprodukte harmlos sind. Vor allem bei der sehr weit verbreiteten Insektizidklasse der Organophosphate liegen Studien vor, die zeigen, dass die Abbauprodukte bis zu hundertmal giftiger sind als die Originalprodukte.[95]

VIELFÄLTIGE NEBENWIRKUNGEN
AUF DEN MENSCHEN

Wie gefährlich Pestizide für den Menschen sind, wechselt von Stoff zu Stoff und wird im Einzelfall heiß diskutiert. Fest steht, dass einige Stoffe (zum Beispiel Organophosphate) auch für Menschen hochgiftig sind. In dieser Stoffklasse findet man neben hochwirksamen Pestiziden auch chemische Kampfstoffe.

Schlussendlich ist gerade bei langfristigen Gesundheitsfolgen von

Pflanzenschutzmitteln oft nicht klar, ob der Wirkstoff oder vielmehr ein Zusatzstoff für den Effekt verantwortlich ist; zumal in der Realität ja nicht bloß ein Spritzmittel in Frage kommt, sondern eine breit gefächerte Kombination von Substanzen und Einflüssen.

Mit der weltweiten Zunahme an chemisch-synthetischen Pestiziden seit den 1940er Jahren ergeben sich auch für den Menschen erhebliche Gesundheitsgefahren. Durch Rückstände in der Umwelt und in Lebensmitteln sind mittlerweile praktisch alle Bevölkerungsgruppen einer Pestizidbelastung und somit insbesondere der Gefahr von chronischen Erkrankungen ausgesetzt. In besonders hohem Maße sind Menschen gefährdet, die in der Landwirtschaft beschäftigt sind. Dort treten auch die meisten akuten und chronischen Vergiftungen auf. Es kann aber mit ziemlicher Sicherheit davon ausgegangen werden, dass wir alle, ob in der Landwirtschaft tätig oder nicht, Pestizidrückstände in unserem Körper haben.

Amerikanische Bauern wiesen bis zu 233 Mikrogramm pro Liter im Urin auf, Familienmitglieder von Landwirten bis zu 29 Mikrogramm pro Liter.[96] In Deutschland sind die Werte wesentlich niedriger und liegen sowohl bei Landwirten als auch bei Stadtbewohnern zwischen 0,5 und zwei Mikrogramm pro Liter.

Zu chronischen Vergiftungserkrankungen durch Pestizidanwendung oder durch Rückstände in Nahrungsmitteln existieren aber kaum offizielle, öffentlich zugängliche Statistiken. Die steigende Zahl der Krebserkrankungen, hormonelle Effekte und neurologische Störungen (wie zum Beispiel die Parkinson-Krankheit) werden allerdings zweifelsfrei in einen Zusammenhang mit dem Einsatz mancher Pestizide in der Landwirtschaft gebracht.

Eine Abschätzung des globalen Ausmaßes der Pestizidvergiftungen ist schwierig, da Meldesysteme vielerorts nicht existieren oder nur mangelhaft funktionieren und die Zahlen damit unvollständig sind. Zusätzlich sind Bezeichnungen für Pestizide und Vergiftungserscheinungen uneinheitlich, sodass eine Zusammenführung der existierenden Statistiken schwierig ist. Trotz dieser Mängel bei der Erfassung von Pestizidvergiftungen wird aus den vorliegenden Daten deutlich, dass die Folgen des Umgangs mit Pestiziden ein bedeutendes globales Gesundheitsproblem darstellen, das in Entwicklungsländern besonders gravierend ist.

DIREKTE VERGIFTUNGEN – CHRONISCHE VERGIFTUNGEN – KREBS

Nach Angaben der UN-Weltgesundheitsorganisation (WHO) gab es in den 1990er Jahren zirka 26 Millionen Vergiftungsfälle durch Pestizide und zirka 220 000 Todesfälle pro Jahr auf der Welt.[97] Eine aktuelle Schätzung geht von derzeit 41 Millionen Vergiftungsfällen pro Jahr aus.[98] Von diesen Pestizidvergiftungen werden zirka drei Millionen Fälle im Krankenhaus behandelt, etwa 750 000 chronische Erkrankungen resultieren daraus jedes Jahr.[99] Obwohl die USA recht strenge Regulierungen zum Schutz von Mensch und Umwelt gegenüber Pestizidvergiftungen haben, berichtet die US-Umweltbehörde von über 300 000 nicht-tödlichen Pestizidvergiftungen pro Jahr.[100]

In Deutschland werden Vergiftungen und gesundheitliche Störungen im Zusammenhang mit chemischen Produkten in einem Monitorsystem erfasst. Nach dem Chemikaliengesetz ist jeder Arzt verpflichtet, Erkrankungen oder Verdachtsfälle von Vergiftungen durch bestimmte Stoffe an die Dokumentations- und Bewertungsstelle für Vergiftungen im Bundesinstitut für Risikobewertung zu berichten. Unter diese Meldepflicht fallen auch Pestizide. Die ärztlichen Mitteilungen werden standardisiert dokumentiert, bewertet und analysiert. Von 1990 bis 1999 gab es dort insgesamt 7700 Meldungen, 1303 betrafen Vergiftungen mit Pestiziden, wobei 462 Fälle mäßige bis schwere Vergiftungen betrafen.[101] Mehr als die Hälfte dieser Vergiftungen passierten mit Insektiziden.

In vielen Entwicklungsländern stellen viele hochgefährliche Pestizide auch eine häufige Suizidmethode dar. Die WHO schätzt, dass jährlich zwei Millionen Pestizid-Suizide und Suizidversuche mit Pestiziden durchgeführt werden.

Es gibt zahlreiche Studien, die einen Zusammenhang zwischen Pestiziden und Krebs überzeugend darstellen. Diese chronischen Wirkungen von Pestiziden betreffen Auswirkungen auf das Nervensystem, Atemwegserkrankungen, Fortpflanzung und Krebs. Landwirte, Pestizidanwender, Pestizid-Piloten und -Hersteller zeigen erhöhte Raten an Prostatakrebs, Melanomen und anderen Hautkrebsarten sowie Lippenkrebs. Zirka vierzig Chemikalien, die von der Internationalen Krebsforschungsagentur der Vereinten Nationen (IARC) als wahrscheinlich krebserregend eingestuft werden, sind derzeit noch immer auf dem Markt.[102] Ganz aktuell ist derzeit der Streit um Glyphosat, das das IARC als »wahrscheinlich krebserregend« für den Menschen eingestuft hat. Glyphosat und sein Abbauprodukt AMPA wirken im Laborversuch auch genotoxisch. Das bedeutet, es beeinflusst die Fähigkeit der Zelle, ihr genetisches Material exakt zu kopieren und zu vervielfältigen. Dies führt potenziell zu Mutationen und einem erhöhten Krebsrisiko. Daten aus den USA zeigten für die späten 1980er Jahre, dass achtzehn Prozent aller Insektizide und neunzig Prozent aller Fungizide krebserregend sind.[103] Diese Studie mag jetzt etwas veraltet erscheinen, aber es gilt zu bedenken, dass viele Krebsarten erst nach Jahrzehnten einer Belastung mit einer krebserregenden Substanz ausbrechen. Außerdem sind viele Pestizide aus den 1980er Jahren nach wie vor im Einsatz. Neuere Studien haben gezeigt, dass das Risiko, an bestimmten Krebsarten zu erkranken, für Landwirte oder professionelle Pestizidanwender eindeutig höher ist als für andere Berufsgruppen. Manche Pestizide lösten Tumore aus in Labortieren, und es gibt Vermutungen, dass ähnliche Effekte auch bei Menschen auftreten könnten. Eine vom US-Präsidenten Barack Obama in Auftrag gegebene Studie stellt fest, dass die Krebsfälle bei amerikanischen Kindern unter zwanzig Jahren stetig ansteigen. Leukämie ist zum Beispiel beständig höher bei Kindern, die auf einem Bauernhof aufwachsen oder deren Eltern Pestizide im Garten einsetzten.[104]

Selbst die oberste US-Gesundheitsbehörde schreibt auf ihrer Internetseite, dass, verglichen mit der allgemeinen Bevölkerung, Landwirte in den USA höhere Raten an folgenden Krebsarten haben: Leukämie, Non-Hodgkin-Lymphom, Multiples Myelom sowie Krebs an Haut, Lippen, Magen, Gehirn und Prostata.[105] Pestizide werden dafür nicht allein hauptverantwortlich gemacht, aber sie werden eindeutig als sehr bedeutender Faktor ausgewiesen. Aus der Provinz Punjab in Indien, einer Provinz, in der im Zuge der Grünen Revolution sehr pestizidintensiv Landwirtschaft betrieben wird, werden allein aus den letzten Jahren über 33 000 Krebsfälle gemeldet; eine Verbindung zu den dort eingesetzten Pestiziden schein evident.[106]

Viele Pestizide wirken wie Östrogene und erhöhen die Brustkrebsraten bei Frauen. Die Brustkrebsrate stieg in den USA von einer von zwanzig im Jahr 1960 auf eine von acht Frauen im Jahr 1995.[107]

Trotz erdrückender Befunde gab die Europäische Chemikalienagentur (ECHA) im März 2017 ihr Urteil über das Pflanzengift Glyphosat bekannt: ein kompletter Freispruch bezüglich Krebsgefahr, möglicher Schädigung des Erbguts und Reproduktionstoxizität. Es wurde eingeräumt, dass es in den Studien Anzeichen von Krebs gäbe, die jedoch nur »leicht« über den Hintergrunddaten liegen würden. Gefragt, ob bei der Bewertung das Vorsorgeprinzip angewendet wurde, entgegnete ein Sprecher von ECHA, dass das Vorsorgeprinzip »nicht so sehr zur Anwendung gekommen« sei.

Vielleicht müssen sich die Mitglieder des Komitees in fünf oder zehn Jahren fragen lassen, warum sie ihrem Auftrag, die Gesundheit der europäischen Bevölkerung zu schützen, so ungenügend nachgekommen sind. Bis dahin könnte es eine große Zahl weiterer Glyphosat-bedingter Krebsfälle geben.

Schwedische Forscher haben die Pestizide für die häufigsten Krebserkrankungen in der westlichen Welt verantwortlich gemacht.[108] Non-Hodgkin-Lymphom, dazu zählen bösartige Erkrankungen des Lymphsystems, ist in den USA seit 1973 um 73 Prozent angestiegen. Krebserkrankte waren fast 2,6-mal häufiger mit dem Herbizid MCPA in Kontakt als gesunde Menschen. MCPA wird zum Beispiel in Deutschland und Österreich zur Bekämpfung breitblättriger Beikräuter eingesetzt. Zusätzlich waren Krebspatienten 3,7-mal häufiger mit Fungiziden und 2,3-mal häufiger mit dem Herbizid Glyphosat in Kontakt. Die Forscher nehmen an, dass die Chemikalien das Immunsystem der Patienten schwächten, was dann dazu geführt hat, dass Viren Krebs auslösten. Derartige Studien gibt es mittlerweile aus der ganzen Welt.

Glyphosat kann sowohl bei Menschen im Urin nachgewiesen werden, die beruflich mit dem Stoff zu tun haben, als auch bei Menschen, die nicht bewusst mit Glyphosat in Kontakt kommen. In einer Studie an 182 Stadtbewohnern aus achtzehn europäischen Ländern wurde bei 45 Prozent der Personen Glyphosat im Urin nachgewiesen.[109] Eine industriefinanzierte Studie aus dem Jahr 2004 zeigt ebenfalls, dass amerikanische Landwirte, die Glyphosat einsetzen, diesen Stoff aufnehmen. Auch hier wurde Glyphosat im Urin der Landwirte und ihrer Familien nachgewiesen. Auch eine Aufnahme über Lebensmittel haben wir bereits angesprochen. Aufgrund seines allgegenwärtigen Einsatzes ist anzunehmen, dass ein Großteil der Bevölkerung kontinuierlich Glyphosat ausgesetzt ist. Bislang gibt es noch keine Untersuchungen über die gesundheitlichen Folgen einer Langzeitaufnahme von Glyphosat in kleinen Mengen – also über das Szenario, das der Lebenswirklichkeit und dem Alltag der meisten Menschen entspricht.

Schon in geringen Mengen schädigen Glyphosat und Roundup die menschlichen Embryonal- und Plazentazellen sowie die DNA von Menschen und Tieren. Eine französische Studie stellte fest, dass Glyphosat menschliche Zellen innerhalb eines Tages abtötet, sogar bei einer 100 000-fachen Verdünnung. In menschlichen Zellen kann Roundup innerhalb von 24 Stunden zum vollständigen Zelltod führen. Zudem bestehen bei Menschen und Tieren Zusammenhänge zwischen Glyphosat und Fehlbildungen/-geburten. Darüber hinaus weist eine neuere Studie darauf hin, dass Glyphosat Krankheiten wie Alzheimer, Diabetes und Krebs den Weg ebnen sowie zu Depressionen, Herzinfarkten und Unfruchtbarkeit führen könnte. Glyphosat wird wegen der breiten Verwendung und Wirkung auf die Gesundheit sogar als die Abrissbirne für den menschlichen Körper bezeichnet.[110] Mittlerweile wird Glyphosat auch für Autismus und viele andere chronische Krankheiten wie Gluten-Unverträglichkeit, für Auswirkungen auf den Verdauungstrakt, für Leber-, Nieren-, Bauchspeicheldrüsen und Schilddrüsen- sowie Dickdarmkrebs, außerdem für Hyperaktivität (ADHS), Geburtsfehler, Fettleibigkeit, Parkinson und multiple Sklerose verantwortlich gemacht. Diese Krankheitsbilder sind in den letzten Jahren deutlich angestiegen. Eine Studie aus dem Jahr 2017 konnte an Ratten nachweisen, dass Glyphosat im Futter zur Ausbildung einer nicht-alkoholischen Fettleber führte.[111] Die dabei eingesetzten Konzentrationen des Herbizids Roundup waren 70 000-fach niedriger als in der EU erlaubt. Die nicht-alkoholische Fettleber betrifft in den USA und Europa mittlerweile 25 Prozent der Bevölkerung. Normalerweise wird diese Krankheit durch Diabetes, Übergewicht, hohe Triglizeridwerte und hohe Cholesterinwerte ausgelöst. Trotzdem erkranken immer mehr Menschen daran, obwohl sie keinen der erwähnten Risikofaktoren aufweisen. Sind Pestizide daran schuld? Wirklich beweisen kann man das mit den vorliegenden Daten noch nicht, aber es gibt Indizien dafür.

Es kann davon ausgegangen werden, dass ein Großteil der im Supermarkt angebotenen Nahrungsmittel Rückstände von Pestiziden enthält. Ob diese Rückstände gesundheitsgefährdend sind, wird meistens erst festgestellt, nachdem die Produkte bereits verkauft und verzehrt wurden.

Zusätzlich zu den Pestizidproblemen, die Menschen direkt betreffen, gibt es Tausende Haustiere, vor allem Hunde und Katzen, die vergiftet werden. Zum Beispiel gibt es sehr viele Metaldehyd-Vergiftungen. Metaldehyd ist in Schneckenkorn enthalten, das ja sehr häufig im Garten eingesetzt wird.[112] Die Vergiftung kann erkannt werden, da das Erbrochene oder auch der Mundgeruch bei Haustieren einen strengen Geruch ähnlich wie Formaldehyd oder Acetylen aufweist.

In Bayern fand man im Jahr 2000, Jahrzehnte nach dem Verbot, noch DDT in Lebensmitteln, in Muttermilch, Blut, Hausstaub, Raumluft und Baumaterialien.[113] Bereits Neugeborene weisen eine Belastung auf, die darauf zurückzuführen ist, dass diese Stoffe auch die Plazenta passieren können. Säuglinge können so über die Muttermilch bis zu 0,8 Mikrogramm pro Kilogramm Körpergewicht und Tag aufnehmen. DDT-Belastungen sind heute auch noch häufig im Hausstaub von Wohnungen nachweisbar, in denen das Mittel nicht eingesetzt wurde.

Die Schwierigkeit beim Nachweis einer durch Pestizide ausgelösten Krebserkrankung ist die sehr lange Latenzzeit, die in vielen Fällen zwischen dreißig und fünfzig Jahre betragen kann.[114] Das bedeutet, dass eine Krebserkrankung, die heute diagnostiziert wird, auf einen Kontakt mit einem krebserregenden Pestizid in den 1970er Jahren zurückgehen kann. Wer kann sich noch daran erinnern, mit welchen Pestiziden er/sie vor so langer Zeit in Kontakt war? Etwaige Grenzwerte für Pestizidrückstände verleiten hier zum Irrglauben, dass alles, was darunter ist, gesundheitlich unbedenklich ist. Wir haben vorhin ausgeführt, wie Grenzwerte definiert werden, und wissen jetzt, dass Grenzwerte lediglich einen rechtlichen Rahmen darstellen, aber sicher keine Grenze für gesundheitliche Unbedenklichkeit eines Stoffes. Hier ist auch wieder in Erinnerung zu rufen, dass wir in unserem Leben mit Tausenden potenziell krebserregenden Stoffen in Kontakt kommen, es dafür aber keine Summengrenzwerte gibt. Das vorsorgliche Ziel wäre demnach, jedwede Exposition mit Giften möglichst niedrig zu halten.

STÖRUNGEN DES NERVEN- UND HORMONSYSTEMS

Wissenschaftliche Studien zeigen, dass Pestizide die Entwicklung des Nervensystems und die Gehirnentwicklung von Föten oder Neugeborenen beeinflussen können.[115] Diese Wirkungen traten bei Pestizidkonzentrationen unterhalb der gesetzlichen Grenzwerte auf, die also von den Behörden als unbedenklich eingestuft worden waren.

Es mehren sich auch Befunde, wonach Pestizide zu sensorischen

Störungen wie mangelnder Empfindsamkeit sowie kognitiven Wirkungen wie Gedächtsnisverlust, Sprachproblemen und Lernstörungen führen können.[116] Eine speziell nach einer Pestizidgruppe benannte Krankheit (OPIDP, Organophosphat-induzierte verzögerte Polyneuropathie) ist gut dokumentiert und bewirkt unumkehrbare neurologische Schäden, von denen mehrere Nerven betroffen sind. Ein drastisches Beispiel für die Beeinflussung der Zeichenfähigkeiten von vier- und fünfjährigen Kindern beschreibt eine Studie aus Mexiko.[117] Die Kinder im Versuch haben sich gleich ernährt und stammten aus einem ähnlichen genetischen und kulturellen Umfeld. Eine Kindergruppe lebte in einem landwirtschaftlich geprägten Dorf im Tal und war Pestizidabdrift ausgesetzt, die andere Gruppe lebte auf den Bergen abseits der Landwirtschaft. Aufgefordert, Menschen zu zeichnen, war auffallend, dass die pestizidverseuchten Kinder in ihrer Hirnentwicklung wesentlich weniger fortgeschritten waren und Figuren hinkritzelten, die denen von viel jüngeren Kindern entsprachen. Zusätzlich zu diesen neurologischen Effekten können Pestizide das Atemsystem und die Fortpflanzungsorgane beeinträchtigen.

Besonders schwerwiegende, irreversible Effekte können hormonell wirksame Substanzen, sogenannte endokrine Disruptoren, auslösen. Hormone regeln in unserem Körper sehr wichtige Körperfunktionen wie körperliche und geistige Entwicklung, Stoffwechsel, Wachstum und psychische Befindlichkeiten. Hormonell wirksame Stoffe beeinflussen oder stören das sensible Hormonsystem, indem sie die natürlichen Hormone imitieren oder deren Wirksamkeit blockieren. Mittlerweile wurden hormonell wirksame Substanzen in Pestiziden, Beschichtungen von Getränkedosen oder Kosmetika gefunden. Sie führen zu verminderter Spermienaktivität, Brustkrebs und Diabetes.

In einer Studie wurden in Haarproben von Schulkindern im ländlichen Raum in Frankreich im Durchschnitt 21 Pestizide mit endokriner Wirkung gefunden.[118] Dies ist sehr besorgniserregend, da Hormone vor allem auch bei der Entwicklung von Kindern eine große

Rolle spielen. Nach Schätzungen wird von über 20 000 in Umlauf befindlichen Chemikalien mit möglicher hormoneller Wirkung ausgegangen, sodass in den letzten Jahren Krankheiten aufgrund von hormonellen Störungen bei Mensch und Tier stark zugenommen haben. Während im Tierreich Verweiblichungen bestimmter Populationen beobachtet werden, zeigen sich beim Menschen eine Abnahme der Spermienaktivität bei Männern, Brustkrebs, Diabetes und abnorme Genitalentwicklungen. Mindestens 43 häufig eingesetzte Pestizide stehen im Verdacht, hormonell wirksam zu sein. Tatsächlich wurden in Wasserproben in Frankreich in 73 Prozent der Oberflächengewässerproben, 53 Prozent der Grundwasserproben und fünfzig Prozent der Trinkwasserproben Pestizide mit hormoneller Wirksamkeit nachgewiesen.[119] Störungen durch Pestizide an der Fortpflanzung betreffen Hodenfehlfunktionen oder Sterilität. Beispielsweise fielen die Spermienzahlen in Europa und den USA von 1938 bis 1990 um fünfzig Prozent.[120]

Eine Studie an Männern der Färöer-Inseln hat gezeigt, dass die Menge an Pestiziden (etwa PCB oder DDT) im Fisch und im Walfleisch mit der im Männerkörper korrelierte. Je mehr die Probanden im Laufe ihres Lebens von den schädlichen Substanzen zu sich nahmen, desto häufiger hatten ihre Spermien abnorme Chromosomenzahlen. Wer im Jugendalter mit diesen Chemikalien belastet wird, kann später Probleme bei der Fortpflanzung bekommen.

In einer anderen Studie wurden Paare untersucht, die wegen Unfruchtbarkeit Hilfe bei einem Arzt gesucht hatten. Auch hier trat derselbe Zusammenhang auf: je höher die Belastung mit Chlorkohlenwasserstoffen, desto häufiger kam es zu Fehlbildungen der Spermien. PCB und DDT-Abkömmlinge sind auch kürzlich im Blut von Kindern in Deutschland nachgewiesen worden. Man kann davon ausgehen, dass die Situation in anderen europäischen Ländern ähnlich ist.[121]

Leichtere geschlechtliche Abweichungen scheinen sich in den letzten Jahren zu häufen, die Hypospadie zum Beispiel, eine Fehlentwicklung des Penis. Das männliche Geschlechtsorgan ist dabei nicht voll entwickelt, und die Harnröhre endet nicht an der Penisspitze. Ein Chirurg in Frankreich spricht in einer ARTE-Dokumentation aus dem Jahr 2010 darüber, dass sie das inzwischen vier- bis zehnmal pro Woche operieren, bei mehr als 200 Patienten pro Jahr.[122] Der Chirurg äußert den Verdacht, dass Pestizide und die in Plastik enthaltenen Weichmacher die Entwicklung des Penis bei Knaben negativ beeinflussen. Aber auch hormonhaltige Medikamentenrückstände, zum Beispiel Rückstände von der Antibabypille, gelangen über das Trinkwasser in die Nahrungskette und können so die Sexualentwicklung des Fötus schon im Mutterleib beeinträchtigen. Nicht nur die Entwicklung der äußeren Genitalien ist betroffen. Von Stoffen wie dem Pestizid DDT wissen wir sehr genau, dass es die Interaktion der Sexualhormone mit dem Gehirn stört, sagt ein Neurobiologe in derselben Dokumentation. Aktuelle Studien aus den USA belegen, dass es Zusammenhänge zwischen der Schadstoffbelastung während der Schwangerschaft und dem späteren Spielverhalten der Kinder gibt. In den USA sind viele Flüsse so stark von hormonell wirksamen Stoffen belastet, dass bei Untersuchungen bis zu siebzig Prozent der untersuchten Fische bereits intersexuelle Phänomene zeigten.

Eine Belastung mit einem Stoff ist immer der erste Schritt für ein gesundheitliches Risiko. Pestizide – egal in welchen noch so kleinen Mengen – gehören nicht in den menschlichen Körper! Eine US-amerikanischen Studie konnte in der Nabelschnur von Neugeborenen bis zu 232 Chemikalien, darunter auch viele Pestizide, nachweisen.[123] Damit wurde gezeigt, dass sehr viele Pestizide auch die Plazentaschranke durchbrechen, eine Art Filter, der den Blutkreislauf der Mutter von dem des Kindes trennt. Auch für Glyphosat wurde dies nachgewiesen. Etwa fünfzehn Prozent des Glyphosats gelangten von der mütterlichen Seite des Blutkreislaufes auf die kindliche Seite.[124] Die Ergebnisse der Studien sind deshalb besonders bedenklich, da ein giftiger und hormonell wirksamer Stoff auch in geringsten Mengen nichts im Körper hochempfindlicher Embryonen zu suchen hat. Bei Versuchen mit Ratten, die während der Schwangerschaft und Stillzeit durchgeführt wurden, stellte man fest, dass männlicher Nachwuchs durch glyphosathaltige Pestizide geschädigt wird.[125] Unter anderem wurde die Spermienproduktion beeinflusst, und der Testosteronspiegel sank, sodass davon ausgegangen werden muss, dass die Fähigkeit zur Fortpflanzung durch Glyphosat beeinträchtigt wird. Die Wissenschaftler halten deshalb einen negativen Einfluss auf die Fruchtbarkeit jener Menschen für denkbar, die aktiv oder passiv mit dem glyphosathaltigen Pestizid in Kontakt kommen. Sehr bedenklich sind auch sogenannte Multigenerationseffekte, die bei Versuchen mit Ratten entdeckt wurden. Ein kurzfristiger Kontakt mit Pestiziden in der Schwangerschaft hat selbst drei Generationen später noch zu vermehrtem Zystenwachstum an den Eierstöcken geführt.[126]

Eine Studie aus Paraguay ergab für Frauen, die in einem Radius von einem Kilometer zu pestizidbesprühten Soja-Feldern leben, eine doppelt so hohe Wahrscheinlichkeit, ein Kind mit Fehlbildungen zu gebären.[127] In der argentinischen Provinz Córdoba, wo sehr viel Glyphosat angewendet wird, werden das größte Spektrum und die höchste Zahl an Missbildungen aller argentinischen Regionen gefunden.[128]

In der Rückstandsdiskussion heißt es oft, dass die Pestizide in vernachlässigbar geringen Konzentrationen auftreten. Aber auch kleinste Mengen eines schädlichen Stoffes können große Schäden anrichten; vor allem wenn die Stoffe hormonelle Wirkung haben. Dies gilt insbesondere dann, wenn sie wiederholt aufgenommen werden. Ebenfalls von großer Bedeutung ist die Tatsache, dass Menschen heute einer Unzahl von Chemikalien ausgesetzt sind. Eine Reihe an Pestiziden wird über Lebensmittel mitgegessen, andere Chemikalien gelangen beispielsweise durch Kosmetika oder über die Kleidung in den Körper oder werden eingeatmet. So entstehen Mehrfachbelastungen, die bei der Einschätzung eines möglichen Gesundheitsrisikos nicht berücksichtigt werden. In einer Studie wurden beispielsweise schwangere Ratten einem Insekten-Repellent, enthalten in den meisten Sprays und Lotionen gegen Stechmücken, ausgesetzt. Das erschreckende Resultat war, dass selbst Enkel- und Urenkelkinder noch Defekte in den Geschlechtsorganen aufwiesen, die auf diese Insektizidbelastung zurückzuführen waren.[129] Bedenklich dabei ist, dass diese Insektenmittel oft sehr sorglos in Form von Insektensprays, Lotionen oder auch als Mückenstecker auch im Kinderzimmer oder von Schwangeren verwendet werden. Natürlich kann man sich sagen, was für Ratten gilt, müsse nicht auf Menschen zutreffen. Aber immerhin handelt es sich bei Ratten auch um Wirbeltiere. Fatal wäre doch, wenn später, bei ausreichender Datenlage, von Menschen zugegeben werden müsste, dass die Rattenstudien doch wichtige Hinweise lieferten.

Untersuchungen aus Dänemark, Brasilien und Spanien belegen, dass Gärtnereimitarbeiter und ihre Kinder vermehrt unter Fruchtbarkeitsstörungen und Missbildungen der Geschlechtsorgane leiden.[130] Bei Kindern von Gärtnerinnen, die hohen Pestizidbelastungen ausgesetzt waren, gibt es häufig Schädigungen der Hoden und ihrer Funktionen. In Dänemark wurden wiederholt Fälle von Neugeborenen mit Hodenhochstand (Kryptorchismus) und Fehlbildung der Harnröhre (Hypospadie) dokumentiert. Diese Veränderungen der Geschlechtsentwicklung sind sehr gravierend. Sie sind als Verweiblichungserscheinungen anzusehen und deuten auf Störungen des Hormonsystems hin. Sehr deutlich zeigt sich anhand dieser Befunde, dass die rechtlichen Regelungen der Pestizidwirkstoffprüfungen für einen vorsorgenden Gesundheitsschutz nicht ausreichen.

Die realen Auswirkungen auf Beschäftigte in der Landwirtschaft wurden bisher zwar in zahlreichen Studien untersucht, deren Befunde konnten aber nicht immer eindeutige Zusammenhänge mit der jeweils vorliegenden Pestizidexposition herstellen.[131] Deshalb mündete die hormonähnliche Auswirkung von Pestiziden auf den Menschen bisher nur in wenigen Fällen in ein Verbot oder der Rücknahme der Zulassung.

Eine verminderte Fruchtbarkeit ist von der WHO definiert als ein Ausbleiben der Schwangerschaft nach mehr als zwölf Monaten ungeschütztem Sexualverkehr. Hiervon sind laut WHO mittlerweile fünfzehn Prozent aller Paare in der sogenannten westlichen Welt betroffen. Befragungen ergaben, dass rund 28 Prozent der Gärtnerinnen nach einem Monat schwanger wurden, während es bei Nicht-Gärtnerinnen 31 Prozent waren. Ein deutlich größerer Unterschied hinsichtlich des Eintritts einer erwarteten Schwangerschaft ergab sich bei dem Vergleich von Gärtnerinnen, die während des Versprühens von Pestiziden keine Handschuhe oder Schutzkleidung trugen, und solchen, die immer Handschuhe trugen. Es zeigte sich, dass Gärtnerinnen in intensivem Kontakt mit besprühten Pflanzen eine geringere Wahrscheinlichkeit hatten, schwanger zu werden, wenn sie keine Handschuhe getragen hatten. Bei Arbeiterinnen mit weniger Kontakt mit pestizidbehandelten Pflanzen und solchen, die Schutzhandschuhe während der Arbeit trugen, war die Wahrscheinlichkeit, schwanger zu werden, kaum vermindert. Zudem trat ein Unterschied auf zwischen den Frauen, die Pestizide selbst versprühten, und solchen, die nur mit Pflanzen hantierten, die zuvor mit Pestiziden besprüht worden waren.

Die negativen Auswirkungen von Pestiziden auf die männliche Zeugungsfähigkeit wurden schon mehrfach angesprochen. Die Wirkung kann in einer Schädigung der Keimzellen (Spermienstadien) oder der zwischen den Keimzellen befindlichen Nähr- und Stützzellen liegen, die für die Ausreifung der Spermien unabdingbar sind. Insgesamt liegen mittlerweile Dutzende Studien zur Verringerung der männlichen Fruchtbarkeit nach beruflicher Exposition von Landarbeitern vor.[132] Diese Studien stammen aus Regionen mit intensiver industrieller und konventioneller Landwirtschaft beziehungsweise aus Ländern, in denen sich Produktionsstätten für Pestizide befinden. In Costa Rica wurde schon in den 1990er Jahren bei etwa 1500 männlichen Arbeitern in Bananenplantagen Unfruchtbarkeit infolge einer DBCP-Exposition diagnostiziert, was einem Anteil von rund 25 Prozent der Plantagenarbeiter entspricht.[133] DBCP (1,2-Dibrom-3-Chlorpropan) wurde bis Mitte der 1980er Jahre in vielen landwirtschaftlichen Kulturen zur Vernichtung von Fadenwürmern (Nematoden) im Boden eingesetzt. Mittlerweile ist es wegen seiner sterilisierenden Wirkung auf Männer weltweit verboten. Unter den Folgewirkungen leiden die betroffenen Menschen trotzdem noch.

Auch wenn es oft schwierig ist, Kausalzusammenhänge zwischen der Pestizidexposition und bestimmten Krankheitssymptomen herzustellen, sollte das Vorsorgeprinzip angewandt werden und bei allen Pestizidzulassungen mögliche endokrine Wirkungen verpflichtend mituntersucht werden.

In den Industriestaaten bleiben immer mehr Paare unfreiwillig kinderlos. In den 1950er Jahren betrug der Anteil der kinderlosen Paare noch fünf bis acht Prozent, heutzutage liegt dieser Anteil bei fünfzehn bis zwanzig Prozent.[134] Natürlich hat das auch gesellschaftliche Gründe. Aber fest steht auch, dass sich beispielsweise die Zahl der Spermien im Ejakulat verringert hat. Doch man setzt lieber die Normwerte herunter, als dass man sich auf die Suche nach den Ursachen begibt. Waren 1951 noch 120 Millionen Spermien pro Milliliter Samenflüssigkeit als normal angesehen worden, etablierte die WHO 1989 einen Normalwert von nur noch zwanzig Millionen Spermien pro Milliliter. Vor allem der in der modernen Welt ständig vorhandene Cocktail an Pestiziden, Holzschutzmitteln, Schwermetallen und anderen Chemikalien ist an der verringerten Fertilität ursächlich beteiligt.

Die negativen Gesundheitseffekte von Pestiziden sind naturgemäß wesentlich gravierender bei Kindern als bei Erwachsenen. Erstens haben Kinder höhere Stoffwechselraten, und ihre Fähigkeit, Pestizide aufzunehmen, zu entgiften und auszuscheiden, unterscheidet sich von Erwachsenen. Zweitens nehmen Kinder pro Körpergewicht mehr Nahrung auf als Erwachsene und konsumieren so auch mehr Pestizide als Erwachsene. Das ist insofern bedeutend, als das Gehirn der Kinder im Verhältnis zum Körpergewicht mehr als fünfmal so groß ist, als bei Erwachsenen. In Kalifornen zum Beispiel hatten Kinder, die in der Landwirtschaft gearbeitet haben, vierzig Prozent niedrigere Blut-Cholinesterase-Werte, ein starkes Indiz für die Vergiftung mit Organophosphaten und Carbamaten.[135] Nach der US-Umweltbehörde sind Säuglinge und Kleinkinder zirka zehnmal mehr dem Risiko von Krebs ausgesetzt als Erwachsene.[136] Die Bewertung menschlichen Lebens ist unethisch, dennoch berechnet die US-Umweltbehörde den Wert eines Menschenlebens mit 3,7 Millionen US-Dollar.[137] Nach Schätzungen kosten demnach pestizidverursachte Vergiftungen und Krankheiten an Menschen die USA etwa eine Milliarde US-Dollar pro Jahr.[138]

Wir werden jeden Moment unseres Lebens mit Tausenden chemischen Substanzen konfrontiert. Durch jeden Atemzug, jede Mahlzeit oder jedes Getränk, durch Kleider und Kosmetik, am Arbeitsplatz, zu Hause und auf Reisen, gelangen die Chemikalien in unsere Körper. Von einigen wird diese chronische Vergiftung des Planeten durch Chemikalien auch als das Ereignis mit der wahrscheinlich größten Wirkung auf die Menschheit bezeichnet.[139] Jedenfalls ist es ein historisch einzigartiges Phänomen und wird in den Debatten um den menschengemachten globalen Wandel meistens vergessen. Schlimm daran ist auch, dass die Brisanz dieses Phänomens von keiner internationalen Organisation etwa analog zum Weltklimarat (Intergovernmental Panel on Climate Change) erkannt, geschweige denn kontrolliert wird.

RECHNET SICH DER PESTIZIDEINSATZ ÜBERHAUPT?

Weltweit werden zirka drei Milliarden Kilogramm Pestizide jedes Jahr eingesetzt mit einem Verkaufspreis von zirka vierzig Milliarden US-Dollar.[140] Viele Verfechter des Pestizideinsatzes argumentieren gerne mit der Kosteneffizienz des Pestizideinsatzes gegenüber anderen Methoden der Unkraut- und Schädlingskontrolle. Wenn wir uns diesen

Bereich einmal genauer ansehen, fällt auf, dass die meisten Kosten-kalkulationen die Folgekosten des Pestizideinsatzes für Umwelt und Gesellschaft schlichtweg ignorieren. Eine vollständige Kostenrech-nung sollte eigentlich folgende Posten enthalten: Kosten für Auswir-kungen auf die Volksgesundheit; Verluste an Nutztieren und deren Produkten; erhöhte Ausgaben für Schädlingskontrolle und Beikraut-kontrolle wegen der Vernichtung natürlicher Gegenspieler durch Pes-tizide und wegen der Restistenzbildungen; Probleme mit der Bestäu-bung von Nutzpflanzen aufgrund des Bienensterbens; Verluste an Feldfrüchten und deren Produkten durch Pestizidabdrift; Verluste von Vögeln, Fischen und anderen wildlebenden Arten; Ausgaben der Regierung für Rückstandskontrollen, Trinkwasserreinigung, Kran-kenhauskosten und Renten für Pestizidvergiftungen und vieles mehr. Für die USA wurden derartige Berechnungen einmal angestellt.[141] Die größten ökonomischen und ökologischen Verluste im Zusammen-hang mit der Pestizidaufwendung in den USA waren: Volksgesund-heit 1,1 Milliarden; Pestizidresistenz 1,5 Milliarden; Ertragsverluste aufgrund der Pestizidabdrift 1,4 Milliarden; Vogelverluste aufgrund von Pestiziden 2,2 Milliarden; und Grundwasserverschmutzung zwei Milliarden US-Dollar pro Jahr.

Trotz der breiten Anwendung von Pestiziden in den USA werden noch immer etwa 37 Prozent der Ernte durch Schädlinge, Pflanzen-krankheiten oder Unkräuter vernichtet.[142] Durch Insekten werden dreizehn, durch Pflanzenkrankheiten zwölf und durch Unkräuter noch zwölf Prozent der Ernte zerstört. Die Anwendung von Insekti-ziden stieg in den USA zwischen 1945 und 2000 um das Zehnfache, dennoch haben sich die Ernteverluste, die auf Insektenfraß zurückzu-führen sind, von sieben auf dreizehn Prozent fast verdoppelt.[143] Dieser Anstieg der Insektenschäden ist zum Teil auch auf veränderte Anbau-praktiken zurückzuführen, die mit der pestizidintensiven Landwirt-schaft einhergehen, zum Beispiel die Abkehr von Fruchtfolgen, in de-nen Mais eines von mehreren Fruchtfolgegliedern war, hin zu reinen Mais-Monokulturen. Die Einberechnung dieser externen Kosten ist aber notwendig, um eine faire wissenschaftliche Einschätzung der Kosten und des Nutzens von Pestiziden zu ermitteln.

Die Beeinträchtigung der natürlichen Schädlingskontrolle und der Nährstoffverhältnisse hat auch ökonomische Konsequenzen. Dennoch wird bei der Abschätzung von Pestizideffekten üblicherweise keine Kosten-Nutzen-Rechnung gemacht, die auch diese Ökosystemdienstleistungen miteinbezieht. Für Neonics wurde einmal eine umfassendere Kostenanalyse durchgeführt.[144] Wir haben bereits gehört, dass durch deren Einsatz die Gefährdung von Bienen und anderen Insekten sowie anderer Organismen in Kauf genommen wird, ohne dass Ertragseffekte nachweisbar wären. Akute und chronische Vergiftungen können auch Hummeln und viele andere Bestäuberinsekten sowie Nutztiere wie Marienkäfer, Laufkäfer, Regenwürmer oder parasitische Wespen treffen. Für die USA wurde geschätzt, dass die Insekten für die Bestäubung von landwirtschaftlichen Kulturen einen Wert in der Höhe von drei Milliarden US-Dollar erbringen. Über die Bestäubung von Kulturpflanzen hinaus erbringen räuberische und parasitische Nutzinsekten und andere Gliederfüßer durch die natürliche Schädlingsunterdrückung einen Wert von 4,5 Milliarden US-Dollar pro Jahr. Indirekte Einflüsse von Pestiziden sind die durch Verarmung der Bestäuberinsekten ausgelöste Verarmung von natürlichen Ökosystemen und deren reduzierte Wasserreinigung und Wasserrückhaltekapazität. Die indirekten Einflüsse wirken sich mit der Verarmung von Pflanzenbeständen letztendlich auch auf die Landschaftsästhetik, deren Erholungswert und deren touristische Attraktivität aus. Der Wert der durch Wildinsekten erbrachten Ökosystemdienstleistungen in den USA wird pro Jahr auf 60 Milliarden US-Dollar berechnet.[145]

Fungizide können auch zu Schädlingsausbrüchen führen, wenn durch ihren Einsatz pilzliche Pathogene, die normalerweise Schädling befallen, dezimiert werden.[146] Wenn Schädlingsausbrüche passieren, weil deren natürliche Gegenspieler durch Pestizide vernichtet wurden, kann das auch dazu führen, dass andere Pestizide eingesetzt werden müssen, um die Erträge zu sichern. In den USA macht allein dieser zusätzliche Pestizidaufwand zirka 520 Millionen Dollar im Jahr aus. Es kann vermutet werden, dass ähnliche Effekte auch anderswo auftreten, obwohl hier die Datenlage nicht ausreichend ist, um das beurteilen zu können. Die Summen, die hier errechnet wurden, sind gewaltig und sollten eigentlich zum Überdenken des Pestizideinsatzes gereichen.

Europäisches Recht verlangt eigentlich die Umsetzung des integrierten Pflanzenschutzes (IPM, Integrated Pest Management), wonach Pestizide nur bei fehlenden Alternativen und fachlicher Notwendigkeit eingesetzt werden dürfen.[147] Es fordert ferner die Minimierung des Pestizideintrags in die Gewässer. Die Einhaltung der ordnungsrechtlichen Vorschriften zur sicheren Anwendung von Pestiziden bedürfen der Kontrolle, die aber in Anbetracht der Zahl der Anwender (allein in Deutschland, Österreich und der Schweiz zirka 600 000 landwirtschaftliche Betriebe) und der zu kontrollierenden Fläche von mehr als der Hälfte der Landesflächen allenfalls stichprobenartig erfolgen kann. Bei Betrieben der Landwirtschaft, des Gartenbaus und der Forstwirtschaft lag die Kontrollquote 2013 in Österreich bei 1,8 Prozent. Dies ist die Situation in den reichsten Ländern der Erde. Jeder kann sich vorstellen, dass in den meisten anderen Ländern nicht einmal der Anschein einer Kontrolle gemacht wird. Abgesehen davon, dass die meisten Pestizidanwender die Gebrauchsanweisungen auf den Verpackungen wohl gar nicht lesen können.

Im Bereich des IPM hat sich in den vergangenen Jahren nicht viel getan. Vielleicht liegt es aber auch daran, dass IPM dazu führt, dass weniger Pestizide verwendet werden, da ja nach diesem Konzept nur bei Erreichen einer bestimmten Schadschwelle Pestizide eingesetzt werden. Dies ist natürlich keine absatzträchtige Aussicht für die Agrochemieindustrie.

Wir haben gesehen, dass Pestizide und ihre Abbauprodukte die Qualität von Böden, Gewässern und Lebensräumen verschlechtern sowie die Gesundheit der Anwender und Verbraucher beeinträchtigen. Welche Kosten für die Gesellschaft hierdurch entstehen, lässt sich gegenwärtig nur schwer monetär beziffern, da hier unter anderem keine Marktwerte bestehen und bestimmte Folgen, wie zum Beispiel Rückgang der Bodenfruchtbarkeit und Erträge, Verlust an Bienenvölkern, Erkrankungen von Menschen oder Tieren, nicht dem Pestizideinsatz allein zurechenbar sind. Direkte Kosten fallen aber zum Beispiel bei der Trinkwasseraufbereitung an, bei der Lebensmittelüberwachung, bei Maßnahmen zum Schutz vor Pestiziden sowie bei der Forschung zum Pflanzenschutz und zu Alternativen zu synthetischen Pestiziden.

Zur Wirksamkeit der Saatgutbeizung mit Neonicotinoiden kommt ein kürzlich veröffentlichter Bericht zum Schluss, dass die ökonomischen und ökologischen Verluste in Zusammenhang mit dem Gebrauch von Saatgutbeizung die Vorteile keineswegs aufwiegen.[148]

Ökonomisch gesehen kommen Vergiftungen und Krankheiten, die von Pestiziden ausgelöst werden, am teuersten. Denn weltweit führt die Anwendung von zirka drei Millionen Tonnen an Pestiziden zu mehr als 26 Millionen nicht-tödlichen Vergiftungen.[149]

Die Umwandlung des derzeitigen chemieintensiven Landwirtschaftssystems in ein ökologisches erfordert umfangreiche politische und finanzielle Unterstützung. Die meisten Bäuerinnen und Bauern stecken heute in einem System fest, das die Industrialisierung und Spezialisierung der Landwirtschaft weiter fördert. Damit einhergehen müsste auch eine stärkere Unterstützung der Forschung zu diesen Themen.

Milliarden an Steuergeldern fließen derzeit noch immer in nicht nachhaltige, konventionelle Anbausysteme und agrochemische Forschung und Entwicklung. Der Anteil für die Entwicklung und Anwendung ökologischer landwirtschaftlicher Praktiken zum Wohle von Umwelt und Gesundheit ist dagegen verschwindend gering.

Und was würde der Pestizidausstieg kosten?[150] Die jährlichen Umweltkosten durch Schäden von Pestiziden belaufen sich auf zirka fünfzig Dollar pro Hektar, basierend auf geschätzten Kosten von neun

Milliarden Dollar pro Jahr ökologischer Schaden verursacht durch Pestizide weltweit. Rechnet man die Kosten für Düngerverluste, Bodenerosion und Trinkwasserverschmutzung dazu, dann belaufen sich diese Umweltschadenskosten auf mindestens 300 Dollar pro Hektar zum Beispiel bei intensiver Maisproduktion. Wenn diese Umweltkosten zu den Produktionskosten von Mais hinzugerechnet werden, dann belaufen sich die Gesamtkosten für die intensive Maisproduktion auf 850 Dollar pro Hektar. Bei mittleren Erträgen von etwa elf Tonnen und einem mittleren Maispreis von 150 Dollar pro Tonne in den USA würden demnach die Umweltschadenskosten mindestens achtzehn Prozent der Erlöse aus dem Verkauf des Ernteguts ausmachen.

KRITISCHE WISSENSCHAFT KOMMT AN DEN INTERNET-PRANGER

Jeder, der sich kritisch mit dem Pestizideinsatz auseinandersetzt, läuft Gefahr, von der Agrochemielobby in die Aktivisten-Ecke gestellt und sogar persönlich verunglimpft zu werden. Da treten dann schon mal sehr bekannte »Prof. Besserwisser«[151] bei einer Agrarchemie-Lobbyveranstaltung auf und behaupten, dass wir uns vor den falschen Dingen, wie beispielsweise Pestiziden, fürchten.[152] Natürlich darf dabei auch der Hinweis auf den mittlerweile widerlegten Paracelsus-Sager nicht fehlen, wonach die Dosis das Gift macht. Es wird sogar behauptet, dass dies die einzige naturwissenschaftliche Theorie ist, die 500 Jahre überdauert hat und heute noch unwidersprochen sei. Der außerdem geäußerte Vorwurf, dass die kritischen Wissenschaftler oder gar Umweltorganisationen es mit den Fakten nicht so genau nehmen beziehungsweise die Fakten einfach sehr selektiv wahrnehmen, kann wohl nur mit einem verständnislosen Augenzwinkern zur Kenntnis genommen werden.

Wissenschaftler, die sich kritisch mit der Wirkung von Pestiziden auseinandersetzen, werden sehr schnell öffentlich verunglimpft, und man wirft ihnen vor, ihr Fach nicht zu beherrschen. Da wird dann auch nicht davor zurückgescheut, bei der Leitung von Forschungseinrichtungen gegen kritische Wissenschaftler zu intervenieren. Ein sehr berühmter Kollege aus Frankreich hat erzählt, dass ihm die Leitung seiner Universität die Vorlesungen für die Erstsemestrigen entzogen hat, da befürchtet wurde, dass er die jungen Studierenden zu sehr mit kritischem Gedankengut beeinflusse. Geldgeber von Forschungsprojekten werden von Industrievertretern angeschrieben und gefragt, ob sie sich darüber im Klaren seien, dass sie einem Blender auf den Leim gingen, und ob sie dies wirklich unterstützen wollen. Andere Kollegen aus Großbritannien haben erzählt, dass als alternative Geldgeber für kritische Pestizidstudien immer öfter auch junge und vermögende Unternehmer aus dem Silicon Valley auftreten.

Wenige Wochen nach dem Erscheinen einer unserer Regenwurm-Studien wurden meine Kollegen und ich auch an einen Internet-Pranger gestellt.[153] Die Schlagworte zu diesem Artikel sind übrigens: Landwirtschaft, Pseudowissenschaft, Wissenschaft und Bad Science. Das Motto dieser Website ist »Realismus als Chance«, sie gilt als der größte Internet-Pranger im deutschsprachigen Raum. Die mittlerweile über 2000 Artikel haben ein Ziel: Personen und Websites zu diffamieren. Das funktioniert gut, denn die Macher arbeiten im Schutze der Anonymität, die Server stehen in Panama und in Rumänien.

Eine Erwähnung dort ist also durchaus eine (zweifelhafte) Auszeichnung. Mittlerweile sind zahlreiche Fälle dokumentiert, wo Forscher, die sich kritisch mit Pestiziden oder Gentechnik auseinandersetzten, durch Falschbehauptungen sogar ins berufliche Abseits gestellt oder mit anonymen E-Mails diskreditiert wurden.[154]

Auch Manipulationen bei Wikipedia durch Agrochemiekonzerne sind dokumentiert.[155] Die Datenbank Wikipedia basiert auf Schwarmintelligenz. Jeder kann einen Artikel anlegen, redigieren oder ergänzen. Damit man sich auf das Wissen von Wikipedia verlassen kann, existiert hinter der Datenbank ein Korrektiv, das Änderungen sämtlicher Nutzer vor der Freischaltung überprüft. Sinn und Zweck dieser Struktur ist, dass die Datenbank neutral und wissenschaftlich korrekt bleibt. Gerne wird Wikipedia ja als total demokratisches Online-Lexikon gesehen. Aber in Wirklichkeit herrschen darin sehr starke Hierarchien vor.[156] Während es Hunderttausende aktive Nutzer bei Wikipedia gibt, beteiligt sich nur ein relativ kleiner Kreis von eingefleischten Wikipedianern, die sogenannten Administratoren, auch an internen Diskussionen, Abstimmungen und Freigaben von Einträgen. Bei den bisherigen Abstimmungen der deutschsprachigen Seiten wurden jeweils nur zwischen fünfzig und 350 Stimmen abgegeben. Was die inhaltliche Qualität betrifft, so schneidet Wikipedia im Vergleich zu anderen Enzyklopädien aber noch immer erstaunlich gut ab. Allerdings ist hier festzuhalten, dass die Qualität eines Artikels auch von dessen Themengebiet abhängt. Mit wachsender Popularität wurde Wikipedia auch in der Presse zunehmend als Quelle für weiterführende Lektüre, aber auch direkt als Quelle für historische Fakten und Zahlen genannt. Selbst angesehene Medien verlinken online auf Wikipedia, etwa 95 Prozent aller Gymnasiasten in Deutschland machen sich bei Wikipedia schlau.[157]

Über die Aufnahme der Resultate unserer Regenwurm-Studie in Wikipedia zur negativen Wirkungen von Glyphosat wurde im inneren Wikipedia-Zirkel über dreizehn Seiten lang heftig diskutiert. Der Hauptgrund für die Ablehnung unserer Studie war, dass den Wikipedia-Lesern Ergebnisse aus wissenschaftlichen Studien, also sogenannte Primärquellen, nicht zugemutet werden könnten. Bevorzugt würden nämlich Sekundärquellen aufgenommen. So die offizielle Begründung.

Das öffentiche Denunzieren macht selbst vor so unbestritten verdienten Wissenschaftlern wie Rachel Carson nicht halt. Das Internet ist voll mit Verleumdungen vermeintlicher Wissenschaftsinstitutionen, die Carson als Massenmörderin, schlimmer noch als Hitler, hinstellen. Warum? Durch das durch ihre Studien erzwungene Verbot des Insektizids DDT seien laut diesen Quellen Millionen Afrikaner an Malaria gestorben. Dieselben Kritiker bezeichnen DDT als die wichtigste Chemikalie, die jemals zur Vermeidung von Krankheiten entwickelt wurde. Verboten wurde sie nur durch eine von Carson beflügelte Hysterie. Hinter diesen Aktionen stecken oft dieselben Institutionen und industrienahen Lobbying-Gruppen, die sich oft auch Institute nennen und gegen die Regulierung von Tabak, gegen das Verbot Ozonloch-verursachender Chemikalien, gegen Einschränkungen für Kohlekraftwerke auftreten und den menschengemachten Klimawandel leugnen.[158] Es geht schlichtweg darum, Falschinformationen zu streuen und die Menschen zum Zweifeln zu bringen. Vielleicht ist ja doch nicht so viel dran an dem apokalytischen Gerede? Vielleicht wollen sich damit nur ein paar selbstverliebte, mittelmäßige Wissenschaftler in den Mittelpunkt rücken und mit diesen Katastrophenmeldungen Finanzierungen für ihre Forschungsvorhaben sichern? Leider fehlen in vielen Redaktionen von Zeitungen und Fachmagazinen mittlerweile auch investigativ arbeitende Journalisten, die mit entsprechender Akribie, Spürsinn, Fachkenntnis und Hartnäckigkeit diese Machenschaften aufdecken könnten. Übrig bleibt eine gewisse Skepsis gegenüber der Wissenschaft. Die Politik wird dadurch in ihrem zögerlichen Handeln auch noch bestärkt, und damit ist die Strategie der Lobbyisten aufgegangen.

Ähnliche Beweggründe dürften wohl auch Kampagnen der Pestizidindustrie und der Bauernvertreter in Deutschland haben, wenn pestizidkritischen Nichtregierungsorganisationen eine Verunsicherung der Verbraucher und Diffamierung der konventionellen Landwirte zum Zwecke des Spendensammelns vorgeworfen wird.[159]

Mit der zunehmenden Privatisierung der Forschung kommt es zu einem anderen wichtigen Aspekt. Es gibt öffentliche Subventionen für private Firmen, die mit der Umsetzung der Forschungsergebnisse große Gewinne einstreifen und etwaige Verluste oder Umweltkosten auf die Gesellschaft abwälzen. Ich spreche hier aus eigener Erfahrung, da ich immer wieder für Gutachtertätigkeiten bei EU-Projekten angefragt werde, wo öffentliche Forschungsgelder in Millionenhöhe auch für die Entwicklung von pestizidintensiven Anbaupraktiken ausgegeben werden.

Ein weiterer kritischer Aspekt ist die vermehrte Einrichtung von firmenfinanzierten Stiftungsprofessuren an öffentlichen Universitäten. Für den Staat bedeutet dies natürlich eine Entlastung der Forschungsaufwendungen. Für die Forschung zu Pestizidwirkungen ist das jedoch kritisch zu sehen, weil im Bereich der Pestizidforschung seit jeher eine Umkehrung der Beweislast vorherrscht. Nicht der Konzern muss eine transparente, nachvollziehbare Risikoanalyse seines Produkts machen, es sind ein paar wenige unabhängige Forscher an Universitäten, die beweisen müssen, dass es doch Risiken gibt. Die Frage ist, ob dies auch wirklich funktioniert, wenn Klauseln in Forschungsaufträgen vorsehen, dass vor jeder Veröffentlichung der Ergebnisse Rücksprachen mit dem Geldgeber gemacht werden müssen.

Selbst eine der renommiertesten Universitäten der Welt, die ETH Zürich, hat sehr großzügige Zuwendungen eines Weltkonzerns für Pestizide und Saatgut bekommen. Diese Zuwendung von zehn Millionen Franken für eine Professur für Nachhaltige Agrarökosysteme ist insofern brisant, als dies dem von der Schweiz mitunterzeichneten Welt-Agrarbericht zuwiderläuft, der die Förderung einer nachhaltigen, kleinbäuerlichen Landwirtschaft propagiert.[160] Ein weiterer ethischer Kritikpunkt ist, dass der großzügige Agrochemiekonzern das in der Schweiz seit 1990 verbotene Pestizid Paraquat weiter herstellt und verkauft und damit die Gesundheit vieler Anwender in den Entwicklungsländern aufs Spiel setzt.

Dass die Agrochemie aus geschäftlichen Interessen versucht zu intervenieren, kann vielleicht noch nachvollzogen werden. Wenn aber Interessenvertreter oder Funktionäre von Landwirten intervenieren, wird die Sache brisant. Auch von österreichischen Universitäten sind Interventionsversuche bekannt, die die Einstellung kritischer Pestizidforschung forderten. In Österreich wollte die Landwirtschaftskammer auch den Imkern Entschädigungen für Pestizidschäden an Bienen bezahlen, wenn im Gegenzug das Bienensterben nicht öffentlich thematisiert wird.[161] Die Imker sind dem übrigens nicht nachgekommen. Ein weiterer Kritikpunkt ist die Erforschung der Ursachen des Bienensterbens unter finanzieller Beteiligung großer Agrochemieproduzenten.

In der Kritik war auch ein Agrochemie-Weltkonzern aus der Schweiz, der sich mit einer vollumfänglich eigenfinanzierten Studie gegenüber Vorwürfen eines von ihm vermarkteten Herbizids zur Wehr setzte. Interessanterweise gibt es mittlerweile eigene Beratungsfirmen, die sich mit Auftragsstudien zur sogenannten Produktverteidigung (product defense) für die Chemieindustrie sehr gut über Wasser halten.

Wissenschaftler, die Pestizidwirkungen auf Gesundheit und Umwelt aufdecken, laufen Gefahr, von den Firmen in ihrer Reputation beschädigt zu werden. Bekannt dafür wurde Novartis (später Syngenta), der Hersteller von Atrazin, der eine Kampagne zur Diskreditierung von Wissenschaftlern lancierte, die seine Pestizide kritisiert hatten.[162] Trotzdem haben sich andere Wissenschaftler nicht einschüchtern lassen und noch mehr Befunde zutage gefördert, sodass Syngenta in den USA über hundert Millionen Dollar für die Trinkwasserreinigung von Atrazin an zwanzig Wasserversorger bezahlen musste.

Wenn viele kleine Leute an vielen kleinen
Orten viele kleine Dinge tun, werden sie
die Welt verändern.

AFRIKANISCHES SPRICHWORT

WO LIEGT DIE LÖSUNG
DES PROBLEMS?

Wenn wir Belastungen duch Pestizide vermeiden wollen, sollten wir
in erster Linie Lebensmittel konsumieren, die mit möglichst wenig
Pestiziden produziert wurden. Dass das bloße Abwaschen der Früchte
oft wenig bewirkt, haben wir schon gesehen, da meist systemische
Mittel eingesetzt werden, die sich über die gesamte Nutzpflanze bis
in die Früchte, die wir essen, verteilen. Prinzipiell arbeitet die ökologische Landwirtschaft ohne synthetische Pestizide. Ob die Regeln
eingehalten werden, wird durch regelmäßige Kontrollen von unabhängigen Stellen entlang der gesamten Produktionskette vom Acker
bis ins Supermarktregal überwacht. An den Stammtischen gibt es den
Spruch, dass sich Biobauern von ihren konventionellen Kollegen nur
dadurch unterscheiden, dass die Bios nachts Pestizide ausbringen,
während die konventionellen sich das auch tagsüber getrauen. Klar,
es gab in der Vergangenheit auch im Biolandbau einige Rückstands-
skandale. Diese waren jedoch die Folge von Kontaminationen, die
beim Transport bei Großhändlern, durch Pestizidabdrift oder durch
mafiöse Machenschaften verursacht wurden. Alle diese Skandale
wurden auch durch permanent stattfindende Kontrollen aufgedeckt.
Trotz der Gewähr von Pestizidfreiheit fristen Bioprodukte noch immer ein Nischendasein in unseren Lebensmittelläden. Weil sie teurer sind als konventionell erzeugte Produkte, haftet den ökologisch

produzierten Lebensmitteln oft etwas Elitäres an. Dieses Gefühl wird vielfach durch Werbung noch verstärkt. Dabei kommen diese Preisunterschiede nur zustande, weil die konventionelle Landwirtschaft wesentlich stärker mit Steuermitteln subventioniert wird als die ökologische Landwirtschaft. Wenn man jedoch die Preise von konventionell erzeugten Marken- oder Premiumprodukten betrachtet, dann relativiert sich der vermeintliche Preisunterschied, da diese oft sogar teurer sind als biologisch erzeugte Produkte. Sehr aufschlussreich für mich war in diesem Zusammenhang eine Studentenexkursion zu einem Großhändler in Deutschland. Wir haben dort mit eigenen Augen gesehen, dass dieselben Kartoffeln in der Verpackungsstraße einmal für den Verkauf in einem Diskonter und, aufwendiger verpackt, als Premiumprodukt für einen Supermarkt abgepackt wurden.

Die Lebensmittelindustrie wird auch nicht müde, Untersuchungen vorzulegen, die keinerlei Unterschiede im Nährstoff- und Vitamingehalt der konventionell oder ökologisch produzierten Lebensmittel aufzeigen. Auch vonseiten des Ökolandbaus hat man viel zu lang dabei mitgespielt und krampfhaft versucht nachzuweisen, dass Bioprodukte mehr Nährstoffe oder Vitamine enthalten. Unklar ist, warum das der Fall sein soll, da die konventionell erzeugten Früchte ja nicht unter Mangelbedingungen produziert wurden, ja manchmal sogar dieselben Sorten angebaut werden. Der Unterschied zwischen ökologisch und konventionell erzeugten Produkten wird ohne viel Analyseaufwand offensichtlich, wenn die beiden landwirtschaftlichen Systeme inklusive ihrer Auswirkungen auf Umwelt und Gesundheit gegenübergestellt werden.

Die Kardinalfrage, die sich stellt, ist, ob Landwirtschaft ohne Pestizide im großen Stil überhaupt möglich ist. Und wenn ja, ob wir damit zukünftig neun oder gar zehn Milliarden Menschen ernähren können?

Die Weltbank und die Vereinten Nationen haben 2009 den Weltagrarbericht veröffentlicht. Darin bewerten mehr als 800 Expertinnen und Experten aller Kontinente und Fachrichtungen die wichtigsten ökologischen, wirtschaftlichen, sozialen und kulturellen Aspekte der Landwirtschaft der vergangenen fünfzig Jahre und beschreiben eine Neuausrichtung für die nächsten fünfzig Jahre.[1] Wir Bewohner der Industrienationen vergessen es gerne, aber die Landwirtschaft ist nach wie vor der größte Wirtschaftszweig der Erde. Ein Drittel aller arbeitenden Menschen ist in der Landwirtschaft beschäftigt, oft als Kleinbauer oder Subsistenzlandwirt. Das sind Landwirte, die nur für ihr eigenes Fortkommen wirtschaften. Diese kleinen Strukturen galten lange als »Auslaufmodelle«, denn nach dem Konzept der Grünen Revolution sei eine Produktionssteigerung nur in größeren Einheiten mit moderneren Maschinen möglich, hieß es. Der Weltagrarbericht hinterfragt nun die Intensivierung mit technischen Errungenschaften als Heilmittel für die Ernährungssicherheit. Gerade kleinbäuerliche und auf Vielfalt ausgerichtete Strukturen werden als die Landwirtschaft der Zukunft formuliert. Generell bewegt sich die Landwirtschaft im Spannungsfeld von Umwelt, Wirtschaft und Gesellschaft, und ihre Leistungen gehen weit über die bloße Lebensmittelproduktion hinaus. In Fachkreisen spricht man von der multifunktionalen Landwirtschaft. Jedoch wurde in den letzten fünfzig Jahren der Fokus einseitig auf Effizienz- und Produktionssteigerung gelegt. Beiträge wie Umweltdienstleistungen, Schaffung von Arbeitsplätzen und Erhalt der Kulturlandschaft wurden wenig beachtet. Da diese Ökosystemdienstleistungen auf keinem Markt abgegolten werden, sollten sie über Subventionen gefördert oder, noch besser, in den Produktpreisen abgebildet werden.

Auch UN-Experten haben vor dem UN-Menschenrechtsrat vor den Folgen des weltweiten Pestizideinsatzes für Mensch und Umwelt gewarnt.[2] Sie fordern ein globales Abkommen zur Regulierung und schrittweisen Abkehr von Pestiziden in der Landwirtschaft hin zu agrarökologischen Anbaupraktiken. Im Bericht werden der Pestizideinsatz und auch die Geschäftspraktiken der Agrochemiekonzerne ungewöhnlich scharf kritisiert. Folge des übermäßigen Pestizideinsatzes sind nicht nur Hunderttausende akute Pestizidvergiftungen weltweit, sondern auch verseuchte Böden und Wasserressourcen, der Rückgang der Artenvielfalt und die Zerstörung der natürlichen Gegenspieler von Schädlingen und Krankheiten. Im Bericht wird auch beklagt, dass sich die Pestizid- und Agrarindustrie und die Vertreter der Landwirtschaft beharrlich weigern, das Ausmaß der durch Pestizide hervorgerufenen Schäden anzuerkennen.

Wir haben bereits über die Verdienste der Grünen Revolution in Bezug auf Ertragssteigerungen in den letzten fünfzig Jahren gesprochen. Die Folgen sind allerdings sehr hohe Kosten für Umwelt und Gesundheit. Zusätzlich zum Ausstoß von Treibhausgasen beeinflusst die Landwirtschaft Nährstoffkreisläufe (Stickstoff, Phosphor, Wasser), die Freisetzung von Pestiziden und natürlich die Biodiversität in der Landschaft durch die Umwandlung von natürlichen Ökosystemen für die Landwirtschaft.[3]

In der öffentlichen Diskussion nehmen die Folgen des menschengemachten Klimawandels zu Recht einen breiten Raum ein. Die Auswirkungen der Landwirtschaft auf Umwelt und Gesellschaft können da aber locker mit dem Klimawandel mithalten.[4] Im ersten Kapitel haben wir aufgezeigt, dass die Landwirtschaft selbst auch einen großen Anteil zum Klimawandel beiträgt. Interessant sind in diesem Zusammenhang auch die Ergebnisse einer Eurobarometer-Umfrage. Eurobarometer-Umfragen werden in regelmäßigen Abständen von der Europäischen Kommission in Auftrag gegeben; sie sollen der Politik ein Meinungs- und Stimmungsbild der Europäer vermitteln. Bei einer dieser Umfragen zum Thema Lebensmittelrisiken wurden im Jahr 2010 fast 27 000 Menschen in Europa befragt.[5] Die Antworten der Befragten sind repräsentativ für mehr als 500 Millionen europäische Konsumenten: Ein Prozent steht demnach für die Ansichten von fünf Millionen Verbrauchern! Daraus ein paar Ergebnisse, die für unser Thema relevant sind: Neunzehn Prozent der Befragten nannten spontan Chemikalien, Pestizide und andere Substanzen als jene Aspekte, die ihnen die größte Sorge im Zusammenhang mit Lebensmitteln bereiten. Europaweit waren fast drei Viertel der Befragten über Pestizidrückstände in Obst, Gemüse und Getreideprodukten besorgt. Fast vierzig Prozent der Befragten glaubten übrigens nicht, dass sie selbst etwas gegen chemische Verunreinigung von Lebensmitteln machen können. Daraus folgt auch, dass eine Mehrheit der Befragten (mehr als achtzig Prozent) der Meinung ist, dass die Behörden in der EU mehr unternehmen sollten, die Bürger über gesunde Ernährung und Lebensweisen aufzuklären, um zu gewährleisten, dass Lebensmittel sicher sind. An der Politik dürfte dieser klare Auftrag bislang vorübergegangen sein. Auch Landwirtschaftsvertreter sind eher am Betonieren der gegenwärtigen Strukturen interessiert als an einer Neuausrichtung der Landwirtschaft.

Wir haben bereits angedeutet, dass eine Erneuerung der Landwirtschaft nicht nur aus Gründen der Gesundheit und des Umweltschutzes notwendig ist, sondern auch aus rein ökonomischen Gründen angebracht wäre, da die derzeitige Landwirtschaft alles andere als wirtschaftlich nachhaltig ist. Mit Ressourcen wird in der Landwirtschaft noch immer sehr verschwenderisch umgegangen. Landwirtschaftliche Maschinen verbrauchen unfassbar viel Treibstoff. Wertvolle Pflanzennährstoffe (wie zum Beispiel Nitrat) werden ineffizient eingesetzt, ins Grundwasser ausgewaschen und müssen mit aufwendiger Technik bei der Trinkwasseraufbereitung entfernt werden. Auch bei den eingesetzten Pestiziden erreicht nur ein winziger Teil tatsächlich den Schadorganismus, der Rest verseucht die Umwelt, verringert die Biodiversität und verursacht dort einen Zusammenbruch der ökologischen Wechselwirkungen zwischen Schädlingen und Nützlingen. Diese Probleme bestehen zwar weltweit, dennoch müssen Maßnahmen regional angepackt werden. Das ist eigentlich ein ermutigender Befund, der auch dem Zeitgeist der Regionalisierung und Kleinstaaterei entgegenkommt.

Wir haben bisher eine Reihe von Behauptungen über Pestizide als Mythen enttarnt.

– Mythos 1, Pestizide werden rigoros getestet, bevor sie zugelassen werden.

– Mythos 2, der alte Paracelsus-Spruch, wonoach erst die Dosis das Gift macht und nur wirklich hohe Mengen gefährlich sind.

– Mythos 3, Pestizide werden in der Natur vollständig abgebaut und lösen sich praktisch in nichts auf.

– Mythos 4, die Behörden überwachen die Zulassung und Verwendung von Pestiziden streng.

Nun wollen wir uns einem weiteren Mythos widmen, nämlich der Behauptung, dass wir eine wachsende Weltbevölkerung nur durch pestizidintensive Landwirtschaft ernähren können.

LANDWIRTSCHAFT OHNE PESTIZIDE, GEHT DAS ÜBERHAUPT?

Die Agrochemieindustrie, viele Wissenschaftler und auch Behörden befördern den Mythos, dass Pestizide zwingend zu einer modernen Landwirtschaft dazugehören und deren Nutzen etwaige Schäden auf jeden Fall aufwiegt. Der vorhin erwähnte Bericht des UN-Menschenrechtsrates bringt erfrischend klar zum Ausdruck, dass die Behauptungen der Agrochemieindustrie, dass Pestizide notwendig seien, um unsere Ernährung zu sichern, nicht nur falsch, sondern auch fahrlässig gefährlich sind.[6]

Weltweit gibt es viele verschiedene Landwirtschaftssysteme, die ohne synthetische Pestizide auskommen: biologischer, ökologischer, organischer oder biologisch-dynamischer Landbau oder auch die Permakultur.[7] Neben dem Verzicht auf Pestizide werden bei diesen Landwirtschaftsformen auch keine synthetischen Mineraldünger verwendet. Außerdem wird großer Wert auf Umweltschutz und artgerechte Tierhaltung gelegt. Die Wurzeln dieser Landwirtschaftsmethoden gehen zurück auf die Anfänge des 20. Jahrhunderts, auch als Reaktion auf die zunehmende Urbanisierung und Industrialisierung zur damaligen Zeit. Ein Spezialfall ist die biologisch-dynamische Landwirtschaft mit ihrem Bezug auf die anthroposophische, teilweise recht esoterisch anmutende, Weltanschauung. Die Permakultur wird eher kleinräumig angewandt, hat sich mittlerweile auch zu einer alternativen Philosophie der Lebensmittelproduktion ausgewachsen und zielt auf die Aufrechterhaltung von dauerhaft funktionierenden, nachhaltigen und naturnahen Kreisläufen.

Wenn Landwirte, aus welchen Gründen auch immer, nicht auf Pestizide verzichten wollen, schreibt die Europäische Union seit 2014 integriertes Schädlingsmanagement (IPM) für alle Betriebe vor.[8] Im Prinzip geht es dabei darum, Pestizide nicht vorbeugend, sondern erst dann einzusetzen, wenn bestimmte Schadschwellen von Krankheitserregern oder Schädlingen überschritten wurden. Derzeit wird dieses Verfahren vor allem in geschlossenen Gewächshäusern und Obstplantagen angewandt. Beim Obstanbau steigen durch pestizidarme Methoden Ertrag und Qualität sogar an. Besonders bei Getreide zeigen Studien, dass IPM meist aufwendiger und teurer ist als konventionelle Verfahren. Am ehesten wird das Konzept der integrierten Schädlingskontrolle noch im Biolandbau eingesetzt, wo dann im Bedarfsfall allerdings biologische Schädlingsbekämpfungsmittel eingesetzt werden.

Biologische Landwirtschaft hat eine lange und erfolgreiche Geschichte. Dennoch hält sich hartnäckig der Glaube, dass sie zu ineffizient sei, um die Menschheit zu ernähren. Zugegeben, die biologische Landwirtschaft bringt oft geringere Erträge als die konventionelle Landwirtschaft. Aber sie ist profitabler, umweltfreundlicher und produziert hochwertigere Lebensmittel, die frei von Pestizidrückständen sind.[9] Darüber hinaus liefert der Biolandbau mehr Ökosystemdienstleistungen und gesellschaftliche Vorteile. Auch ein Bericht der Vereinten Nationen sagt, dass kleinteilige, biologische Landwirtschaft der einzige Weg ist, die Welt nachhaltig zu ernähren.[10]

Eines haben alle Landwirtschaftssysteme, die ohne Pestizide arbeiten, gemein: Sie verfolgen einen agrarökologischen Ansatz, das heißt, sie betrachten idealerweise das gesamte System, die Nahrungsmittelproduktion inklusive der ökologischen, ökonomischen und der sozialen Dimensionen.[11] So werden landwirtschaftliche Praktiken gefördert, die die lokale Biodiversität und Umwelt in Betracht zieht. Dadurch ist es möglich, die natürliche Schädlingskontrolle auf dem Feld zu fördern und biologische Interaktionen zwischen Nützlingen und Schädlingen und den Aufbau von Bodenfruchtbarkeit und langfristige Bodengesundheit zu sichern.[12]

Wir haben in früheren Kapiteln dargelegt, dass viele Pestizide verschwenderisch eingesetzt werden. Das heißt, es gibt ein gehöriges Reduktionspotenzial. Die Menge an Pestiziden, die zum Schutz der Kulturpflanzen benötigt wird, ist abhängig von der Sortenwahl, der Vielfalt an angebauten Feldfrüchten, der Fruchtfolge, der Lage des Feldes, der Witterung und umgebenden Landschaftsstruktur, in der der Betrieb liegt. Wenn Kulturpflanzen in sogenannten Ungunstlagen angebaut werden, dann werden sie öfter von Schädlingen oder Krankheiten befallen als in Gunstlagen. Winzer erzählen mir, dass gewisse Rebsorten resistent gegenüber den üblichen Pflanzenkrankheiten sind. Nur werden sie nicht großflächiger angebaut, weil der Weinmarkt auf einen normierten Geschmack ausgerichtet ist. Vielleicht ließe sich da ein Umdenken bei den Konsumenten bewirken, wenn kommuniziert würde, dass bei bestimmten Sorten weniger Pestizide erforderlich sind. Wir erfahren das ja selbst beim Garteln oder auch bei den Zimmerpflanzen. Schattige Ecken im Garten werden gerne von Schnecken aufgesucht, trockene Heizungsluft befördert den Milbenbefall. In den letzten Dekaden wurden die Landschaften maschinengerecht ausgeräumt, Wegraine, Brachen und Feldbäume entfernt. Noch verbliebene naturnahe Ökosysteme sind von Pestizidabdrift betroffen. Das Resultat ist ein Verlust von Ökosystemdienstleistungen wie Schädlingskontrolle durch natürliche Gegenspieler und ein Abbau der Bodenfruchtbarkeit. Bei der Züchtung von neuen Sorten wurde das Hauptaugenmerk auf hohe Erträge gelegt, während die Züchtung auf Krankheitsresistenz vernachlässigt wurde, da man davon ausging, dass Krankheiten ohnehin mit Pestiziden behandelt werden können. Andererseits sind diese Hochertragssorten aber auch anfälliger für Schädlinge und Krankheiten, weil sie durch hohe Düngergaben auch schmackhafter für Schädlinge sind. Da die meisten Saatgutbetriebe mittlerweile im Besitz großer Agrochemiekonzerne sind, besteht naturgemäß wenig Interesse an der Zucht krankheitsresistenter Sorten, da damit ja das Geschäft mit Pestiziden unterminiert würde.

Damit Landwirtschaft ohne Pestizide wieder besser funktioniert, müsste deshalb wieder mehr Vielfalt in der Landwirtschaft und im Landschaftsbild Einzug halten, weg von den großen Monokulturen, hin zu kleinstrukturierten und vielfältigen Einheiten. Es liegt auf der Hand, dass sich Schädlinge oder Krankheiten leichter ausbreiten, wenn riesige Flächen derselben Kultur zur Verfügung stehen. Wir konnten in eigenen Studien nachweisen, dass eine vielfältige Landschaft mehr Platz für Nützlinge bietet. Wichtig war in einer Studie auch die Situation auf dem Feld bezüglich Bodenfruchtbarkeit, auch die Saatdichte kann das Mikroklima auf dem Feld so verändern, dass weniger Schädlinge auftreten.[13] Beispielsweise dienen bunte Blühstreifen in der Nähe von Getreide- oder Gemüsefeldern nicht nur zur Verschönerung der Landschaft, sondern es werden damit auch zahlreiche Nützlinge, wie zum Beispiel parasitische Wespen, Laufkäfer, Vögel und Spinnen, gefördert, die helfen, Fraßschädlinge auf den Kulturen zu dezimieren.[14] Pflanzenbauliche Fruchtfolgen und der Anbau von Zwischenfrüchten tragen außerdem zur Bodengesundheit bei und sorgen dafür, dass bodenbürtige Pflanzenkrankheiten und Schädlinge nicht überhandnehmen, Unkrautbestände unterdrückt werden und der Humusgehalt im Boden aufgebaut wird.

Dass Landwirtschaft ohne synthetische Pestizide funktioniert, ist wissenschaftlich durch zahlreiche Beispiele belegt. In einem Langzeit-Feldversuch wurden Mais und Sojabohnen mit und ohne Pestizide angebaut.[15] Erstaunlicherweise gab es nach 22 Jahren keinen Unterschied in den Ernteerträgen zwischen den beiden Anbaumethoden. Verringerter Pestizideinsatz hat demnach nicht nur ökonomische Vorteile, da bei gleichbleibenden Erträgen die Ausgaben für Pestizide eingespart werden, sondern darüber hinaus auch noch jede Menge Vorteile für die Gesundheit und die Umwelt. In einer anderen, über 21 Jahre laufenden, Studie wurde bei Pestizidverzicht ein um zwanzig Prozent verringerter Ertrag ermittelt. Andererseits war dort aber auch der Einsatz an Dünger um 34 Prozent, jener von Energie um 53 Prozent und der von Pestiziden um 97 Prozent verringert (zu drei Prozent wurden biologische Pestizide verwendet).[16] Die Böden in den biologisch bewirtschafteten Flächen wiesen jedoch eine höhere Fruchtbarkeit und eine höhere Vielfalt an Organismen auf und waren deshalb besser zur Selbstregulation befähigt. Außerdem hat sich mittlerweile gezeigt, dass Biolandbausysteme klimatische Extreme, wie Trockenheit oder Starkregen, besser abfedern können. Wenn in den kommenden Dekaden mehr Menschen ernährt werden müssen und diese Lebensmittel konventionell produziert werden, dann wird ziemlich sicher auch der Pestizideinsatz steigen.[17] Bei allem, was wir bisher zu Pestiziden gehört haben, müssen wir uns fragen, ob es nicht unverantwortlich ist, diesen Weg in die Zukunft fortzuschreiben.

Die Ertragsunterschiede zwischen pestizidintensiver und ökologischer Landwirtschaft sind nicht nur Folge der eingesetzten Betriebsmittel, sondern sicher auch Folge jahrzehntelanger Unterfinanzierung von Forschung und Entwicklung im Bereich ökologischer Landwirtschaft. Es wird geschätzt, dass global etwa 43 Milliarden Euro jährlich für Forschung im Bereich Nahrungsmittel und Landwirtschaft ausgegeben werden. Die Ausgaben für Forschung, Technik und Entwicklung, die davon spezifisch in den ökologischen Landbau fließen, werden auf unter ein Prozent geschätzt![18] Daraus folgt, dass Innovationen im Ökolandbau noch immer in erster Linie von den Landwirten selbst ausgehen und weniger von Wissenschaftlern oder Beratern. Deutschland macht hier eine löbliche Ausnahme und stellt mit einem Bundesprogramm Ökologischer Landbau extra Mittel für die breite Erforschung vom Feld bis zur Gabel zur Verfügung. Österreich zählt zwar zu den Besten in Europa, was den Anteil an ökologisch bewirtschafteter Fläche betrifft. Dass dies aber als Impuls für eine langfristig ausgelegte Forschungsstrategie im landwirtschaftlichen Bereich aufgefasst wird, ist leider nicht zu erkennen.

Der Erfolg des Biolandbaus legt ein klares Zeugnis davon ab, dass Landwirtschaft auch ohne synthetische Herbizide funktioniert. Das beweist nichts weniger, als dass die weltweit am meisten verwendeten Pestizide wie Herbizide auf Glyphosat-Basis eigentlich unnötig sind! Deswegen verstehe ich auch die panischen Reaktionen nicht, dass mit einem möglichen Verbot von Glyphosat gleichsam unsere Ernährungssicherheit gefährdet wäre. Wenn, dann bräche ein Geschäftsmodell von Agrarchemiekonzernen zusammen, aber das würde dann wohl eher als unternehmerisches Risiko gelten. Interessanterweise reagieren nicht nur Laien, sondern auch viele Wissenschaftler ähnlich und glauben, dass mit einem Verbot von Glyphosat womöglich schlimmere Pestizide zum Einsatz kämen. Allein, mir fehlt die Logik hinter dieser Befürchtung. Glaubt man allen Ernstes, dass dann plötzlich wieder supertoxische, vom Markt genommene Pestizide aus der Mottenkiste geholt und versprüht werden? Wenn die Umweltgesetzgebungen auch nur einigermaßen funktionieren, dann ist das wohl auszuschließen. Als Außenstehender könnte man sich schon fragen, ob wir uns im postfaktischen Zeitalter mittlerweile auch jeglicher Vernunft berauben haben lassen, dass wir für Profitinteressen weniger Agrochemiekonzerne unsere Umwelt und unsere Gesundheit opfern.

In der öffentlichen Debatte wird es meistens so dargestellt, als ob die konventionelle Landwirtschaft parallel zur ökologischen existieren kann. Wie wir durch die Schilderungen zur Pestizidabdrift gehört haben, sieht die Realität leider anders aus. In Wahrheit gefährdet die konventionelle Landwirtschaft durch ihren unkontrollierten Pestizideinsatz auch die nachbarschaftliche Koexistenz der ökologisch wirtschaftenden Kollegen. Die pragmatische Lösung dieses Dilemmas wäre das Ausweisen pestizidfreier Regionen.

Folgendes kann in der Landwirtschaft gemacht werden, um die Verwendung von Pestiziden zu reduzieren:

- Forschung, Entwicklung und Auswahl krankheitsresistenter Sorten.
- Eine sorgfältig geplante Fruchtfolge sowie die Erhöhung der biologischen Vielfalt in Agrarsystemen und die Anlage von Mischkulturen.
- Der Schutz der Böden und die Erhöhung der organischen Substanzen im Boden zur Verbesserung der Fruchtbarkeit und Bodengesundheit.
- Lockerungen der optischen Anforderungen für Lebensmittel würden unsinnige Pestizidbehandlungen, die nur kosmetischen Zwecken dienen, einsparen.
- Förderung der natürlichen Nützlings-Schädlings-Interaktionen durch kleinstrukturierte Landschaften, in denen landwirtschaftliche und naturnahe Elemente wie Wälder, Hecken, Brachen oder Einzelbäume miteinander verwoben sind.

Es dürfte klar sein, dass diese Aktivitäten nicht der Landwirtschaft allein aufgebürdet werden können. Politik und Gesellschaft müssten dies zur Priorität erheben. Profitieren würden letzendlich alle davon, außer die Agrochemiekonzerne.

Zwar sind über Jahrhunderte bewährte Methoden wie der jährliche Fruchtwechsel nach wie vor aktuell, aber auch technischen Innovationen gegenüber ist der Ökolandbau durchaus aufgeschlossen. Der Fruchtwechsel vermeidet, dass der Boden einseitig ausgelaugt wird. Wenn ein Landwirt Luzerne oder Klee anbaut, ist das nicht nur proteinreiches Futter für Milchkühe. Diese Leguminosen holen auch mithilfe der sogenannten Knöllchenbakterien an ihren Wurzeln Stickstoff aus der Luft in den Boden. Es sind dies einige wenige Pflanzen, die das können. Und das ist das Geheimnis, warum der ökologische Landbau auch ohne Mineralstickstoff funktionieren kann.

Statt Schädlinge oder Krankheiten zu bekämpfen, versuchen Ökolandwirte, solche Probleme zu vermeiden. Etwa indem sie Getreide anbauen, das lange Halme bildet. Dann sind die Ähren weit weg vom Boden, wo schädliche Pilzsporen lauern. Und der Fruchtwechsel bringt auch Vielfalt in die Agrarlandschaft, sodass sich spezialisierte Schädlinge gar nicht erst massenhaft ausbreiten können. Davon profitiert auch die Biodiversität. Nützlinge wie der Marienkäfer fühlen sich wohl und machen Jagd auf Blattläuse und andere Schädlinge. Der Verzicht auf Mineraldünger kann auch direkt gesellschaftliche Auswirkungen haben, weil die Wasseraufbereitung günstiger ist, wenn das Grundwasser weniger mit Nitratdünger belastet ist.

Interessant sind auch Erfahrungen von Biobauern, die bemerkt haben, dass bei Ausrichtung der Kartoffelreihen in Windrichtung weniger Kartoffelkäferbefall auftritt, als wenn sie im rechten Winkel zum Wind angebaut werden.[19]

In der Rangordnung um den höchsten Anteil an ökologischem Landbau liegen die kleinen Falklandinseln mit 36,3 Prozent Ökolandbau an der gesamten landwirtschaftlichen Fläche an der Spitze.[20] Danach kommt Liechtenstein mit 31 Prozent, dann Österreich mit neunzehn Prozent. Die Schweiz folgt weiter hinten mit dreizehn Prozent und Deutschland abgeschlagen mit nur sechs Prozent Flächenanteil. Insgesamt schaffen es weltweit nur elf Länder über die Zehn-Prozent-Hürde.

Ich erinnere mich noch gut an die Aufbruchstimmung in der Öko-Szene, als ich von 2001 bis 2004 an der Uni Bonn forschte. Damals gab die grüne Landwirtschaftsministerin das Ziel aus, den ökologischen Landbau in zehn Jahren auf einen Anteil von zwanzig Prozent zu bringen. Das Potenzial wäre in Deutschland auf jeden Fall vorhanden, da Deutschland nach den USA der zweitgrößte Bio-Markt weltweit ist. Im Jahr 2015 kauften deutsche Haushalte für 8,6 Milliarden Euro Bio-Lebensmittel.[21] Die Nachfrage ist noch immer deutlich größer als das Angebot. Auch hier ist wieder einmal die Politik gefragt, entsprechend attraktive Rahmenbedingungen für den Biolandbau zu schaffen. Spätestens wenn Kunstdünger und Pestizide teurer werden, werden Produkte aus dem Ökolandbau für mehr Menschen leistbar.

Konsumenten, denen Bio zu teuer oder zu ideologisch gefärbt ist, greifen immer öfter zu regionalen Lebensmitteln. Es ist verständlich, dass ein konventionell produzierter Apfel aus der Region einem biologisch produzierten aus Südamerika aus Vernunftgründen vorgezogen wird. Man muss sich aber dabei im Klaren sein, dass weder auf die Regio-Label auf den Produkten noch auf die Auslobungen an den Regalen Verlass ist. Auch haben regional erzeugte Lebensmittel nicht automatisch eine bessere Qualität. Tomaten aus der Region werden mittlerweile genauso auf Steinwolle mit einer Düngerlösung produziert wie Tomaten aus Holland. Gut, wenigstens fallen die sinnlosen Transportkosten weg.

In den letzten Jahren hat nicht nur in der Landwirtschaft, sondern auch bei anderen Pestizidanwendern ein Nachdenkprozess eingesetzt. Nach der Vorreiter-Gemeinde Mals im Südtiroler Vinschgau haben sich in Europa Tausende Gemeinden zu einem Pestizidverzicht verpflichtet. Erstmalig sprachen sich in Europa die Bürger einer Gemeinde im Rahmen eines Referendums mit überwältigender Mehrheit (75 Prozent) gegen den Pestizideinsatz in ihrer Region aus. Das ist brisant, da Mals in einer Region mit intensivem Apfelanbau liegt. Die Diskussion hat sich auch daran entzündet, dass ökologisch wirtschaftende Betriebe sowie Tiere und Menschen zunehmend von Pestizidabdrift betroffen waren. Eine Heu-Analyse ergab beispielsweise relevante Rückstände von neun Pestizidwirkstoffen. Darüber hat der Autor Alexander Schiebel ein Buch geschrieben und einen Dokumentarfilm gedreht.[22] Das hat umgehend zu enormen Feindseligkeiten vonseiten der Pestizidbefürworter im Dorf geführt. Es ging so weit, dass der Autor kürzlich sogar vom Südtiroler Landesrat für Landwirtschaft wegen »übler Nachrede und Verbreitung von Falschinformation« angezeigt wurde.[23] Einem Obstbauern, der im Film erklärte, wie er in Südtirol schon seit dreißig Jahren ohne Pestizide erfolgreich produziert, wurden die Obstbäume in einem Sabotageakt mit dem Herbizid Glyphosat totgespritzt. Dem Obstbauer sind dadurch mehrere tausend Euro Schaden entstanden, noch dazu verliert er seine Zertifizierung als Biobauer.

Aber nicht nur kleine Gemeinden wie Mals, sondern auch Groß-
städte wie Rotterdam verbannten Pestizide aus dem Gemeindegebiet.
Das Verbot im drittgrößten Hafen der Welt und der zweitgrößten
Stadt der Niederlande erfolgte nicht nur aus gesundheitlichen Grün-
den, sondern auch aus ökonomischen. Es kostet die Stadtgemeinde
Millionen, die durch Pestizide entstandenen Verunreinigungen des
Grundwassers aus dem lokalen Trinkwasser zu entfernen.

Auch in Belgien sorgt man sich um den Einsatz von Pestiziden.
Ausschlaggebend waren auch dort gesundheitliche Bedenken, weil in
56 Prozent der untersuchten Messstellen des Grundwassers der Quali-
tätsstandard mit Pestiziden überschritten wurde. In Österreich haben
sich mittlerweile über 300 Gemeinden, darunter auch einige Bundes-
länder-Hauptstädte zumindest für einen Verzicht auf Glyphosat-Herbizide ausgesprochen.[24] Damit lebt immerhin schon fast ein Viertel
der Österreicherinnen und Österreicher in Gemeinden, die völlig auf
Glyphosat verzichten.

Mittlerweile haben sich auch einige Baumarktketten entschieden, keine glyphosathaltigen Herbizide oder neonicotinoidhaltige
Insektizide mehr im Sortiment zu führen.[25] Manche Gartenzentren
boten ihren Kunden sogar Umtauschaktionen an: Chemisch-synthetische Pestizide wurden gegen neue, biologische Mittel eingetauscht.[26]
Diese Aktionen zeigen eindrücklich, dass man nicht ganz willfährig
den Strategien der Agrarkonzerne ausgesetzt ist. Der Druck der Zivilgesellschaft ist mittlerweile auch so groß, dass über hundert Super-
marktketten, darunter die größten der Welt, beschlossen haben, bie-
nengefährdende Neonicotinoide aus dem Sortiment zu nehmen.[27]

Wichtig scheint, sich bei all der Euphorie über diese positiven Entwicklungen nicht einlullen zu lassen. Kurz nach der Veröffentlichung
des Weltagrarberichts über die Zustände in der Landwirtschaft wurde
die Weltbank mit zusätzlichen Milliarden bedacht, um damit in die
langfristige Bekämpfung des Hungers zu investieren. Was ist mit dem
Geld passiert? Der Löwenanteil floss ganz konventionell und klas-
sisch in Großprojekte und Subventionen für Agrochemikalien.[28]

Doch die Abkehr von Pestiziden spießt sich nicht nur an der Macht der Agrochemielobby. Auch viele Rentenversicherungen setzen zum Beispiel auf die Renditen von Agrochemie- und Ölkonzernen.[29]

Damit werden dann Erträge aus den Renten mit Gesundheit und Klima verknüpft. Man fragt sich, ob diese wirtschaftliche Verquickung nicht auch ein Grund ist, warum Veränderungen so schwierig herbeizuführen sind.

In einer großen Vergleichsstudie aus Frankreich wurden 946 konventionelle Höfe mit unterschiedlichsten Produktionsmethoden untersucht.[30] Das Ergebnis war verblüffend, denn etwa sechzig Prozent der untersuchten Betriebe konnten ihren Pestizideinsatz um 42 Prozent reduzieren, ohne Einbußen bei den Erträgen und auch beim Einkommen. Wieder stellt sich die Frage, wie es sein kann, dass den Landwirten zu so viel Pestizideinsatz geraten wird. Auch diese Studie hat ergeben: Je vielfältiger die Anbaumethoden, umso weniger Pestizide müssen verwendet werden. Gesunde Böden sorgen dafür, dass die Pflanzen Abwehrstoffe gegenüber Schädlingen produzieren und durch ein ausgedehntes Wurzelsystem gut mit Nährstoffen und Wasser versorgt werden. Bodengesundheit kann gefördert werden durch Fruchtfolgen, durchgehende Bodenbedeckung, durch Zwischenfruchteinsaat nach der Ernte, einen hohen Humusgehalt und den möglichst geringen Einsatz von Agrochemikalien.

Meine eigenen Erfahrungen fügen sich hier gut ein: Bei einer Fortbildungsveranstaltung für Landwirte hat ein Vertreter der Lebensmittelindustrie offen zugegeben, dass sie ihren Vertragsbauern vor zehn Jahren noch die doppelte Menge an Stickstoff empfohlen haben. Aufgrund der Grundwasserverschmutzung mit Nitraten und dem öffentlichen Druck sind die Düngerempfehlungen inzwischen halbiert worden, ohne dass sich dies auf die Ernteerträge ausgewirkt hätte. Dies ist nur symptomatisch für die generelle Situation, bei der Industrievertreter als Berater für Landwirte eingesetzt werden, da sich die Politik diese Kosten ersparen will.

Natürliche Schädlingskontrolle, wie sie unbemerkt in der Landschaft abläuft, ist ein Gratis-Ökosystemservice mit großem Wert. Für die USA wurde dieser Service auf etwa zwölf Milliarden Dollar pro Jahr geschätzt.[31] Generell kann eine reich strukturierte Landschaft mit Blüh- und Wiesenstreifen oder Waldstücken die natürliche Schädlingskontrolle auf den Feldern erhöhen, da in diesen Ökosystemelementen Nützlinge Unterschlupf finden. Mittlerweile gibt es auch spezielle Saatgutmischungen, die Nützlinge fördern. Diese Blühstreifen können Schädlinge im benachbarten Getreide sogar unter den Schadschwellen halten.[32] In Obstplantagen und anderen Feldkulturen spielen auch Vögel eine sehr große Rolle bei der Kontrolle von Schadinsekten. Das Zur-Verfügung-Stellen von Lebensräumen oder Brutboxen kann Eulenvögel fördern, die wiederum Nagetiere kontrollieren. Die Förderung von Fledermäusen in der Agrarlandschaft kann schädliche Nachtfalter, wie zum Beispiel den Apfelwickler, dezimieren.

Sehr vielversprechend sind in diesem Zusammenhang auch Erzählungen von Winzern, die selbst mit der Verringerung der Pestizidanwendung experimentieren. Im Weinbau werden die meisten Pestizide ja, wie schon erläutert, vorbeugend, ohne Vorhandensein von Krankheiten und Schädlingen, angewendet. Im Jahr 2015, einem trockenen Jahr mit wenigen Niederschlägen, hätte man sich den Großteil der Fungizidanwendungen im Osten Österreichs gegen den Falschen Mehltau (*Plasmopora viticola*) sparen können. Weinreben, die nicht mit Pestiziden behandelt wurden, brachten genauso viel Ertrag wie jene, die nicht mit Fungiziden behandelt wurden. Hier stellt sich auch die Frage, ob nicht im Zuge des Klimawandels mit extremen Witterungen die Pflanzenschutzstrategien angepasst werden sollten.

Herbizide zur Beikrautkontrolle unter dem Weinstock werden im Weinbau erst seit etwa fünfzehn Jahren breit angewandt. Davor wurden Beikräuter mit dem sogenannten Stockräumgerät mechanisch in Schach gehalten. Weinreben wurzeln bis mehrere Meter tief, es ist schwer verständlich, dass Unkräuter mit einer Wurzeltiefe von wenigen Zentimetern hier eine wesentliche Konkurrenz für die Weinreben darstellen. Tatsächlich gibt es sehr wenige Studien, die dies auch tatsächlich aufzeigen. In Gesprächen mit Winzern wird klar, dass viele Pflegemaßnahmen im Weingarten passieren, weil die Weinberge ordentlich ausschauen sollen. Dazu gehören, nach Meinung vieler Winzer, nun mal begrünte Rebgassen und von Beikräutern befreite Unterstockbereiche. Hier sollte auch die Wissenschaft mit entsprechender Öffentlichkeitsarbeit und Aufklärung dafür sorgen, dass der Wert der Biodiversität mehr geschätzt wird.

Die Lage ist in Wirklichkeit generell komplexer und vielschichtiger, als es hier skizziert ist. Zum Beispiel gibt es den sogenannten Elsker-Pilz im Weinbau, der die Weinrebe zum Absterben bringen kann. Der Pilz dringt über Wunden beim Rebschnitt in das Holz ein. Ein vermehrtes Auftreten in den letzten Jahren wird auch damit in Zusammenhang gebracht, dass für den Rebschnitt zunehmend pneumatische Rebscheren verwendet werden. Mit diesen pneumatischen Rebscheren kann viel tiefer ins Holz geschnitten werden als mit den händischen Scheren, und das verursacht größere Verletzungen am Holz, durch die der pathogene Pilz leichter in den Weinstock eintreten kann.

Derartige Beobachtungen von einzelnen experimentierfreudigen Winzern sollten auch verstärkt von der Wissenschaft aufgegriffen werden. Konzepte der Einbindung von Ideen aus der Bevölkerung in wissenschaftliche Forschungsprojekte werden im ökologischen Bereich immer wichtiger. Über soziale Medien könnte direkt mit den Landwirten kommuniziert werden, und gemeinsam könnten auch dringende Probleme der Praktiker im Rahmen von partizipativen Projekten (Citizen Science oder Bürgerwissenschaft) umgesetzt werden.

WIE SOLL DIE WACHSENDE WELTBEVÖLKERUNG ERNÄHRT WERDEN?

Die Verfechter der konventionellen Landwirtschaft geben gebetsmühlenartig vor, dass ökologischer Landbau nur zu mehr Hunger auf der Welt führen würde, da die Erträge dort niedriger seien. Somit wird die industrialisierte Landwirtschaft gerne als der einzige Weg dargestellt, um die wachsende Weltbevölkerung zu ernähren. Vieles davon ist ein Mythos und entstammt eher den Marketingabteilungen der großen Agrochemiekonzerne als der Realität.

Es gibt ausreichend Nahrung, um die Welt zu ernähren. Doch ungleiche Produktions- und Verteilungssysteme verhindern den Zugang der Bedürftigen zu Nahrung.

Die Weltbevölkerung erreichte 2011 sieben Milliarden, bis 2050 werden nach einem Bericht der Welternährungsorganisation FAO rund neun Milliarden Menschen auf der Erde leben. Den Prognosen zufolge wird jeder Mensch künftig im Durchschnitt mehr Fleisch- und Milchprodukte essen. Und es wird mehr Biosprit verbraucht, für den ebenfalls Anbauflächen benötigt werden. Laut FAO wird die globale Nachfrage nach Nahrungsmitteln bis zur Mitte des Jahrhunderts um voraussichtlich siebzig Prozent steigen. Doch schon heute hungern nach Angaben der Vereinten Nationen 805 Millionen Menschen. Wie soll die Menschheit angesichts dieser Prognosen in Zukunft ernährt werden? Die Erträge von Reis, Mais, Weizen und Sojabohnen müssten im Jahr 2050 doppelt so hoch sein wie derzeit.[33] Zur Steigerung der Ernten gibt es im Prinzip zwei Möglichkeiten, entweder versucht man den Ertrag pro Pflanze zu erhöhen, oder die Anbauflächen werden vergrößert. Ersteres kann durch effizientere Anbautechniken, verbesserte Sorten, effizientere Düngung und nachhaltigen Pflanzenschutz erreicht werden. Die Vergrößerung der Anbauflächen geht andererseits auf Kosten von naturnahen Flächen, wie Wäldern, Mooren und Trockenrasen, was schlecht ist für die Biodiversität, für die

Selbstregulation von Agroökosystemen und für unser Klima, da diese Flächen natürliche Kohlenstoffspeicher darstellen.

Wir haben es selbst in der Hand! Denn eines ist sicher, der momentane Lebensstil, den wir Bewohner der reichen Länder haben, ist für neun bis zehn Milliarden Menschen sicher nicht globalisierbar. Das Problem liegt auch im übermäßigen Fleischkonsum, der heute schon den größten Teil der Äcker der Welt beansprucht. Denn für die Erzeugung landen Unmengen an Getreide in den Futtertrögen von Tieren – statt auf den Tellern von Menschen. Zusätzlich wird zu viel landwirtschaftliche Fläche für die Produktion von sogenannten Biotreibstoffen verwendet.

In der Öffentlichkeit ist zu wenig klar, dass die meisten Nahrungsmittel nicht von industrialisierten landwirtschaftlichen Betrieben produziert werden. Über drei Viertel der Nahrungsmittel werden weltweit von kleinen landwirtschaftlichen Familienbetrieben produziert.[34] Die meisten dieser Betriebe haben weniger als einen Hektar Betriebsfläche. Die industrialisierte Landwirtschaft ernährt die Menschen in den Industrieländern oder produziert Agrotreibstoffe, während der Großteil der Weltbevölkerung von Kleinbauern ernährt wird. Da industrialisierte Landwirtschft in entlegenen Gebieten oder in Entwicklungsländern nicht einfach etabliert werden kann, bedeutet das auch, dass die Lage der Kleinbauern verbessert werden muss, wenn in Zukunft mehr Menschen ernährt werden müssen.

Während Mechanisierung die Kosten für große Betriebe reduziert, bedeutet das nicht automatisch, dass auch mehr Nahrungsmittel produziert werden. Selbst in den USA bestehen noch immer 88 Prozent aller Farmen aus Familienbetrieben.[35] Sie produzieren auch mehr Nahrung pro Fläche als große Landwirtschaftsbetriebe. Große Betriebe produzieren sehr viel von bestimmten Kulturen, die industriell verwendet werden, wie Mais oder Weizen. Aber kleine, diversifizierte Betriebe produzieren generell größere Mengen und eine größere Vielfalt pro Flächeneinheit. Dies trifft vor allem auch für Entwicklungsländer zu.[36]

Der schon erwähnte Weltagrarbericht räumt auch mit dem Mythos der Überlegenheit industrieller Landwirtschaft aus volkswirtschaftlicher, sozialer und ökologischer Sicht auf. Als neues Paradigma der Landwirtschaft des 21. Jahrhunderts sieht er kleinbäuerliche, arbeitsintensivere und auf Vielfalt ausgerichtete Strukturen. Dies garantiert auch eine soziale, wirtschaftliche und ökologisch nachhaltige Lebensmittelversorgung durch widerstandsfähige Anbau- und Verteilungssysteme.[37] Damit muss die real existierende kleinbäuerliche und traditionelle Landwirtschaft aber nicht romantisch verklärt oder gar eine Rückkehr zu vorindustriellen Zuständen gefordert werden. Zu bedenken ist auch, dass es in Entwicklungsländern sehr oft einfach an qualifiziertem Wissen über nachhaltige Anbaumethoden fehlt. Mit einer Kombination aus traditionellem und modernem Wissen könnte ein riesiger Innovationsschub zum Wohle von Umwelt und Gesundheit angestoßen werden.

Die Abkehr von Pestiziden kann auch zu einem Innovationsschub im Bereich der Landtechnik führen, Stichwort Digitalisierung. Genauso wie Rasenmäher-Roboter mittlerweile in den Hausgärten Einzug gehalten haben, könnten selbstfahrende Roboter mit speziellen Aufgaben auch auf den Feldern herumwuseln. Für die Unkrautregulierung ist man beispielsweise an der Entwicklung von kleinen, elektrisch betriebenen selbstfahrenden Jätmaschinen, die den Boden nicht verdichten und auch kein klimaschädliches CO_2 ausstoßen.[38] Bis dato sind ja Arbeitszeitersparnis und Energieeinsparung die zwei wesentlichen Argumente, die für den Einsatz der chemischen Unkrautkontrolle gegenüber der mechanischen mit Traktor, Pflug oder Striegel vorgebracht werden. Die autonomen Jätmaschinen könnten sogar mit Sensoren ausgestattet werden, die jedes Unkraut erkennen und nur diejenigen entfernen, die ertragsmindernd sind, während andere stehen bleiben. Alles zum Wohle der Biodiversität, der Bienen und der Landschaftsästhetik. Diese Robotertechnik hat auch den Vorteil, dass sie Tag und Nacht laufen kann. Jedenfalls kommen da sicherlich noch spannende Entwicklungen auf uns zu.

Ernährungssicherheit und Welthunger dürfen nicht als vorgeschobene Argumente für die Fortschreibung eines Systems dienen, das Bodenerosion, Wasserverschmutzung, Biodiversitätsverlust und Klimaerwärmung so stark mitverursacht. Würde die Landwirtschaft weltweit auf die biologische Wirtschaftsweise umsteigen, könnten 35 bis sechzig Prozent des globalen Zuwachses von Treibhausgasen bis 2030 neutralisiert werden. Gerade Kleinbauern profitieren von der biologischen Wirtschaftsweise durch die langfristige Verbesserung der Bodenfruchtbarkeit, die Unabhängigkeit von der Agrochemieindustrie und das Einbinden lokalen und traditionellen Wissens.

GRÜNE GENTECHNIK

Die sogenannte Grüne Gentechnik wird gerne als der Weg in die Zukunft propagiert. Rein wissenschaftlich ist es faszinierend zu sehen, dass wir die Funktion einer Pflanze so gut verstehen, dass wir sie gentechnisch so manipulieren können, dass sie selbst Gifte gegen Schädlinge produziert oder resistent gegenüber Herbiziden wird. Aber spätestens wenn wir sehen, dass die gentechnisch veränderten Pflanzen über hohe Lizenzgebühren von den Landwirten erworben werden müssen und diese sich verpflichten müssen, Saatgut und Pestizide von derselben Firma zu kaufen, kommen Zweifel an diesem Konzept auf. Es handelt sich schlichtweg um ein Geschäftsmodell: Der Patenthalter lebt davon, herbizidresistentes Saatgut und das dazugehörige Herbizid quasi als Rundum-sorglos-Paket zu verkaufen. Gentechnisch verändertes Saatgut wird vor allem in den USA, in Brasilien oder Argentinien breit eingesetzt. In Europa ist man noch überwiegend skeptisch, obwohl auch schon in Spanien, Portugal, Tschechien, der Slowakei und Rumänien gentechnisch veränderte Kulturpflanzen angebaut werden.

Deutsche, österreichische und Schweizer Behörden haben eine Studie über die Folgen von herbizidresistenten Gen-Pflanzen auf die Umwelt veröffentlicht.[39] Diese kommt zu dem Ergebnis, dass der Anbau von Gen-Pflanzen keine höheren Ernten bringt. Er führt aber zu einem Rückgang der Artenvielfalt, weil die Landwirtschaft intensiviert wird und mehr Gifte auf den Äckern landen. Allein in den USA führte der Anbau von Gen-Pflanzen seit Mitte der 1990er Jahre zu einem zusätzlichen Verbrauch von 240 Millionen Kilo Herbiziden. Die Genmanipulationen an Nutzpflanzen dienen zu 85 Prozent dazu, diese gegen Herbizidwirkstoffe wie Glyphosat und Glufosinat resistent zu machen. Der Anbau von genmanipulierten Pflanzen in Europa würde der Studie zufolge ebenfalls zu einer starken Zunahme des Einsatzes von Herbiziden führen. In diesem Zusammenhang müssen auch die dreisten Verflechtungen und Einflussnahmen der Gen-Lobbyorganisationen auf Politiker thematisiert werden.[40] Evident sind derartige Interessenkonflikte mittlerweile auch bei der Europäischen Behörde für Lebensmittelsicherheit (EFSA), die für die Risikobewertung von Gentechnik-Pflanzen in Europa zuständig ist.

LEBENSMITTELVERSCHWENDUNG FÖRDERT PESTIZIDVERWENDUNG

Jahr für Jahr landen allein in Deutschland elf Millionen Tonnen Lebensmittel im Wert von zirka 25 Milliarden Euro im Müll. Das entspricht einer Menge, für deren Transport unglaubliche 275 000 Sattelschlepper notwendig sind![41] Zur Verschwendung tragen alle bei: Lebensmittelverarbeiter, Landwirtschaft, Handel und Konsumenten. In der Landwirtschaft ist es heutzutage üblich, Ernteprodukte (zum Beispiel Zwiebeln oder Karotten) unterzupflügen, wenn sie nicht marktfähig sind, etwa weil sie in Form, Farbe oder Größe von der Norm abweichen oder zu niedrige Preise erzielen. Lebensmittel wie Erdbeeren verderben oft beim Transport und im Lager, wenn die Bedingungen ungünstig sind. In Kantinen oder Lebensmittelläden müssen Buffetreste aus übertriebenen hygienischen Gründen entsorgt werden, Verbraucher kaufen oder kochen zu viel oder lagern Lebens-

mittel falsch. Mit ein Grund für diese Geringschätzung von Lebensmitteln ist wahrscheinlich auch deren niedriger Preis. Wurden in den
1950er Jahren in Deutschland noch zirka fünfzig Prozent des Haus-
haltseinkommens für Lebensmittel ausgegeben, so sind es aktuell nur
um die zehn Prozent.

Mit jedem weggeworfenen Lebensmittel wird aber nicht nur ein
Produkt mit einem bestimmten Geldwert vernichtet. Der Produk-
tionsaufwand an Arbeitszeit, Energie, Wasser, Pestiziden, Düngemit-
teln und Boden ist damit auch verschwendet. Beispielsweise werden
für die Menge der weggeworfenen Lebensmittel knapp dreißig Prozent der weltweit verfügbaren Anbauflächen unnötigerweise genutzt.
Auch die Pestizide, die dort eingesetzt wurden, hätten eingespart werden können. Weltweit werden etwa 1,3 Milliarden Tonnen Lebensmittel im Jahr vergeudet. In vielen armen Ländern der Erde ist dagegen
die Versorgung mit Nahrungsmitteln schwierig, auch weil Ackerflächen für den Lebensmittelexport belegt werden.

Wir alle könnten schon heute damit beginnen, weniger Lebens-
mittelabfälle zu verursachen, denn über die Hälfte aller Lebensmit-
telabfälle im Haushalt ist vermeidbar. Ein bewusster Umgang mit
Lebensmitteln spart auch mehrere hundert Euro pro Person und Jahr.
In der öffentlichen Diskussion werden häufig die Verbraucher als die
Verursacher der Verschwendung von Lebensmitteln angeklagt, da sie
angeblich das Mindesthaltbarkeitsdatum falsch verstehen und Lebensmittel wegwerfen, die noch verzehrt werden könnten. Aber die
Verschwendung betrifft die gesamte Lebensmittelkette, von der Landwirtschaft bis zum Handel.

Die Reduktion der Nahrungsmittelverluste und -verschwendung
wird als vielversprechender Weg zur Verbesserung der Nahrungs-
mittelversorgung in den kommenden Jahrzehnten gesehen.[42] In der
Landwirtschaft können selbst in Mitteleuropa die Verluste bei der
Getreideernte zehn Prozent betragen. Die Verluste entstehen vor der
Ernte durch Pflanzenkrankheiten oder mechanische Beschädigung,
beim Dreschen und im Lager.[43] Aber gerade in den Ländern, in denen

Nahrung am dringendsten benötigt wird, wird leider gigantisch viel vergeudet. Die Entwicklungsländer haben immer noch mit zahlreichen logistischen Problemen bei der Lagerung zu kämpfen, die in wohlhabenden Staaten bereits seit Jahrzehnten gelöst sind. Dass man sich nur wenig Gedanken über die Verluste nach der Ernte macht, ist unerklärlich. Für Asien belaufen sich die Nachernteverluste beim Reis auf durchschnittlich etwa dreizehn Prozent, für Brasilien und Bangladesch werden sie mit zirka zwanzig Prozent beziffert. Anhand öffentlich zugänglicher Daten konnte berechnet werden, dass weltweit etwa ein Viertel der produzierten Nahrungsmittelmenge (zirka 614 Kilokalorien pro Kopf und Tag) in der Nahrungsmittelkette verlorengeht. Bei Einsparung der größten Verluste stünden damit zusätzlich Nahrungsmittel für zirka eine Milliarde Menschen zur Verfügung.

Allein in den USA gingen im Jahr 2010 zirka 31 Prozent der produzierten Nahrungsmittel im Gesamtwert von 160 Milliarden US-Dollar nach der Ernte verloren und standen nicht als Nahrung zur Verfügung.[44] Dies entspricht in etwa 1250 Kalorien pro Kopf und Tag, die verschwendet wurden. Dagegen nehmen sich die vorhin erwähnten, relativ kleinen Ertragsunterschiede zwischen konventioneller und ökologischer Landwirtschaft vergleichsweise gering aus.

Nahrungsmittelverschwendung ist nicht nur ein moralisches und wirtschaftliches Problem. Es wirkt sich auch auf das Klima negativ aus. Etwa ein Zehntel der weltweiten Treibhausgase aus der Landwirtschaft könnte bis 2050 allein auf die Lebensmittelverschwendung zurückgehen.[45] Mittlerweile ist klar erwiesen, dass das weltweite Nahrungsmittelangebot ausreichend ist, um den durchschnittlichen Bedarf zu decken. Unterernährung und Hunger auf der Welt sind das Ergebnis ungleicher Verteilung und der Verschwendung. Die Landwirtschaft ist insgesamt einer der größten Treiber des Klimawandels, mit einem Anteil von zirka zwanzig Prozent der weltweiten Treibhausgasemissionen im Jahr 2010.[46]

Neben der Verschwendung von Lebensmitteln würde auch eine Ernährungsumstellung, weg von einer fleischdominierten Ernährung, zu einer Reduktion des Pestizidaufwandes führen. Eine Zusammenfassung von hundert Fachpublikationen hat ergeben, dass eine Ernährungsumstellung das Leben sogar um bis zu zehn Jahre verlängern und massive Umweltschäden verhindern würde.[47] Auf diese Weise könnte man auch den Ausstoß von Treibhausgasen um einen Betrag reduzieren, der den aktuellen Emissionen sämtlicher Autos, Lkws, Flugzeuge und Schiffe entspricht. In Österreich wird stattdessen noch immer mit viel Steuergeld Werbung für mehr Fleischverzehr gemacht, wo – noch dazu recht dümmlich – Stereotypen, wie dass Fleisch stark macht, strapaziert werden.

AGRARFÖRDERUNGEN SOLLEN PESTIZIDEINSATZ EINDÄMMEN

Bei allen Nebenwirkungen des Pestizideinsatzes würde man annehmen, dass wenigstens die Agrarförderung steuernd dagegenhält. Oft ist leider genau das Gegenteil der Fall. Die Europäische Union hat zwar verschiedenste Gesetze und Richtlinien zum Schutz von Natur und Umwelt oder für den Wasserschutz erlassen, aber keines davon hat so großen Einfluss auf die Ökosysteme wie die sogenannte Gemeinsame Agrarpolitik (GAP).[48] Mit einem Gesamtbudget von mehreren hundert Milliarden Euro wirkt sich die GAP auf rund die Hälfte der Landfläche der EU aus. Trotz oder wegen der GAP-Zahlungen nimmt die Intensivierung der Landwirtschaft sowohl in Westeuropa, aber vor allem in den neuen EU-Mitgliedsstaaten stark zu.

Für diese Agrarsubventionen werden vierzig Prozent des EU-Haushalts aufgewendet. Die größte gesellschaftliche Akzeptanz für öffentliche und finanzielle Mittel für den Agrarsektor gibt es für Kleinbauern und Bergbauern. Die reale Verteilung der öffentlichen Mittel zeigt allerdings ein anderes Bild, da die Förderungen von der Größe des Betriebes abhängen: Wer mehr hat, bekommt auch mehr. Die derzeitigen Agrarförderungen nützen vorwiegend der Lebensmittelindustrie und den Großbetrieben.[49] Schaut man sich die Vergabe der Fördermittel in Europa genauer an, dann stechen als Fördernehmer mit Millionen-Zuwendungen Fruchtsafthersteller, Erzeuger von Fertignahrung, Marketingfirmen, Fluglinien (weil sie Lebensmittel servieren!), Gemüseproduzenten und natürlich auch mehr oder weniger blaublütige Großgrundbesitzer heraus.[50] Lediglich sechs Prozent der öffentlichen Mittel fließen an Kleinbauern. Als Folge davon nimmt die Zahl der Bauernhöfe in ganz Europa kontinuierlich ab, die Großen schlucken die Kleinen.

Trotz großer Fördersummen bleibt auch der Erfolg im Umweltbereich mäßig. In manchen Gegenden ist das Grundwasser durch den Nitrateintrag aus der Landwirtschaft nicht trinkbar und muss teuer aufbereitet werden. Pestizidintensive Maisproduktion wird für Energie aus Biogas oder Ethanol gefördert, obwohl klar ist, dass diese Art der Energieproduktion ineffizient ist. Agrarsubventionen fördern damit auch die im Maisanbau verwendeten Saatgutbeizmittel und andere Pestizide, die die Biodiversität gefährden. Eigentlich sollte die Förderpolitik Umweltprobleme vermeiden helfen und nicht auch noch zu deren Verstärkung beitragen.

In sogenannten Agrarumweltprogrammen werden seit Jahrzehnten auch Maßnahmen zur Pestizidreduktion und zum Wasserschutz gefördert. Trotzdem steigen die Pestizidmengen weiter an. An der Fördermaßnahme Verzicht auf Fungizide im Ackerbau beteiligten sich in Deutschland rund 17 000 landwirtschaftliche Betriebe, mit Kosten von etwa fünf Millionen Euro pro Jahr.[51] Ein Blick auf die Fungizidstatistik zeigt, dass der Einsatz von Fungiziden seit 2006 von 773 Tonnen auf 835 Tonnen pro Jahr gestiegen ist. Wie halbherzig da vorgegangen wird, zeigt auch die Tatsache, dass etwa ein Drittel der Europa-Naturschutzgebiete (Natura 2000) auch unter Pestizideinsatz landwirtschaftlich genutzt werden darf.

Kritisches Hinterfragen der Agrarsubventionen ist legitim, da beispielsweise etwa zwanzig Prozent des Wertes der landwirtschaftlichen Produktion in der EU durch den Steuerzahler subventioniert werden.

Dagegen stehen weniger als ein Prozent, die investiert werden, um die negativen Auswirkungen auf die Umwelt abzumildern. Ökologische Folgekosten werden auf die Allgemeinheit abgewälzt, während andererseits Steuermittel zur Förderung eingesetzt werden. Dabei reden wir noch gar nicht über die Probleme der Verlagerung von Umweltkosten. Denn nationale Entscheidungen können Konsequenzen in anderen Regionen der Welt haben. Importierte Futtermittel wie etwa Soja für unsere Tiermastbetriebe erzeugen in den Produktionsländern Umweltkosten, die aber nicht auf die Fleischpreise bei uns umgelegt werden.

Eine konsequente Reaktion auf ineffiziente Förderpolitik könnte sein, die Landwirtschaft komplett dem Markt zu überlassen und keinerlei Interventions- und Subventionsmöglichkeiten zu erlauben. So wie es beispielsweise Neuseeland macht, das seit Mitte der 1980er Jahre die Landwirtschaft ganz der Marktregulation überlässt und keine Fördermittel mehr zur Verfügung stellt. Dies führte allerdings zu einer noch stärkeren Intensivierung der Landwirtschaft. Ein anderes Beispiel ist China, dass massiv Inputfaktoren wie Dünger und Pestizide subventioniert, was zu höheren Erträgen, aber auch zu höheren Treibhausgasemissionen führt. Andererseits nutzt China aber auch seine staatliche Kontrolle für radikale Maßnahmen, die Ackerland in Naturschutzflächen umwandeln.

Die logischste Lösung wäre es, die Umweltauswirkungen so zu besteuern, dass Produkte aus schädlicher Produktion teurer sind als solche aus umweltgerechter Produktion. Die Landwirtschaft verdient die Unterstützung der Gesellschaft – aber nur, wenn sie klar definierte Leistungen erbringt, mit denen Nahrungsmittel ohne negative Auswirkungen auf Umwelt und menschliche Gesundheit produziert werden. Mit einer leistungsgerechten Bezahlung für Natur und Umwelt würde die Landwirtschaft zugleich auch den Ruf des reinen Subventionsempfängers verlieren.

Fairerweise muss erwähnt werden, dass es über die Agrarumweltprogramme bereits Förderung gibt, um den Düngemitteleinsatz zu reduzieren, das Klima aktiv zu schützen oder die Bodenfruchtbarkeit zu erhöhen, aber deren Wirksamkeit ist recht begrenzt.

Über Agrarumweltprogramme werden jedes Jahr aber auch Millionen von Euro für das Versprühen von Glyphosat-Herbiziden bewilligt. Ziel ist dabei, Boden- und Klimaschutz zu fördern, da durch das Pflügen die Böden erosionsgefährdet sind und Treibhausgase aus den Böden freigesetzt werden. Allein im deutschen Bundesland Sachsen wurde die konservierende, pfluglose Bodenbearbeitung im Jahr 2008 auf 76 620 Hektar und der damit verbundene Einsatz von Glyphosat mit 3,6 Millionen Euro gefördert.[52] Es versteht sich von selbst, dass zu den vehementen Unterstützern dieser Bodenbearbeitung natürlich auch große Agrochemiekonzerne zählen.

POLITIK SOLL FAKTENBASIERT ENTSCHEIDEN UND HANDELN

Letztendlich müssen sich die betroffenen politischen Ressorts Landwirtschaft, Umwelt, aber auch Gesundheit entscheiden, ob sie die Profitinteressen weltweit tätiger Konzerne vertreten, oder ob sie doch eher ihren Wählern vor Ort verpflichtet sind. Wir haben gesehen, dass die Vorteile des heftigen Pestizideinsatzes mehr als zweifelhaft sind. Trotz der breiten Verwendung haben es Pestizide in den letzten vierzig Jahren nicht wirklich geschafft, Ernteverluste an Schädlinge oder Krankheiten nachhaltig einzudämmen.[53]

Vielleicht werden unschlüssige Politiker zu konsequenterem Handeln gegen den überbordenden Pestizideinsatz ermutigt, wenn sie hören, dass selbst in den höchsten Kreisen der Landwirtschaft Kritik an der pestizidintensiven Landwirtschaft laut wird. Sogar der Präsident der Deutschen Landwirtschafts-Gesellschaft (DLG), der renommierten Fachorganisation der Agrar- und Ernährungswirtschaft, räumt ein, dass zu enge Fruchtfolgen und ein »gigantischer Chemieaufwand« zu immer mehr Resistenzen und sogar zu Ernterückgängen führen. Solche Einsichten stimmen optimistisch, da die DLG sich wissenschaftlich auch um Zukunftsperspektiven für die Landwirtschaft kümmert. Gegenwind dafür gab es allerdings sofort von den sogenannten Vertretern der Landwirte, die sich vehement gegen diese »Systemdebatten« wehren.[54] Auch aus dieser Reaktion wird klar, dass Agrarpolitik, Handelssysteme und der Einfluss von Unternehmen auf die Politik kritisch hinterfragt werden müssen, wenn sich die Landwirtschaft aus der Pestizid-Tretmühle befreien soll.

Wichtig wäre nicht nur ein international verbindliches Abkommen zur weltweiten Reduzierung des Pestizideinsatzes, sondern auch, dass die Hersteller der Pestizide endlich für etwaige Schäden, die ihre Produkte anrichten, verantwortlich gemacht werden. Anstatt immer alles auf die Allgemeinheit abzuwälzen.

Obschon die internationalen Klimaabkommen bezüglich ihrer Ernsthaftigkeit und Umsetzung nicht wirklich vorbildlich sind, könnten bei den Pestiziden verstärkt einzelne Staaten nationale Aktionspläne entwickeln, die Anreize für Alternativen zur chemischen Unkraut- und Schädlingsbekämpfung setzen und verbindliche Reduktionsziele mit klaren Zeit- und Zielvorgaben vorsehen. Schweden, Dänemark, Frankreich und die Schweiz sind hier bereits beispielgebend. Obwohl die Widerstände aus der Zivilgesellschaft gegen die pestizidintensive Landwirtschaft in Frankreich oder Deutschland groß sind, sind allzu optimistische Erwartungen großer Veränderungen wohl übertrieben. Immerhin stellt die Agrochemieindustrie in diesen Ländern sehr mächtige Industriezweige dar, mit Hunderttausenden Arbeitsplätzen. Auch sind die Verflechtungen zwischen der Agrochemieindustrie und der Politik (und dem Fußball) dort sehr eng.

Bleibt die Eigeninitiative jedes einzelnen Konsumenten. Die effektivste und langfristigste Methode, um zu verhindern, dass Menschen noch mehr giftigen Chemikalien ausgesetzt sind, ist die Abkehr von der pestizidintensiven, industriellen Landwirtschaft. Diese Methoden würden kleinstrukturierte Landwirtschaft unterstützen und sie von der Abhängigkeit der Agroindustrie befreien. In Gesprächen mit Landwirten merke ich immer wieder, dass sehr viele ein schlechtes Gefühl dabei haben, so viele Pestizide einzusetzen. Dass die Landwirte oft zu viel spritzen, hängt auch mit einer falschen Beratung der Landwirte zusammen. Deutsche Landwirtschafts-Experten schätzen, dass jeder zweite Einsatz von Pestiziden zu früh erfolgt und damit verzichtbar wäre. Leider werden diese Befindlichkeiten vonseiten der landwirtschaftlichen Beratung zu wenig angesprochen, da die Beratung an profitorientierte Firmen ausgelagert wurde. Die landwirtschaftliche Forschung ist noch immer viel zu sehr in unzählige Teildisziplinen aufgesplittert und kümmert sich zu wenig um eine gesamtheitliche Betrachtung des gesamten Agroökosystems inklusive der sozioökonomischen Auswirkungen.

Ein kürzlich erschienener Bericht der Vereinten Nationen schlägt sogar ein Menschenrecht auf ausreichende Nahrung und Gesundheit ohne Pestizidbelastung vor.[55] In diesem Zusammenhang wird auch die Agrochemieindustrie an ihre Verantwortung erinnert, Pestizide zu produzieren und zu verkaufen, die diese allgemeinen Rechte nicht verletzen. Kritisch erwähnt wird in dem Bericht auch das Fehlen eines Bewusstseins über die Gefahren, die von manchen Pestiziden ausgehen. Dieser Bewusstseinsmangel wird oft noch gefördert durch Lobbying der Industrie, die die Risiken der Pestizide herunterspielt, und selbstgefällige Regierungen, die vorgeben, die vorhandenen Gesetze, Regulatorien und Kontrollen seien ohnehin ausreichend, um den Schutz vor gefährlichen Pestiziden zu gewährleisten.

Das Ziel sollte auch sein, Doppelstandards für Pestizide zu eliminieren. Es kann nicht sein, dass ein Pestizid in einem Land wegen gesundheitlicher Bedenken verboten ist, aber dann trotzdem noch produziert wird und in Länder mit weniger strengen Gesetzen exportiert wird. Im Sinne der menschlichen Gesundheit, der Ökologie und einer nachhaltigen Entwicklung unseres Planeten sollte ein weltweit politischer Rahmen zur Reduzierung des Pestizideinsatzes ausgearbeitet werden. Die Politik sollte sich auch viel stärker an den Herstellern der

Pestizide schadlos halten, wenn es um Verschmutzung von Trinkwasser oder gesundheitliche Schäden, die auf Pestizide zurückzuführen sind, geht.

Wir haben von unsäglichen Vertuschungsaktionen, Geheimniskrämereien und Korruption bei der Pestizidzulassung gehört. Dies ist angesichts der Tragweite der Problematik absolut inakzeptabel. Die Politik muss sich dafür einsetzen, dass die Risikoanalyse für Pestizide von unabhängigen Stellen erfolgt und alle Studien, die dazu erhoben werden, offengelegt werden. Der gesamte Zulassungsprozess sollte, wie eigentlich von allen EU-Staaten vereinbart, nach dem Vorsorgeprinzip erfolgen: Sobald der geringste Verdacht einer gesundheitlichen Beeinträchtigung besteht, ist ein Pestizid vom Markt zu nehmen und die Hersteller sind für die gesundheitlichen Folgekosten haftbar zu machen.

Im Zusammenhang mit der Zulassung von Pestiziden sollten die Hersteller transparent nachweisen müssen, dass es keine Pestizidalternativen gibt. Dazu gehört, dass Pestizide keine EU-Zulassung erhalten, bevor nicht ihre Unbedenklichkeit nachgewiesen ist. Die prophylaktische Anwendung von Pestiziden sollte radikal eingeschränkt werden, weil sie zu übertriebenen Pestizidgaben führt und wissenschaftlich unsinnig ist. Wir waschen uns ja auch nicht ständig mit einem Anti-Läuse-Shampoo die Haare, nur weil wir vielleicht einmal Kopfläuse aufschnappen könnten!

Die Politik muss rigorosere Rückstandsanalysen zu den zugelassenen Pestiziden bei Lebensmitteln sicherstellen und regelmäßig veröffentlichen. Diese Analysen sollten selbstverständlich von den Pestizidherstellern bezahlt werden.

Für die Landwirte sollte es Unterstützung für agrarökologische Praktiken geben, um die Biodiversität in der Agrarlandschaft zu heben und damit biologische Schädlingskontrolle zu fördern. Dazu zählen auch bewährte pflanzenbauliche Methoden, wie Fruchtfolgengestaltung, standortgerechte Sortenwahl und Bodenfruchtbarkeit. Mit einer stärkeren Unterstützung des biologischen Landbaus sollte die Abschaffung der Subventionen für Pestizide erfolgen und stattdessen die Einführung einer umfassenden Pestizidsteuer beschlossen werden.

Besorgniserregend ist auch die weltweite Konzentration der Agrochemieindustrie auf wenige Weltkonzerne, dies konstatiert auch ein UNO-Bericht.[56] Die beiden US-Konzerne DuPont und Dow Chemical wollen fusionieren, ChemChina will Syngenta aus der Schweiz kaufen, und der deutsche Bayer-Konzern übernimmt Monsanto. Am Ende würden drei Konzerne mehr als sechzig Prozent der Märkte für kommerzielles Saatgut und für Agrarchemikalien beherrschen.[57] Auch die meisten Anmeldungen für das Eigentum an Pflanzen beim Europäischen Patentamt entfielen auf diese drei Konglomerate. Der neue Gigant unter den Großen wäre Bayer-Monsanto.

Hinzu kommt der politische Einfluss: Je größer ein international agierendes Unternehmen, desto weitreichender ist seine Lobbymacht und damit sein Einfluss auf die Gesetzgebung. Für Europa ist zu befürchten, dass dieser neue deutsche Weltkonzern und die ihm gewogenen Politikerinnen und Politiker die grundlegenden Errungenschaften der EU-Gesetzgebung ins Visier nehmen. Es gibt jetzt bereits Schadensersatzforderungen der Agrochemiekonzerne gegenüber der EU-Kommission, da einige bienenschädliche Neonicotinoide für zwei Jahre verboten wurden.[58] Die Gerichte müssen nun prüfen, ob das Verbot womöglich auf rechtlich tönernen Füßen steht: Immerhin hatten die Hersteller zuvor eine Zulassung für ihre Pestizide erhalten und im Vertrauen darauf in ihre Produktion investiert. Je mächtiger die Agrochemiekonzerne werden, desto häufiger wird es zu solchen Interventionen kommen.

Wie wir gesehen haben, hat dies auch dazu geführt, dass die Hersteller wissenschaftliche Studien, die gesundheitliche Gefahren ihrer Produkte aufzeigen, generell anzweifeln und die beteiligten Wissenschaftler zu diskreditieren versuchen. Es gibt viele Hinweise, dass sich andererseits Wissenschaftler von diesen Firmen auch kaufen lassen und Gefälligkeitsgutachten zu den Firmenprodukten liefern. Andere ungeheuerliche Praktiken betreffen die Infiltration von Behörden und Ministerien mit ehemaligen Industrievertretern oder das Versprechen von lukrativen Positionen in der Industrie nach dem Ausscheiden aus politischen Ämtern (Drehtür-Mechanismus zwischen Industrie und Politik). Beispielsweise wird die US-amerikanische Behörde, die für die Überwachung von Lebensmitteln und deren gesundheitlichen Auswirkungen verantwortlich ist (FDA), von ehemaligen leitenden Angestellten des größten Herbizidherstellers geführt.[59]

Kritisch beobachtet werden sollten auch strategische Partnerschaften zwischen Industrie und Forschungseinrichtungen, die einer Erhöhung der Glaubwürdigkeit der beteiligten Firmen dienen und oft eine rigorose Aufarbeitung von Missständen erschweren. In Zeiten sinkender öffentlicher Mittel für die Wissenschaft ist in diesem Zusammenhang auch die finanzielle Unterstützung für Universitäten oder Fachhochschulen zu erwähnen. Wenn Pestizidstudien mit Firmengeldern durchgeführt werden, machen sich die eigentlich unabhängigen Institutionen von den Geldgebern abhängig. Sehr oft gibt es vor Veröffentlichung der Untersuchungsergebnisse noch ein »Korrekturlesen« durch die Auftraggeber.

Die Agrochemieindustrie ist inzwischen so mächtig, dass sie nicht davor zurückschreckt, bei Regierungen wegen erlassener Pestizidverbote zu intervenieren und mit Klagen zu drohen.[60] Dabei wurde sogar gedroht, einzelne Beamte, die an der Erstellung des offiziellen Dokuments zur Darstellung der Schädlichkeit von Neonicotinoiden beteiligt waren, zu verklagen.

In der Politik ziehen gewöhnlich die wirtschaftlichen Argumente mehr als die gesundheitlichen oder gar die ökologischen. Überzeugend müsste in diesem Zusammenhang dann eigentlich die ökonomische Bewertung des Pestizideinsatzes sein. Unfrisierte Kalkulationen zeigen eindeutig, dass Pestizide ein Verlustgeschäft sind. Einzig die Industrie profitiert. Auch wird für die Kosten der Pestizide keine umfassende Kosten-Nutzen-Rechnung aufgestellt. In den USA, wo jährlich Pestizide für vier Milliarden US-Dollar verbraucht werden,

werden dadurch gleichzeitig Schäden von zwei bis vier Milliarden US-Dollar verursacht.[61]

Meines Wissens gibt es für Europa keine derartigen Berechnungen. Miteinbezogen werden müssten bei diesen Kalkulationen: Trinkwasserüberwachung und Trinkwasseraufbereitung, Produktionsschäden an Kulturpflanzen und der Biodiversität, Überwachungskosten auf Pestizidrückstände in Lebensmitteln, Behandlungskosten, Arbeitsausfälle und Todesfälle sowie Zulassungsprüfungen bei Landes- und Bundesbehörden.

Die Kosten, die Pestizide verursachen, die aber von der Allgemeinheit bezahlt werden, müssten auf den Preis der Pestizide umgelegt werden. Diese Preiserhöhung kann gleichzeitig ein wichtiges Steuerinstrument sein, um den Pestizideinsatz zu senken. Dies haben einige europäische Staaten auch bereits gemacht. Darauf sank der Pestizidverbrauch im Vergleich zum langjährigen Mittel in Dänemark um 21 Prozent, in den Niederlanden um 43 Prozent, in Finnland um 46 Prozent und in Schweden gar um 79 Prozent.

Die Politik muss sich für eine Reform der Zulassung von Pestiziden einsetzen, da die derzeitigen Bestimmungen keine ernsthafte Bewertung der Umweltauswirkungen ermöglichen. Eines der grundlegenden Prinzipien der EU-Umweltbestimmungen, das sogenannte Vorsorgeprinzip, wird äußerst mangelhaft umgesetzt. Das Vorsorgeprinzip, wie es in der Rio-Erklärung über Umwelt und Entwicklung von 1992 verankert ist, besagt, dass Schutzmaßnahmen auch dann ergriffen werden müssen, wenn noch keine vollständige wissenschaftliche Gewissheit über ein Risiko besteht.

Letztendlich ist der Streit um das gesundheitliche Risiko durch Pestizide kein wissenschaftlicher, sondern ein politischer. Die Gesellschaft muss klar artikulieren, welches Maß an Risiko und Ungewissheit sie bereit ist, für den Nutzen von Pestiziden in Kauf zu nehmen.

Die Politik könnte die Entscheidung für gesündere Lebensmittel erleichtern, indem der Pestizideinsatz rigoros besteuert wird. Seit Sommer 2013 ist in Dänemark ein neues System zur Pestizidbesteuerung in Kraft.[62] Die Steuer soll die Ziele des dänischen Nationalen Pestizidaktionsplans unterstützen. Dies beinhaltet, die negativen Auswirkungen der Pestizidanwendung auf Mensch und Umwelt zu reduzieren und Pflanzenschutzmaßnahmen zu fördern, die vergleichsweise weniger negative Auswirkungen auf Umwelt und Gesundheit haben. Pestizidprodukte, die besonders problematisch für Mensch oder Umwelt sind, bekommen einen hohen Steuersatz. Wenn sich der Landwirt für ein günstigeres Pestizidprodukt entscheidet, wählt er damit automatisch die umwelt- und gesundheitlich verträglichere Alternative. Die Einnahmen aus der Steuer werden in Dänemark in Agrarprojekte investiert und dienen der Umsetzung und Deckung der administrativen Kosten des nationalen Aktionsplans.

Ganz anders sieht die Situation in Deutschland oder Österreich aus. Ein Interesse der Regierungen, die Pestizid- und Agrarindustrie an den erheblichen externen Kosten des chemischen Pflanzenschutzes zu beteiligen, ist nicht erkennbar. Die über eine Pestizidsteuer eingebrachten Mittel könnten zweckgebunden etwa für die Begleichung der staatlichen Überwachungs- und Kontrollkosten für Pestizidrückstände und -anwendungen genutzt werden oder in eine industrieunabhängige Pflanzenschutzberatung investiert werden.

Ein Gutachten des Helmholtz-Zentrums für Umweltforschung in Leipzig empfiehlt, den Beispielen in Dänemark, Frankreich und Schweden zu folgen und auch in Deutschland eine Abgabe auf Pestizide einzuheben.[63] Das Konzept sieht einen Grundabgabesatz von zwanzig Euro für die maximal zulässige Aufwandmenge je Pestizid pro Hektar und Jahr vor. Durchschnittlich, so rechneten die Forscher anhand von 66 Pestiziden mit verschiedenen Wirkstoffen aus, käme es zu einer etwa vierzigprozentigen Preissteigerung. Und die würde in der Landwirtschaft vor allem die konventionell arbeitenden Bauern belasten und kaum die Bio-Landwirte. Eine solche Verteuerung wäre laut Studie nicht nur verfassungs- und EU-rechtlich zulässig, sondern auch als Lenkungsmaßnahme sinnvoll. Die möglichen Einnahmen aus der Abgabe werden allein in Deutschland auf eine Milliarde

Euro pro Jahr geschätzt. Das Geld könnte Umweltmaßnahmen zugutekommen.

Die schon erwähnte repräsentative Umfrage in Deutschland kann in der Umsetzung dieser Ziele für Rückenwind sorgen, immerhin zählt der Landwirt zu den drei zukunftsträchtigsten Berufen – nur Ärzte und Lehrer werden noch häufiger als wichtig erachtet. Andererseits haben wir die Eurobarometer-Umfrage erwähnt, wonach die Menschen Angst vor Pestiziden in Lebensmitteln haben.

Die Politik sollte endlich aktiv werden und die Landwirte dazu ermutigen, agrarökologische Praktiken anzuwenden, um die Biodiversität zu fördern und Schädlinge auf natürliche Weise zu unterdrücken. Die Zeit ist reif für einen Übergang hin zu einer besseren und gesünderen Landwirtschaft. Eine solche multifunktionale Landwirtschaft produziert Nahrungsmittel, schützt dabei gleichzeitig die Umwelt, erhält die Biodiversität und ästhetische Kulturlandschaften.

WAS MUSS KONKRET GETAN WERDEN?

Es braucht eine radikale Veränderung unserer gegenwärtig recht unbekümmerten Einstellung gegenüber Pestiziden, deren Zulassung und behördlicher Kontrolle. Die Verfehlungen sind zu gravierend, als dass dies mit kleinen Korrekturen dort und da verbessert werden kann.

- Gesundheit für Mensch und Mitwelt zuerst! Sobald Zweifel bestehen, dass Pestizide die Gesundheit beeinträchtigen, muss das Vorsorgeprinzip schlagend werden und eine Zulassung untersagt werden.
- Die Pestizidzulassung muss komplett neu geregelt werden. Die Zulassung muss sowohl die Nebenwirkungen der Wirkstoffe als auch der Beistoffe testen, Kreuzwirkungen von Pestizid-Cocktails und endokrine Wirkungen umfassen. Die Untersuchungen sind von den Pestizidherstellern zu finanzieren, müssen aber von unabhängigen Wissenschaftlern unter Offenlegung aller Daten und Analysemethoden durchgeführt werden.

– Getestet werden müssen die tatsächlich in der Praxis verwendeten Produkte, nicht nur die reinen Wirkstoffe. Dabei sollten Langzeiteffekte über mehrere Generationen untersucht werden, und Pestizide sollten auch in der Debatte um den globalen Wandel verstärkt diskutiert werden.

– Notwendig ist eine Offenlegung aller Pestizidverbrauchszahlen, am besten für jedes landwirtschaftlich genutzte Feld. Die Daten dazu sollten eigentlich vorliegen, da die Landwirte ja verpflichtend sind, Aufzeichnungen darüber zu führen. Zur Wahrung der Privatsphäre könnten in der Öffentlichkeit aggregierte Daten veröffentlicht werden, für wissenschaftliche Zwecke sollten aber alle Details zugänglich sein.

– Öffentliche Subventionen sollten nur an Produzenten fließen, die nicht Umwelt oder Gesundheit gefährden. Diese Produktion sollte nach standardisierten und zertifizierten Methoden erfolgen und regelmäßig kontrolliert werden, wie es zum Beispiel schon im biologischen Landbau passiert.

– Beratung und Ausbildung der Landwirte zum Thema Pflanzenschutz sollte durch unabhängige Experten erfolgen und nicht durch Vertreter der Industrie. Dazu gehört auch eine stärkere Verankerung der ökologischen Wirtschaftsweise in den landwirtschaftlichen Schulen, Fachhochschulen und Universitäten.

– Verstärkung der Forschungsinitiativen zu nicht-chemischen Methoden in der Landwirtschaft an Fachhochschulen und Universitäten. Noch immer unterstützt die öffentliche Hand wesentlich mehr Forschung zum Einsatz von Pestiziden auf den Feldern als zum ökologischen Landbau.

– Pestizide sollten nicht mehr an Privatpersonen verkauft werden dürfen. Es gibt keine vernünftigen Gründe, sich freiwillig selbst zu vergiften. Die Anwender haben keine sachgerechte Ausbildung und sind sich der Gefahren nicht bewusst. Dosierungsangaben werden ohnehin nicht eingehalten.

– Von den Pestizidherstellern sind unfrisierte, öffentlich zugängliche wissenschaftliche Studien vorzulegen, die die Notwendigkeit der Pestizide belegen. Es muss ein Nachweis erbracht werden, dass es keine Alternative gibt.

– Nach dem Vorbild vieler, freiwillig auf Pestizide verzichtender Kommunen (Gemeinden, Parks, Friedhöfe) sollte der Pestizideinsatz im öffentlichen Raum verboten werden. Wenn überhaupt Pestizide eingesetzt werden müssten, dann nur solche, die auch für den biologischen Landbau zugelassen sind.

– Lebensmittel sollten regelmäßig auf Rückstände aller im Land zugelassenen Pestizide untersucht werden. Die Kosten dafür haben selbstverständlich die Pestizidhersteller zu tragen.

– Genauso wie es ein Menschenrecht auf körperliche Unversehrtheit, Religionsfreiheit, Meinungsfreiheit, einen Anspruch auf sauberes Wasser und angemessene Nahrung gibt, sollte auch ein universelles Menschenrecht des Nichtvergiftetwerdens ausverhandelt werden.[64] Der Schutz der Natur sollte gleich wichtig genommen werden wie die Wahrung der Menschenrechte.

– Finanzielle Unterstützung von Lebensmitteln aus ökologischer Landwirtschaft wegen der positiven Auswirkungen auf die Volkswirtschaft ist zielführend. Eine Landwirtschaft, die auf Pestizide nicht verzichten kann, ist nicht zukunftsfit, sondern rückwärtsgewandt.

– Um für die Zukunft gerüstet zu sein, müssen wir weg von einer pestzid-, erdöl- und kaptialintensiven Landwirtschaft hin zu einer Landwirtschaft, die gekennzeichnet ist von hoher Biodiversität, ökologischen Kreisläufen, traditionellem und innovativem Wissen in einer Gesellschaft, die humanistische, ethische, soziologische und ökologische Aspekte mitbedenkt.

NACHWORT

Wenn Sie nach der Lektüre dieses Buches den Eindruck gewonnen haben, dass wir die Welt und uns selbst mit Tausenden, unzureichend geprüften, Pestiziden verseuchen und inzwischen jeder noch so abgelegene Flecken der Erde damit belastet ist, so entspricht dies der traurigen Realität. Manche Wissenschaftler sehen in der Belastung der Erde mit Pestiziden und anderen Chemikalien die größte Bedrohung der Menschheit, weil sie am meisten unterschätzt und am wenigsten untersucht und verstanden ist. Erstmals in der Weltgeschichte hat eine einzige Spezies, nämlich wir Menschen, es geschafft, den gesamten Planeten zu vergiften. Ähnlich global und zweifelhaft ist unsere Leistung ja auch, was die Veränderung des Klimas betrifft.

Wenn ihr Gemütszustand nach der Lektüre des Buchs ins Deprimierende oder gar ins Resignierende abtriftet, dann habe ich mein Ziel leider verfehlt. Eigentlich wollte ich für die Thematik sensibilisieren und zu kritischem Hinterfragen etablierter Praktiken anregen. Als der französische Diplomat Stéphane Hessel seine beiden Bücher »Empört euch!« und »Engagiert euch!«[1] herausbrachte, hat er mir aus der Seele gesprochen. Hessel war eine moralisch äußerst integere Persönlichkeit, die an der Ausarbeitung der Charta der Menschenrechte mitwirkte, im französischen Widerstand war und das Nazi-Konzentrationslager Buchenwald überlebte. Er ruft in seinen Büchern vor allem die europäische Jugend zu einem Aufbruch auf. Dass es so nicht weitergehen kann, sollte auch die Devise beim Pestizideinsatz sein. Engagieren sollten wir uns für ein Menschenrecht auf eine giftfreie Lebensmittelproduktion, auch wenn dies in der verworrenen Weltlage utopisch erscheint.

Empören sollten wir uns über den weiträumigen Pestizideinsatz, ohne dass der Nutzen wissenschaftlich wasserdicht erwiesen wäre. Es kann doch nicht sein, dass wir als Kollateralschaden hinnehmen, dass bereits Neugeborene mit Pestizidrückständen im Blut auf die Welt kommen! Oder dass Landwirte, die Pestizide einsetzen, wegen der Ausübung ihres Berufes chronisch erkranken!

Empören sollten wir uns auch über die Verflechtungen zwischen Agrochemiekonzernen und Politik. Die Muster des Abwiegelns der Gefahren kennen wir von der Schädlichkeit des Tabakkonsums und von der Leugnung des menschlichen Beitrags zum Klimawandel. Die Industrievertreter werden immer versuchen, Skepsis und Zweifel zu streuen, und behaupten, dass wir noch immer nicht genügend wissenschaftliche Beweise zur schädlichen Wirkung von Pestiziden hätten. Zu groß sind die Gewinnmargen und der vermeintliche Wohlstand, der mit diesen Produkten generiert wird.

Obwohl der Großteil der Pestizide in der Landwirtschaft verwendet wird, sind dafür nicht nur die Landwirte verantwortlich zu machen. Anzuprangern sind vor allem profitorientierte landwirtschaftliche Berater, die zu unsinnigen Pestizidanwendung raten, Interessenvertretungen, die sich nicht um die Gesundheit ihrer Klientel kümmern, und vielleicht auch Forschungseinrichtungen, die mit wissenschaftlichen Scheuklappen forschend sich im Detail verbeißen und dabei das große Ganze vergessen. Schlägt man landwirtschaftliche Fachzeitschriften auf, so sind diese voll von Werbeanzeigen von Agrochemikalien. Das sollte dringend hinterfragt werden. Auch beim Verbot der Tabakwerbung und der Einschränkung des Tabakkonsums wurde der Weltuntergang herbeigeschrieben. Nur die wenigsten trauern heute noch den früheren Zuständen nach.

Eines ist noch wichtig zu betonen. Es bringt uns nicht weiter, in apokalyptische Weltuntergangsstimmung zu verfallen. Wichtig ist es vielmehr, einen kritischen Blick auf die Entwicklung zu werfen, Missstände aufzuzeigen und die Politik zum Handeln zu zwingen. Ausreden, wonach die Sachlage noch nicht abschließend abgeklärt ist, zählen nicht, da die Fakten bereits jetzt erdrückend sind. Optimistisch stimmt, dass es genügend Beispiele gibt, die zeigen, dass auch erfolgreich ohne Pestizide gewirtschaftet werden kann. Es gibt zaghafte

Beispiele, wo der Druck durch Konsumenten so stark war, dass Pestizide vom Markt genommen werden mussten. Wir müssen verstehen, dass Pestizide nur deswegen so breit eingesetzt werden, weil sie kräftig subventioniert werden und wir als Konsumenten von der Industrie verlangen, möglichst billig Lebensmittel zu produzieren. In den reichen Industrieländern sind wir es mittlerweile gewohnt, nur etwa ein Zehntel des monatlichen Einkommens für Lebensmittel auszugeben. Den Schaden, den wir damit eigentlich anrichten, übersehen wir geflissentlich.

Die Menschen haben es satt, rituelle Sonntagsreden der Politiker über Nachhaltigkeit zu hören, sondern wollen endlich glaubhafte Aktivitäten sehen! Es bleibt zu hoffen, dass die Sensibilisierung für das Thema und der Druck der Zivilgesellschaft so groß werden, dass hier endlich ein Umdenkprozess eingeleitet wird. Wenn die Politik versagt, ist die Zivilgesellschaft gefragt. Die über eine Million Unterschriften, die innerhalb weniger Monate im Rahmen einer Europäischen Bürgerinitiative gegen Glyphosat gesammelt wurden, sind hier ein hoffnungsvolles Zeichen.

Auch meine Vorlesungen behandeln oft deprimierende Aspekte im Bereich der Umweltwissenschaften. Um die Studierenden nicht zu entmutigen, gebe ich ihnen am Ende des Semesters gerne eine Aussage der amerikanischen Psychologin Margaret Mead mit auf den Weg: Zweifle nie daran, dass eine kleine Gruppe an umsichtigen, engagierten Bürgern die Welt verändern kann; tatsächlich sind dies die Einzigen, die dies schaffen.

Ich denke, dass dies auch hier passend wäre. Wenn der Druck einer aufgeklärten Zivilgesellschaft groß genug wird, wenn die politischen und steuerlichen Rahmenbedingungen so geschaffen werden, dass unser Konsumverhalten zu ökologisch unbedenklicheren Produkten gelenkt wird, dann werden sich auch einbetonierte Fortschrittsverweigerer bewegen müssen, um mithalten zu können.

DANKSAGUNG

Vieles vom Inhalt dieses Buches habe ich für die Vorbereitung von Vorlesungen an der Universität für Bodenkultur Wien zusammengetragen. In diesem Zusammenhang gilt mein herzlicher Dank den vielen Studierenden für die kritischen Fragen und Anregungen, die zur Präzisierung meiner Ausführungen beigetragen haben. Besten Dank auch an die technischen Mitarbeiterinnen, Studierenden und Wissenschaftler-Kollegen für die produktive Zusammenarbeit im Rahmen von Forschungsprojekten. In der Beschäftigung mit diesem Buch habe ich mit sehr vielen Menschen gesprochen, von manchen habe ich Erfahrungen aus der landwirtschaftlichen Praxis bekommen, manche haben Einblicke in Behördenabläufe gewährt, manche haben mir pestizidrelevante Erlebnisse erzählt. Um diese Informanten zu schützen, habe ich davon abgesehen, sie im Text namentlich anzuführen. In alphabetischer Reihenfolge geht mein Dank an: Fabian Baier, Franz Barth, Maarten Bijleveld van Lexmond, Klaus Birkhofer, Thomas Bøhn, Elisabeth Bondar-Kunze, Michael Bonkowski, Robert Brodschneider, Alexander Bruckner, Carsten Brühl, Jacob Buchholz, Helmut Burtscher-Schaden, Daniel Dörler, Thomas Drapela, Roland Einsiedel, Pia Euteneuer, Ferdinand Faber, Florian Faber, Thomas Frank, Barbara Friedrich, Mailin Gaupp-Berghausen, Andrea Grabmaier, Edith Gruber, Alfred Haiger, Florian Heigl, Thomas Hein, Angelika Hilbeck, Martin Hofer, Josef Hoppichler, Hans-Peter Hutter, Mathias Jedinger, Robert Koller, Nina König, Peter Liebhard, Karin Mandl, Axel Mentler, Robin Mesnage, Gerhard Moitzi, Dietmar Moser, Matthias Müller, Yoko Muraoka, Kathrin Pascher, Ulrike Pohl, Pascal Querner, Boris Rewald, Liliane Ruess, Anton Safer, Christian Schader, Heimo Schedl, Agnes Scheucher, Gilles-Éric Séralini, Ulrich Straka, Alexandra Tiefenbacher, Willem van Hoesel, Peter Weish, Franz Zehetner. Es tut mir leid, sollte ich bei dieser Aufzählung jemanden vergessen haben. Sehr dankbar bin ich um die vielen Anregungen zum Thema, die ich von Aussendungen oder Internetseiten verschiedener Nichtregierungsorganisationen bekommen habe, so zum Beispiel vom Pesticide Action Network (PAN), Global 2000, Greenpeace, TestBioTech, Bund für Umwelt und Naturschutz Deutschland (BUND), Umweltinstitut München, World Wide Fund for Nature (WWF), Verein für Solidarität, Ökologie und Lebensstil (SOL) und von der Arbeiterkammer Österreich. Einige öffentlich-rechtliche Rundfunksender setzen sich immer wieder sehr fundiert mit der Pestizidproblematik auseinander und waren eine große Inspirationsquelle, namentlich ARTE, ARD (vor allem SWR und MDR), ZDF, 3sat, RAI Südtirol, das Schweizer Fernsehen, der Bayerische sowie der Österreichische Rundfunk (hier vor allem Radio Ö1).

Ich habe die Aussagen im Text mehrfach überprüft und durch Quellenangaben hinterlegt; sollte sich dort ein Fehler eingeschlichen haben, so ist das ganz allein mir anzulasten.

Von ganzem Herzen möchte ich auch meiner Familie danken, die mir immer wieder wichtige Beiträge zum Thema zugetragen und das Buchprojekt voll unterstützt hat.

Zuletzt ein herzliches Dankeschön an Bettina Wörgötter, Martina Schmidt und das restliche Team vom Deuticke Verlag; dafür, dass sie an dieses Buchprojekt glaubten und es mit großer Professionalität betreut haben.

ANMERKUNGEN

VORWORT

1 Bundesamt für Ernährungssicherheit (2017) *Verzeichnis der in Österreich zugelassenen/genehmigten Pflanzenschutzmittel*: http://pmg.ages.at

WO LIEGT DAS PROBLEM? PESTIZIDE IM ALLTAG

1 European Commission (2016) *EU Pesticide database*: http://ec.europa.eu/food/plant/pesticides/eu-pesticides-database
2 Bundesministerium für Land- und Forstwirtschaft, Umwelt und Wasserwirtschaft (2017) *Grüner Bericht*: www.gruenerbericht.at
3 United States Environmental Protection Agency (2017) *Pesticides Industry Sales and Usage. 2008–2012 Market Estimates*: www.epa.gov
4 MultiWatch (2016) *Schwarzbuch Syngenta. Dem Basler Agromulti auf der Spur*, edition 8: Liebefeld.
5 Pimentel, D. et al. (1998) *Economic and environmental costs of pesticide use.* In: Rose, J. (1998) *Environmental Toxicology: Current Developments*, Gordon and Breach Science Publishers: Amsterdam.
6 Agrarheute (2012) *Frankreich: Parkinson als Berufskrankheit anerkannt*: www.agrarheute.com
7 BayWa Konzern (2017) *Der Aufsichtsrat des BayWa Konzerns*: www.baywa.com/konzern/aufsichtsrat
8 Zukunftsstiftung Landwirtschaft (2013) *Wege aus der Hungerkrise. Die Erkenntnisse und Folgen des Weltagrarberichts: Vorschläge für eine Landwirtschaft von morgen*, Zukunftsstiftung Landwirtschaft: Berlin.
9 Julius Kühn Institut (2017) *Statistische Erhebungen zur Anwendung von Pflanzenschutzmitteln in der Praxis*: http://papa.julius-kuehn.de
10 Hallmann, J. et al. (2009) *Phytomedizin. Grundwissen Bachelor*, 2. Auflage, Verlag Eugen Ulmer: Stuttgart.
11 Union of Concerned Scientists (2013) *»Superweeds« Resulting from Monsanto's Products Overrun U.S. Farm Landscape*: www.ucsusa.org
12 Eurostat (2015) *Statistiken über die Struktur landwirtschaftlicher Betriebe*: www.ec.europa.eu/eurostat

13 TNS Emnid (2012) *Das Image der deutschen Landwirtschaft. Ergebnisse einer Repräsentativbefragung in Deutschland*: www.ima-agrar.de

14 Krausmann, F. (2001) *Land use and industrial modernization: an empirical analysis of human influence on the functioning of ecosystems in Austria 1830–1995*, Land Use Policy 18: 17–26.

15 Nentwig, W. (2005) *Humanökologie: Fakten – Argumente – Ausblicke*, Springer: Berlin.

16 Pimentel, D. et al. (2005) *Environmental, energetic, and economic comparisons of organic and conventional farming systems*, BioScience 55: 573–582.

17 Schnepf, R. (2004) *Energy Use in Agriculture: Background and Issues*, CRS Report for Congress.

18 UN Food and Agriculture Organisation (2000) *The energy and agriculture nexus*, Environment and Natural Resources Working Paper No. 4: www.fao.org

19 Moitzi, G. (2005) *Kraftstoffeinsatz in der Pflanzenproduktion*, ÖKL-Kolloquium Kraftstoffkostensparen in der Landwirtschaft.

20 PAN Germany (2009) *Pestizide und Gesundheitsgefahren. Daten und Fakten*, Pesticide action network: www.pan-germany.org

21 Tilman, D. et al. (2002) *Agricultural sustainability and intensive production practices*, Nature 418: 671–677.

22 Brown, D. L. (2016) *Dead End Path: How Industrial Agriculture Has Stolen Our Future*, Moab Book Works: Moab.

23 Hoppichler, J. (2017) *Österreichs Agrosprit-Bilanz – ökologisch sehr bedenklich*, SOL 167: 5–7.

24 ORF (2016) *Millionen-Entschädigung für Südtiroler Bauern*: http://tirol.orf.at

25 Winkler, A. J. et al. (1974) *General Viticulture*, University of California Press: Berkeley.

26 Villa, S. et al. (2003) *Historical trends of organochlorine pesticides in an alpine glacier*, Journal of Atmospheric Chemistry 46: 295–311.

27 Geisz, H. N. et al. (2008) *Melting glaciers: A probable source of DDT to the Antarctic marine ecosystem*, Environmental Science & Technology 42: 3958–3962.

28 Mitchell, E. A. D. et al. (2017) *A worldwide survey of neonicotinoids in honey*, Science 358: 109–111.

29 Deutscher Bundestag (2009) *Kleine Anfrage: Einsatz von Pestiziden auf Strecken der Deutschen Bahn*.

30 Sattelberger, R. (2001) *Einsatz von Pflanzenschutzmitteln und Biozid-Pro-*

dukten im nicht-land- und forstwirtschaftlichen Bereich, Monographien 146, Umweltbundesamt Wien.

31 Wang, A. et al. (2011) *Parkinson's disease risk from ambient exposure to pesticides*, European Journal of Epidemiology 26: 547–555.

32 Weiland, M. (2016) *Greenpeace-Untersuchung: Pestizid Ethoxyquin in Speisefischen. Vorsorge ist besser*: www.greenpeace.de

33 Pisa, L. W. et al. (2015) *Effects of neonicotinoids and fipronil on non-target invertebrates*, Environmental Science and Pollution Research 22: 68–102.

34 Gräslund, S. und B. E. Bengtsson (2001) *Chemicals and biological products used in south-east Asian shrimp farming, and their potential impact on the environment – a review*, Science of the Total Environment 280 (1–3): 93–131.

35 Kumar, D. K. (2017) *Texas calls in U.S. Air Force to counter post-storm surge in mosquitoes*, Reuters Health News.

36 Webb, W. (2017) *US Gov't Pesticide Spraying In Wake Of Harvey A Toxic Boon To Agrochemical Giants*, MintPress News, September 12.

37 Nazarewska, B. (2013) *Mückenplage: Umstrittenes Insektizid als Lösung?*: www.merkur.de

38 Statesman Journal (2014) *Bumblebee die-off in Eugene under investigation.*

39 Wetzenkircher, M. und V. Ljubić Tobisch (2014, Hrsg.) *Gefahrstoffe in Museumsobjekten. Erhaltung oder Entsorgung?*, Technisches Museum Wien.

40 ORF (2010) *Pestizidgefahr im Flugzeug?*: http://science.orf.at

41 Müller, S. K. (2011) *Airline zahlt Passagier 50 000 € Schadensersatz wegen Pestiziden an Bord*, Chemical Sensitivity Network: www.csn-deutschland.de

42 United States Environmental Protection Agency (2017) *Pesticides Industry Sales and Usage. 2008–2012 Market Estimates*: www.epa.gov

43 Environment and Climate Change Canada (2016) *Canadian Environmental Sustainability Indicators: Household Use of Chemical Pesticides and Fertilizers.*

44 Sattelberger, R. (2001) *Einsatz von Pflanzenschutzmitteln und Biozid-Produkten im nicht-land- und forstwirtschaftlichen Bereich*, Monographien 146, Umweltbundesamt Wien.

45 Walker, G. et al. (1999) *Biozide im Hausstaub*, Gefahrstoffe-Reinhaltung der Luft 59: 33–41.

46 Butte, W. (1999) *Occurrence of Biocides in the Indoor Environment.* In: Salthammer, T. (Hrsg.) *Organic Indoor Air Pollutants: Occurrence-Measurement-Evaluation*, Verlag Wiley-VCH: Weinheim.

47 Mullin, C. A. et al. (2016) *Toxicological risks of agrochemical spray adjuvants: organosilicone surfactants may not be safe,* Frontiers in Public Health 4: 92.

48 Mesnage, R. et al. (2014) *Major Pesticides Are More Toxic to Human Cells Than Their Declared Active Principles.* BioMed Research International: 179691.

49 Hallmann, J. et al. (2009) *Phytomedizin. Grundwissen Bachelor,* 2. Auflage, Verlag Eugen Ulmer: Stuttgart.

50 Duke, S. O. und S. B. Powles (2008) *Glyphosate: a once-in-a-century herbicide,* Pest Management Science 64: 319–325.

51 Benbrook, C. M. (2016) *Trends in glyphosate herbicide use in the United States and globally,* Environmental Sciences Europe 28: 1–15.

52 Haas, G. (2010) *Wasserschutz im Ökologischen Landbau. Leitfaden für Land- und Wasserwirtschaft,* BÖL-Bericht: 16897.

53 Liebrich, S. (2012) *Gift im Getreide*: www.sueddeutsche.de

54 ÖKO-TEST (2012) *Test Glyphosat in Getreideprodukten,* September 2012.

55 Umweltinstitut München (2016) *Umweltinstitut findet Glyphosat in deutschem Bier.*

56 Pinto, C. (2016) *Düngemittel, Unkrautvernichter, Insektizide. Gift im Schweizer Wein*: www.blick.ch

57 Global 2000 (2016) *Schokoladen-Check.* / Resch (2016) *Schoko-Osterhasen mit Pestizidspuren in heimischen Regalen*: www.sn.at

58 ORF (2016) *Hohe Glyphosatwerte in Waldfrüchten*: http://kaernten.orf.at

59 Bundesamt für Ernährungssicherheit (2017) *Verzeichnis der in Österreich zugelassenen/genehmigten Pflanzenschutzmittel*: http://pmg.ages.at

60 Philpott, T. (2011) *Independent Panel: EPA Underestimates Atrazine's Cancer Risk*: www.motherjones.com

61 Bundesministerium für Land- und Forstwirtschaft, Umwelt und Wasser- management (2013) *Pestizide im Grundwasser.*

62 MultiWatch (2016) *Schwarzbuch Syngenta. Dem Basler Agromulti auf der Spur,* edition 8: Liebefeld.

63 FAO (2003) *International Code of Conduct on the Distribution and Use of Pesticides*: www.fao.org

64 Hallmann, J. et al. (2009) *Phytomedizin. Grundwissen Bachelor,* 2. Auflage, Verlag Eugen Ulmer: Stuttgart.

65 Beratergremium für Altstoffe der Gesellschaft Deutscher Chemiker (1998) *DDT und Derivate – Modellstoffe zur Beschreibung endokriner Wirkungen mit Relevanz für die Reproduktion,* BUA-Stoffbericht, S. Hirzel Verlag: Stuttgart.

66 Simon-Delso, N. et al. (2015) *Systemic insecticides (neonicotinoids and fipronil): trends, uses, mode of action and metabolites,* Environmental Science and Pollution Research 22: 5–34.

67 Jeschke, P. et al. (2011) *Overview of the status and global strategy for neonicotinoids,* Journal of Agriculture Food Chemistry 59: 2897–2908.

68 proplanta (2014) *Absatz von Neonicotinoiden gesunken*: www.proplanta.de

69 ÖKO-TEST (2015) *Test Honig. Kein Honigschlecken,* Oktober 2015.

70 Simon-Delso, N. et al. (2015) *Systemic insecticides (neonicotinoids and fipronil): trends, uses, mode of action and metabolites,* Environmental Science and Pollution Research 22: 5–34.

71 Goulson, D. (2013) *An overview of the environmental risks posed by neonicotinoid insecticides,* Journal of Applied Ecology 50: 977–987.

72 Krupke, C. H. et al. (2017) *Planting of neonicotinoid-treated maize poses risks for honey bees and other non-target organisms over a wide area without consistent crop yield benefit,* Journal of Applied Ecology 54: 1449–1458.

73 Pisa, L. W. et al. (2015) *Effects of neonicotinoids and fipronil on non-target invertebrates,* Environmental Science and Pollution Research 22: 68–102.

74 Global 2000 und Greenpeace (2015) *Fipronil-Zulassung ist schwerer Fehler,* Presseaussendung.

75 European Food Safety Agency (2013) *Conclusion on the peer review of the pesticide risk assessment for bees for the active substance fipronil,* EFSA Journal 11: 3158.

76 Hallmann, J. et al. (2009) *Phytomedizin. Grundwissen Bachelor,* 2. Auflage, Verlag Eugen Ulmer: Stuttgart.

77 BayerCropScience (2004) *Bayer – 90 Jahre Kompetenz in Beizen,* Bayer-CropScience Kurier.

78 ÖKO-TEST (2017) *Feldsalat. Rapunzels Geheimnis,* Januar 2017.

79 United States Environmental Protection Agency (2017) *Pesticides Industry Sales and Usage. 2008–2012 Market Estimates*: www.epa.gov

80 Chmura, T. (2017) *»Weiter wie bisher« wird nicht funktionieren,* Bayerischer Rundfunk B5 Aus Landwirtschaft und Umwelt.

81 Lechenet, M. et al. (2017) *Reducing pesticide use while preserving crop productivity and profitability on arable farms,* Nature Plants 3: 17008.

82 Klingenschmitt, E. (2016) *Gifte belasten auch Bio-Äcker,* Südwest-Rundfunk SWR2 Impuls.

83 Beste, A. (2017) *Vergiftet. Pestizide in Boden und Wasser – das Beispiel Glyphosat.* In: AgrarBündnis (Hrsg.) *Der kritische Agrarbericht 2017. Schwerpunkt Wasser,* 204–208.

84 MultiWatch (2016) *Schwarzbuch Syngenta. Dem Basler Agromulti auf der Spur*, edition 8: Liebefeld.

85 Nentwig, W. (2005) *Humanökologie: Fakten – Argumente – Ausblicke*, 2. Auflage, Springer: Heidelberg.

86 MultiWatch (2016) *Schwarzbuch Syngenta. Dem Basler Agromulti auf der Spur*, edition 8: Liebefeld.

87 Lumetzberger, S. (2016) *Was steckt wirklich in meiner Banane?*: www.kurier.at

88 Bundesministerium für Land- und Forstwirtschaft, Umwelt und Wasserwirtschaft (2017) *Grüner Bericht*: www.gruenerbericht.at

89 Müller, W. (2001) *Pestizidverbrauch steigt drastisch an*: https://derstandard.at

90 Bundesministerium für Land- und Forstwirtschaft, Umwelt und Wasserwirtschaft (2017) *Grüner Bericht*: www.gruenerbericht.at

91 Umweltbundesamt Berlin (2017) *Pflanzenschutzmittelverwendung in der Landwirtschaft*: www.umweltbundesamt.de

92 PAN Germany (2009*) Pestizide und Gesundheitsgefahren. Daten und Fakten*: www.pan-germany.org

93 Billa (2017) *Aktion -25 % auf Wasch-, Putz-, Reinigungsmittel und Insektizide:* www.billa.at

94 Billa (2017) *Billa Nachhaltigkeitsnews – Pestizidreduktionsprogramm 2016*: www.billa.at

95 Haas, G. (2010) *Wasserschutz im Ökologischen Landbau. Leitfaden für Land- und Wasserwirtschaft*, BÖL-Bericht: 16897.

96 Analytik News (2006) *Gefälschte Pestizide in der Landwirtschaft bedrohen Gesundheit*: www.analytik-news.de

97 Sanderson, K. (2006) *Fake pesticides pose threat. Flood of counterfeit chemicals is harming people and industry*, Nature, 5. November 2006.

98 APA News (2017) *Studie: Gefälschte Pestizide kosten Wirtschaft 1,3 Mrd. Euro.*

99 Zand-Vakili, A. (2014) *Hamburg ist die Drehscheibe für die Pestizid-Mafia*: www.abendblatt.de

100 Anonym (2010) *Zwei Jahre Haft auf Bewährung für 25 000 Tote*: www.wienerzeitung.at

101 Amnesty International (2014) *30 Jahre Ungerechtigkeit in Bhopal.*

102 Schmider, F. (2016) *Giftwolke über dem Dreiländereck*: www.badische-zeitung.de

103 Anonym (2016) *Boden ist immer noch belastet*: www.badische-zeitung.de

104 Schweizerische Eidgenossenschaft (2014) *Stockholmer Übereinkommen über persistente organische Schadstoffe.*

105 ORF (2014) *HCB nicht nur im Görtschitztal*: kärnten.orf.at

106 ORF (2015) *HCB-Bericht: Auch schwere Behördenmängel*: kärnten.orf.at

107 Möseneder, M. (2008) *Gift in Tadschikistans Erde: Kampf um die Quelle Asiens*: https://derstandard.at

108 Asendorpf, D. (2003) *Gift für die Armen*: www.zeit.de

109 United Nations Human Rights Council (2017) *Report of the Special Rapporteur on the right to food.*

110 MultiWatch (2016) *Schwarzbuch Syngenta. Dem Basler Agromulti auf der Spur*, edition 8: Liebefeld.

111 Strässle, A. (2015) *Flüchtlingsunterkunft auf der Deponie Feldreben: Luftmessung zehn Jahre alt*: https://barfi.ch

112 Hallmann, J. et al. (2009) *Phytomedizin. Grundwissen Bachelor*, 2. Auflage, Verlag Eugen Ulmer: Stuttgart. / Strubelt, O. (1996) *Gifte in Natur und Umwelt. Pestizide und Schwermetalle, Arzneimittel und Drogen*, Spektrum Akademischer Verlag: Heidelberg.

113 Chemical Abstract Service (2015) *CAS Assigns the 100 Millionth CAS Registry Number to a Substance Designed to Treat Acute Myeloid Leukemia*, American Chemical Society.

114 Marquardt, H. und S. G. Schäfer (2004) *Lehrbuch der Toxikologie*, 2. Auflage, Wissenschaftliche Verlagsgesellschaft: Stuttgart.

115 President's Cancer Panel (2010) *Reducing Environmental Cancer Risk. What We Can Do Now*: www.nci.nih.gov

116 Burtscher-Schaden, H. (2017) *Die Akte Glyphosat. Wie Konzerne die Schwächen des Systems nutzen und damit unsere Gesundheit gefährden*, Kremayr & Scheriau: Wien.

117 Gibbons, D. (2015) *A review of the direct and indirect effects of neonicotinoids and fipronil on vertebrate wildlife*, Environmental Science and Pollution Research 22: 103–118.

118 Mullin, C. A. et al. (2016) *Toxicological risks of agrochemical spray adjuvants: organosilicone surfactants may not be safe*, Frontiers in Public Health.

119 Mesnage, R. et al. (2014) *Major Pesticides Are More Toxic to Human Cells Than Their Declared Active Principles*, BioMed Research International: 179691.

120 Corporate Europe Observatory (2016) *Scientific scrutiny on EFSA's work, at last?*: https://corporateeurope.org

121 ARD (2017) *Fakt exklusiv: Vorwurf der Industrienähe an die europäische Chemikalienagentur ECHA*: www.mdr.de/fakt

122 Gruber, L. (2017) *Zankapfel Glyhosat*, Bayerischer Rundfunk BR5 Aus Landwirtschaft und Umwelt.

123 Hallmann, J. et al. (2009) *Phytomedizin. Grundwissen Bachelor*, 2. Auflage, Verlag Eugen Ulmer: Stuttgart.

124 Beck, U. (1986) *Risikogesellschaft. Auf dem Weg in eine andere Moderne*, Suhrkamp: Frankfuhrt am Main.

125 Neumeister, L. (2016) *Von Menschen und Mäusen – Mythos Sicherheitsfaktoren*: www.essen-ohne-chemie.info

126 Dorne, J. (2010) *Metabolism, variability and risk assessment*, Toxicology 268: 156–164.

127 Laetz, C. A. et al. (2009) *The Synergistic Toxicity of Pesticide Mixtures: Implications for Risk Assessment and the Conservation of Endangered Pacific Salmon*, Environmental Health Perspectives 117: 348–353.

128 Daunderer, M. (2005) *Gifte im Alltag. Wo sie vorkommen. Wie sie wirken. Wie man sich dagegen schützt*, 2. Auflage, C. H. Beck: München.

129 Bundesamt für Verbraucherschutz und Lebensmittelsicherheit (2017) *Widerruf der Zulassung der Pflanzenschutzmittel Pirimor Granulat, PIRIMAX und Calypso hinsichtlich bestimmter Anwendungen an Kohlrabi*.

130 BASF (2016) *Lebensmittelsicherheit und Rückstände in Lebensmitteln. Unsere Position*: www.basf.de

131 Seok, J. et al. (2013) *Genomic responses in mouse models poorly mimic human inflammatory diseases*, Proceedings of the National Academy of Sciences of the United States of America 110: 3507–3512.

132 Goodson, W. I. et al. (2015) *Assessing the carcinogenic potential of lowdose exposures to chemical mixtures in the environment: the challenge ahead*, Carcinogenesis 36: 254–296.

133 Kortenkamp, A. (2014) *Low dose mixture effects of endocrine disrupters and their implications for regulatory thresholds in chemical risk assessment*, Current Opinion in Pharmacology 19: 105–111.

134 Vandenberg, L. N. et al. (2012) *Hormones and endocrine-disrupting chemicals: low-dose effects and nonmonotonic dose responses*, Endocrine Reviews 33: 378–455.

135 Strubelt, O. (1996) *Gifte in Natur und Umwelt. Pestizide und Schwermetalle, Arzneimittel und Drogen*, Spektrum Akademischer Verlag: Heidelberg.

136 Bøhn, T. und M. Cuhra (2014) *How »Extreme Levels« of Roundup in Food Became the Industry Norm*, Independent Science News.

137 Bøhn, T. et al. (2014) *Compositional differences in soybeans on the market: glyphosate accumulates in Roundup Ready GM soybeans,* Food Chemistry 153: 207–215.

138 Shaner, D. L. (2012) *What have the mechanisms of resistance to glyphosate taught us?,* Pest Management Science 68: 3–9.

139 American Soybean Association (2017): www.soygrowers.com

140 Finadvice (2011) *Der weltweite Sojamarkt und die europäische Eiweißlücke,* 3. Österreichisches Soja-Symposium, LBWFS Ritzlhof, Austria.

141 Myers, J. P. et al. (2016) *Concerns over use of glyphosate-based herbicides and risks associated with exposures: a consensus statement,* Environmental Health 15: 1–13.

142 Leu, A. (2014) *The Mythos of Safe Pesticides,* Acres: Austin.

143 Fletcher, W. (1974) *The Pest War,* Basil Blackwell: Oxford.

144 Mimkes, P. und J. Pehrke (2016) *100 Jahre Giftgas-Tradition bei BAYER:* www.nrhz.de

145 Gehrmann, A.-K. (2016) *Insektenbekämpfung mit den Waffen des Weltkriegs*: www.faz.net

146 ORF (2016) *Wanzen*: http://tv.orf.at/konkret

147 Anonym (2016) *Lästlinge*: www.ungeziefer-in-der-wohnung.de

148 Syngenta (2017) *So sauber war Ihr Feld noch nie! Die breite Komplettlösung gegen alle Unkräuter und Hirsen in Mais,* Die Landwirtschaft.

149 Sattelberger, R. (2001) *Einsatz von Pflanzenschutzmitteln und Biozid-Produkten im nicht-land- und forstwirtschaftlichen Bereich,* Monographien 146, Umweltbundesamt Wien.

150 Grabmaier, A. et al. (2014) *Stable isotope labelling of earthworms can help deciphering belowground–aboveground interactions involving earthworms, mycorrhizal fungi, plants and aphids,* Pedobiologia 57: 197–203.

151 Zaller, J. G. et al. (2013) *Herbivory of an invasive slug is affected by earthworms and the composition of plant communities,* BMC Ecology 13: 20.

152 Arnone, J. A. und J. G. Zaller (2014) *Earthworm effects on native grassland root system dynamics under natural and increased rainfall,* Frontiers in Plant Science: 5.

153 Kretzschmar, A. und F. Aries (1990) *3d-images of natural and experimental earthworm burrow systems,* Revue d'Ecologie et de Biologie du Sol 27: 407–414.

154 Darwin, C. (1881) *The formation of vegetable mould through the action of worms,* John Murray: London.

155 Senckenberg Gesellschaft für Naturforschung (2016) *Auf der Roten Liste:*

Regenwürmer und Co. Bodentiere erstmalig in die Rote Liste Deutschland aufgenommen: www.senckenberg.de

156 Nyffeler, M. und K. Birkhofer (2017) *An estimated 400–800 million tons of prey are annually killed by the global spider community*, The Science of Nature 104: 30.

WAS SIND DIE FOLGEN FÜR NATUR UND MENSCH?

1 Köhler, H. R. und R. Triebskorn (2013) *Wildlife ecotoxicology of pesticides: can we track effects to the population level and beyond?* Science 341: 759–765.

2 Carson, R. (1964) *Der stumme Frühling*, Biederstein Verlag: München.

3 Zaller, J. G. et al. (2014) *Glyphosate herbicide affects belowground interactions between earthworms and symbiotic mycorrhizal fungi in a model ecosystem*, Scientific Reports 4: 5634.

4 Gaupp-Berghausen, M. et al. (2015) *Glyphosate-based herbicides reduce the activity and reproduction of earthworms and lead to increased soil nutrient concentrations*, Scientific Reports 5: 12 886.

5 Industrie Gruppe Pflanzenschutz (2015) *IGP zu NGO-Sturmlauf: Wurm-Studie von Global 2000 ohne Aussagekraft*: www.igpflanzenschutz.at

6 Sattelberger, R. (2001) *Einsatz von Pflanzenschutzmitteln und Biozid-Produkten im nicht-land- und forstwirtschaftlichen Bereich*, Monographien 146. Umweltbundesamt Wien.

7 Österreichische Agentur für Gesundheit und Ernährungssicherheit (2015) *AGES Stellungnahme zur Regenwurm-Studie der BOKU. Glyphosat und das Risiko für Regenwürmer*: www.ages.at

8 Kniss, A. (2015) *Dead plants are probably bad for earthworms*: www.weedcontrolfreaks.com

9 Parlamentarische Anfrage (2016) *Glyphosatverbot. Anfrage der Abgeordneten Cornelia Ecker an den Bundesminister für Forst- und Landwirtschaft, Umwelt und Wasserwirtschaft.* / Parlamentarische Anfrage (2016) *Anfrage des Abgeordneten Wolfgang Pirklhuber an den Bundesminister für Land- und Forstwirtschaft, Umwelt und Wasserwirtschaft betreffend Wissenschaftliche Erkenntnisse über auf Glyphosat basierende Herbizide.*

10 Bayerischer Rundfunk (2016) *Glyphosat im Weinberg: Regenwürmer auf Rückzug*, BR Fernsehen Unser Land

11 Goulson, D. (2013) *An overview of the environmental risks posed by neonicotinoid insecticides*, Journal of Applied Ecology 50: 977–987.

12 Zaller, J. G. et al. (2016) *Pesticide seed dressings can affect the activity of various soil organisms and reduce decomposition of plant material,* BMC Ecology 16: 37.

13 van Hoesel, W. et al. (2017) *Single and combined effects of pesticide seed dressings and herbicides on earthworms, soil microorganisms, and litter decomposition,* Frontiers in Plant Science 8: 215.

14 Capowiez, Y. et al. (2005) *Lethal and sublethal effects of imidacloprid on two earthworm species (Aporrectodea nocturna and Allolobophora icterica),* Biology and Fertility of Soils 41: 135–143.

15 Tu, C. et al. (2011) *Effects of fungicides and insecticides on feeding behavior and community dynamics of earthworms: Implications for casting control in turfgrass systems,* Applied Soil Ecology 47: 31–36.

16 Pisa, L. W. et al. (2015) *Effects of neonicotinoids and fipronil on non-target invertebrates,* Environmental Science and Pollution Research 22: 68–102.

17 Goulson, D. (2013) *An overview of the environmental risks posed by neonicotinoid insecticides,* Journal of Applied Ecology 50: 977–987.

18 Bonmatin, J.-M. et al. (2015) *Environmental fate and exposure; neonicotinoids and fipronil,* Environmental Science and Pollution Research 22: 35–67.

19 Baier, F. et al. (2016) *Non-target effects of a glyphosate-based herbicide on Common toad larvae (Bufo bufo, Amphibia) and associated algae are altered by temperature.* / Baier, F. et al. (2016) *Temperature-dependence of glyphosate-based herbicide's effects on egg and tadpole growth of Common Toads,* Frontiers in Environmental Science 4: 51.

20 Bandow, C. et al. (2014) *Interactive effects of pyrimethanil, soil moisture and temperature on Folsomia candida and Sinella curviseta (Collembola),* Applied Soil Ecology 81: 22–29.

21 Brühl, C. A. et al. (2013) *Terrestrial pesticide exposure of amphibians: An underestimated cause of global decline?,* Scientific Reports 3: 1135.

22 Hayes, T. B. et al. (2010) *Atrazine induces complete feminization and chemical castration in male African clawed frogs (Xenopus laevis),* Proceedings of the National Academy of Sciences 107: 4612–4617.

23 Relyea, R. A. (2003) *Predator cues and pesticides: A double dose of danger for amphibians,* Ecological Applications 13: 1515–1521.

24 Fischer, J. et al. (2014) *Neonicotinoids Interfere with Specific Components of Navigation in Honeybees,* PLOS ONE 9: e91364.

25 Pisa, L. W. et al. (2015) *Effects of neonicotinoids and fipronil on non-target invertebrates,* Environmental Science and Pollution Research 22: 68–102.

26 Whitehorn, P. R. et al. (2012) *Neonicotinoid pesticide reduces bumble bee colony growth and queen production*, Science 336: 351–352.

27 Stoner, K. A. und B. D. Eitzer (2012) *Movement of Soil-Applied Imidacloprid and Thiamethoxam into Nectar and Pollen of Squash (Cucurbita pepo)*, PLOS ONE 7: e39114.

28 Straub, L. et al. (2016) *Neonicotinoid insecticides can serve as inadvertent insect contraceptives*, Proceedings of the Royal Society B: Biological Sciences 283 (1835).

29 EASAC (2015) *Ecosystem services, agriculture and neonicotinoids*, EASAC policy report 26.

30 Gindl, J. (2014) *Amtsgeheimnis passé?*: http://fm4.orf.at

31 Awater-Esper, S. (2017) *EU-Kommission erwägt Verbot von Neonicotinoiden*: https://www.topagrar.com

32 Greenpeace (2014) *Gift im Bienen-Gepäck. Analyse von Pestizidrückständen in Bienenbrot und Pollenhöschen von Honigbienen (Apis mellifera) aus 12 europäischen Ländern*: www.greenpeace.org

33 Goulson, D. (2014) *David's blog posts for June 2014. Launch of the Worldwide Integrated Assessment (WIA) on the environmental impacts of systemic pesticides.*

34 Center for Food Safety (2014) *HEAVY COSTS. Weighing the Value of neonicotinoid insecticides in agriculture.*

35 Zaller, J. G. et al. (2014) *Future rainfall variations reduce abundances of aboveground arthropods in model agroecosystems with different soil types*, Frontiers in Environmental Science 2: 44.

36 Dirzo, R. et al. (2014) *Defaunation in the Anthropocene*, Science 345: 401–406.

37 Gallai, N. et al. (2009) *Economic valuation of the vulnerability of world agriculture confronted with pollinator decline*, Ecological Economics 68: 810–821.

38 Fine, J. D. et al. (2017) *An Inert Pesticide Adjuvant Synergizes Viral Pathogenicity and Mortality in Honey Bee Larvae*, Scientific Reports 7: 40499.

39 Ebenda.

40 Tappert, L. et al. (2017) *Sublethal doses of imidacloprid disrupt sexual communication and host finding in a parasitoid wasp*, Scientific Reports 7: 42756.

41 NABU (2014) *Protection of biodiversity of free living birds and mammals in respect of the effects of pesticides*: www.nabu.de

42 White, D. H. et al. (1982) *Organophosphate insecticide poisoning of Canada geese in the Texas Panhandle*, Journal of Field Ornithology 53: 22–27.

43 Flickinger, E. L. et al. (1980) *Wildlife hazards from furadan 3G applications to rice in Texas*, Journal of Wildlife Management 44: 190–197. / Flickinger, E. L. et al. (1991) *Poisoning Canada geese in Texas by parathion sprayed for control of Russian wheat aphid*, Journal of Wildlife Diseases 27: 265–268.

44 Environmental Protection Agency (1989) *Carbofuran: A Special Review Technical Support Document*, Office of Pesticides and Toxic Substances: Washington.

45 Stone, W. B. und P. B. Gradoni (1985) *Wildlife mortality related to the use of the pesticide diazinon*, Northeastern Environmental Sciene 4: 30–38.

46 Hallmann, C. A. et al. (2014) *Declines in insectivorous birds are associated with high neonicotinoid concentrations*, Nature 511: 341–343.

47 Gibbons, D. W. et al. (2006) *Weed seed resources for birds in fields with contrasting conventional and genetically modified herbicide-tolerant crops*, Proceedings of the Royal Society B: Biological Sciences 273: 1921–1928.

48 Geiger, F. et al. (2010) *Persistent negative effects of pesticides on biodiversity and biological control potential on European farmland*, Basic and Applied Ecology 11: 97–105.

49 Gibbs, K. E. et al. (2009) *Human land use, agriculture, pesticides and losses of imperiled species*, Diversity and Distributions 15: 242–253. / Chiron, F. et al. (2014) *Pesticide doses, landscape structure and their relative effects on farmland birds*, Agriculture, Ecosystems & Environment 185: 153–160.

50 Greenpeace (2015) *Europe's Pesticide Addiction. How Industrial Agriculture Damages our Environment*: www.greenpeace.org

51 Coeurdassier, M. et al. (2014) *Unintentional Wildlife Poisoning and Proposals for Sustainable Management of Rodents*, Conservation Biology 28: 315–321.

52 NABU (2013) *Gefährdung und Schutz. Vögel der Agrarlandschaft*: www.nabu.de

53 Jenny, M. et al. (2005) *Das Rebhuhn – Symbol für eine artenreiche Kultur-landschaft*, Avifauna Report Sempach 4d: 1–60. / Hoffmann, J. et al. (2012) *Bewertung und Verbesserung der Biodiversität leistungsfähiger Nutzungs-systeme in Ackerbaugebieten unter Nutzung von Indikatorvogelarten*, Julius Kühn-Institut: Braunschweig.

54 Boyles, J. G. et al. (2011) *Economic Importance of Bats in Agriculture*, Science 332: 41–42.

55 Greenpeace (2015) *Europe's Pesticide Addiction. How Industrial Agriculture Damages our Environment*: www.greenpeace.org

56 Pimentel, D. (1991) *CRC Handbook of Pest Management in Agriculture*, CRC Press: Boca Raton.

57 Moriarty, F. (1988) *Ecotoxicology. The study of pollutants in ecosystems*, Academic Press: London.

58 Hallmann, J. et al. (2009) *Phytomedizin. Grundwissen Bachelor*, 2. Auflage, Verlag Eugen Ulmer: Stuttgart.

59 Pimentel, D. et al. (1991) *Environmental and economic impacts of reducing US agricultural pesticide use*. In: Pimentel, D. (Hrsg.) *Handbook on Pest Management in Agriculture*, CRC Press: Boca Raton.

60 Pimentel, D. et al. (1993) *Assessment of environmental and economic impacts of pesticide use*. In: D. Pimentel und H. Lehman (Hrsg.) *The Pesticide Question: Environment, Economics and Ethics*, Chapman & Hall: New York.

61 Schader, C. et al. (2005) *Cotton-basil intercropping: Effects on pests, yields and economical parameters in an organic field in Fayoum, Egypt,* Biological Agriculture & Horticulture 23: 59–72.

62 Barnes, C. J. et al. (1987) *Exposure of non-applicator personnel and adjacent areas to aerially applied propanil,* Bulletin of Environmental Contamination and Toxicology 39: 126–133.

63 Hall, F. R. (1991) *Pesticide application technology and integrated pest management (IPM)*. In: Pimentel, D. (Hrsg.) *Handbook of Pest Management in Agriculture,* CRC Press: Boca Raton.

64 Hanner, D. (1984) *Herbicide drift prompts state inquiry*, Dallas Morning News.

65 Gerlock, G. (2013) *Herbicide drift threatens Midwest vineyards*, Harvest Public Media.

66 Klingenschmitt, E. (2016) *Gifte belasten auch Bio-Äcker*, SWR2 Impuls.

67 Pimentel, D. (2005) *Environmental and economic costs of the application of pesticides primarily in the United States,* Environment, Development and Sustainability 7: 229–252.

68 Ebenda.

69 Ebenda.

70 Beketov, M. A. et al. (2013) *Pesticides reduce regional biodiversity of stream invertebrates,* Proceedings of the National Academy of Sciences 110: 11039–11043.

71 Ebenda.

72 Ebenda.

73 PCC Community Markets (2002) *News Bites*: www.pccnaturalmarkets.com

74 Krüger, M. et al. (2013) *Glyphosate suppresses the antagonistic effect of Enterococcus spp. on Clostridium botulinum*, Anaerobe 20: 74–78.

75 Lorenzen, S. (2013) *Nervengift für Rinder. Chronischer Botulismus und der Einsatz von Glyphosat – ein Lehrbeispiel für politisches Versagen*, Der kritische Agrarbericht: 226–230.

76 UNEP (1979) *The State of the Environment: Selected Topics – 1979*, Governing Council, Seventh Session, United National Environment Program: Nairobi.

77 Miller, G. T. und S. E. Spoolman (2011) *Living in the Environment*, 17. Auflage, Cengage: New York.

78 Pimentel, D. (2005) *Environmental and economic costs of the application of pesticides primarily in the United States*, Environment, Development and Sustainability 7: 229–252.

79 Ebenda.

80 Benbrook, C. M. (2016) *Trends in glyphosate herbicide use in the United States and globally*, Environmental Sciences Europe 28: 1–15.

81 Union of Concerned Scientists (2013) *»Superweeds« Resulting from Monsanto's Products Overrun U.S. Farm Landscape*: www.ucsusa.org

82 Dyttrich, B. (2015) *Giftiger Bodenschutz à la Syngenta*: www.woz.ch

83 Anonym (2009) *Auch das noch! Schmelzende Alpen-Gletscher sind giftig*: www.blick.ch

84 Villa, S. et al. (2003) *Historical Trends of Organochlorine Pesticides in an Alpine Glacier*, Journal of Atmospheric Chemistry 46: 295–311.

85 Wang, X. et al. (2016) *A review of current knowledge and future prospects regarding persistent organic pollutants over the Tibetan Plateau*, Science of The Total Environment 573: 139–154.

86 Socorro, J. et al. (2016) *The persistence of pesticides in atmospheric particulate phase: An emerging air quality issue*, Scientific Reports 6: 33456.

87 Geisz, H. N. et al. (2008) *Melting glaciers: A probable source of DDT to the Antarctic marine ecosystem*, Environmental Science & Technology 42: 3958–3962.

88 Pearce, F. und D. Mackenzie (1999) *It's raining pesticides*, New Scientist.

89 Bucheli, T. D. et al. (1998) *Occurrence and Behavior of Pesticides in Rainwater, Roof Runoff, and Artificial Stormwater Infiltration*, Environmental Science & Technology 32: 3457–3464.

90 ÖKO-TEST (2017) *Alles andere als rosig. Rosensträuße im Test*, Mai 2017.

91 Sabatier, P. et al. (2014) *Long-term relationships among pesticide applications,*

mobility, and soil erosion in a vineyard watershed, Proceedings of the National Academy of Sciences 111: 15647–15652.

92 Jamieson, A. J. et al. (2017) *Bioaccumulation of persistent organic pollutants in the deepest ocean fauna,* Nature Ecology & Evolution 1: 0051.

93 Agrarministerkonferenz (2015) *Ergebnisprotokoll der Agrarministerkonferenz am 2. Oktober 2015 in Fulda.*

94 Malaj, E. et al. (2014) *Organic chemicals jeopardize the health of freshwater ecosystems on the continental scale,* Proceedings of the National Academy of Sciences 111: 9549–9554.

95 Sparling, D. W. und G. Fellers (2007) *Comparative toxicity of chlorpyrifos, diazinon, malathion and their oxon derivatives to larval Rana boylii,* Environmental Pollution 147: 535–539.

96 Mertens, M. (2013) *Glyphosat-Abdrift – auch eine Gefahr für die ökologische Landwirtschaft?* Vortrag bei der Sächsischen Interessensgemeinschaft für den ökologischen Landbau in Bad Düben.

97 World Health Organization (1992) *Planet O: Our Health,* Report of WHO Commission on Health and Environment: Genf.

98 PAN Germany (2009) *Pestizide und Gesundheitsgefahren. Daten und Fakten:* www.pan-germany.org

99 Hart, K. und D. Pimentel (2002) *Public health and costs of pesticides.* In: Pimentel, D. (Hrsg.) *Encyclopedia of Pest Management,* Marcel Dekker: New York.

100 Hansen, E. und M. Donohoe (2003) *Health issues of migrant and seasonal farm workers,* Journal of Healthcare for the Poor and Underserved 14: 153–164.

101 Hahn, H. et al. (2000) *Erfassung von gesundheitlichen Störungen und Einschätzung toxischer Risiken durch chemische Produkte beim Menschen,* Bundesgesundheitsblatt. – Gesundheitsforschung – Gesundheitsschutz 2000/43: 351–359.

102 President's Cancer Panel (2010) *Reducing Environmental Cancer Risk. What We Can Do Now?:* www.nci.nih.gov

103 National Academy Press (1987) *Regulating Pesticides in Food: the Delaney Paradox,* Washington.

104 President's Cancer Panel (2010) *Reducing Environmental Cancer Risk. What We Can Do Now?:* www.nci.nih.gov

105 National Institute of Health (2017) *Agricultural Health Study:* www.nih.gov

106 Shiva, V. et al. (2013) *Poison In Our Foods: The Links Between Pesticides and Diseases,* Natraj Publishers: India.

107 Colborn, T. et al. (1996) *Our Stolen Future: How We Are Threatening Our Fertility, Intelligence, and Survival: A Scientific Detective Story*, Dutton: New York.

108 Pearce, F. und D. Mackenzie (1999) *It's raining pesticides*, New Scientist.

109 Global 2000 (2017) *Glyphosat: Gefahren für Mensch, Tier & Natur*: www.global2000.at

110 Pompa, D. (2016) *The Dangers of Glyphosate: An Interview with Dr. Stephanie Seneff*: www.drpompa.com

111 Mesnage, R. et al. (2017) *Multiomics reveal non-alcoholic fatty liver disease in rats following chronic exposure to an ultra-low dose of Roundup herbicide*, Scientific Reports 7: 39328.

112 Dolder, L. K. (2003) *Metaldehyde toxicosis*, Veterinary Medicine March 2003: 213–215.

113 Roscher, E. und V. Juds (2016) *Belastung verschiedener Medien mit DDT*, Bayerisches Staatsministerium für Umwelt- und Verbraucherschutz.

114 Streissler, C. (2016) *Krebserzeugende Arbeitsstoffe: Besserer Schutz*, Wirtschaft & Umwelt 4/2016: 22–25.

115 Crumpton, T. et al. (2000) *Developmental neurotoxicity of chlorpyrifos in vivo and in vitro: effects on nuclear transcription factors involved in cell replication and differentiation*, Brain Research 857: 87–98.

116 Hart, K. und D. Pimentel (2002) *Public health and costs of pesticides*. In: Pimentel, D. (Hrsg.) *Encyclopedia of Pest Management*, Marcel Dekker: New York.

117 Guillette, E. A. et al. (1998) *An anthropological approach to the evaluation of preschool children exposed to pesticides in Mexico*. Environmental Health Perspectives 106: 347–353.

118 Health and Environment Alliance (2014) *21 residues of endocrine disrupting pesticides found in samples of children's hair*: www.env-health.org

119 Health and Environment Alliance (2017) *Endocrine disrupting pesticides in tap and surface water*: www.env-health.org

120 Carlsen, E. A. et al. (1992) *Evidence for decreasing quality of semen during the past 15 years*, British Medical Journal 305: 609–613.

121 Perry, M. J. et al. (2016) *Sperm Aneuploidy in Faroese Men with Lifetime Exposure to Dichlorodiphenyldichloroethylene (p,p'-DDE) and Polychlorinated Biphenyl (PCB) Pollutants*, Environmental Health Perspectives 124: 951–956.

122 ARTE (2010) *Tabu Intersexualität – Menschen zwischen den Geschlechtern*: www.arte.tv/de

123 President's Cancer Panel (2010) *Reducing Environmental Cancer Risk. What We Can Do Now?*: www.nci.nih.gov

124 Mose, T. et al. (2008) *Placental passage of benzoic acid, caffeine, and glyphosate in an ex vivo human perfusion system,* Journal of Toxicology and Environmental Health A 71: 984–991.

125 Dallegrave, E. et al. (2007) *Pre- and postnatal toxicity of the commercial glyphosate formulation in Wistar rats,* Archives of Toxicology 81: 665–673.

126 Skinner, M. K. et al. (2013) *Environmentally Induced Transgenerational Epigenetic Reprogramming of Primordial Germ Cells and the Subsequent Germ Line,* PLOS ONE 8: e66318.

127 Benítez-Leite, S. et al. (2009) *Malformaciones Congénitas Asociadas a Agrotóxicos,* Revista chilena de pediatría 80: 377–378.

128 Ministerio de Salud Pública de la Provincia del Chaco (2010) *Informe Comisión de Contaminates del Agua*: 14pp.

129 Manikkam, M. et al. (2013) *Pesticide and insect repellent mixture (permethrin and DEET) induces epigenetic transgenerational inheritance of disease and sperm epimutations,* Reproductive Toxicology 34: 708–719.

130 PAN Germany (2013) *Endokrine Wirkung von Pestiziden auf Landarbeiter, insbesondere auf Beschäftigte in Gewächshauskulturen und Gärtnereien*: www.pan-germany.org

131 Ebenda.

132 Bingham, E. und C. Monforton (2010) *The pesticide DBCP and male infertility.* In: Agency, E. E. (Hrsg.) *Lessons from health hazards. The pesticide DBCP and male infertility,* European Environmental Agency: Copenhagen.

133 Thrupp, L. A. (1991) *Sterilization of workers form pesticide exposure: The causes and consequences of DBCP-induced damage in Costa Rica and beyond,* International Journal of Health Services 21: 731–757.

134 ORF (2010) *Unfruchtbarkeit durch Schadstoffbelastung?*: http://science.orf.at

135 Repetto, R. und S. S. Baliga (1996) *Pesticides and the Immune System: The Public Health Risks,* World Resources Institute: Washington.

136 Hebert, H. J. (2003) *EPA guidelines address kids, cancer risks,* Detroit Free Press.

137 Kaiser, J. (2003) *How Much Are Human Lives and Health Worth?,* Science 299: 1836–1837.

138 Pimentel, D. und A. Greiner (1997) *Environmental and socio-economic costs of pesticide use.* In: Pimentel, D. (Hrsg.) *Techniques for Reducing Pesticide Use: Environmental and Economic Benefits,* John Wiley & Sons: Chichester.

139 Cribb, J. (2016) *Surviving the 21st Century: Humanity's Ten Great Challenges and How We Can Overcome Them*, Springer: Berlin.

140 PAN Germany (2009) *Pestizide und Gesundheitsgefahren. Daten und Fakten*: www.pan-germany.org

141 Pimentel, D. und A. Greiner (1997) *Environmental and socio-economic costs of pesticide use*. In: Pimentel, D. (Hrsg.) *Techniques for Reducing Pesticide Use: Environmental and Economic Benefits*, John Wiley & Sons: Chichester.

142 Pimentel, D. (1997) *Pest management in agriculture*. In: Pimentel, D. (Hrsg.) *Techniques for Reducing Pesticide Use: Environmental and Economic Benefits*, John Wiley & Sons: Chichester.

143 Pimentel, D. et al. (1991) *Environmental and economic impacts of reducing US agricultural pesticide use*, In: Pimentel, D. (Hrsg.) *Handbook on Pest Management in Agriculture*, CRC Press: Boca Raton.

144 Center for Food Safety (2014) *Heavy Costs. Weighing the Value of Neonicotinoid Insecticides in Agriculture*: www.centerforfoodsafety.org

145 Losey, J. E. und M. Vaughan (2006) *The economic value of ecological services provided by insects*, Bioscience 56: 311–323.

146 Pimentel, D. (2005) *Environmental and economic costs of the application of pesticides primarily in the United States*, Environment, Development and Sustainability 7: 229–252.

147 Lefebvre, M. et al. (2015) *Incentives and policies for integrated pest management in Europe: a review*, Agronomy for Sustainable Development 35: 27–45.

148 Center for Food Safety (2016) *Net loss: economic efficacy and costs of neonicotinoid insecticides used as seed coatings: updates from the United States and Europe*: www.centerforfoodsafety.org

149 Richter, E. D. (2002) *Acute human pesticide poisonings*. In: Pimentel, D. (Hrsg.) *Encyclopedia of Pest Management*, Marcel Dekker: New York.

150 Pimentel, D. et al. (1993) *Environmental and economic effects of reducing pesticide use in agriculture*, Agriculture Ecosystems and Environment 46: 273–288.

151 Willmann, U. (2003) *Prof. Besserwisser*: www.zeit.de

152 Obermüller, E. (2015) *Fürchten wir uns vor den falschen Dingen?*: http://science.orf.at

153 PSIRAM (2015) *Glyphosat, die BOKU und der Regenwurm*: https://blog.psiram.com

154 Robin, M.-M. (2009) *Mit Gift und Genen: Wie der Biotech-Konzern Monsanto unsere Welt verändert*, 2. Auflage, DVA: Berlin.

155 Oppong, M. (2014) *Verdeckte PR in Wikipedia. Das Weltwissen im Visier von Unternehmen*, OBS-Arbeitsheft 76.

156 Ebenda.

157 Ebenda.

158 Oreskes, N. und E. M. Conway (2010) *Merchants of doubt. How a handful of scientists obscured the truth on issues from tobacco smoke to global warming*, Bloomsbury Publishing: London.

159 Beste, A. (2017) *Vergiftet. Pestizide in Boden und Wasser – das Beispiel Glyphosat, Der kritische Agrarbericht 2017. Schwerpunkt Wasser*, ABL Bauernblatt Verlag: Konstanz.

160 Haller, D. (2011) *Maya Graf geht gegen Millionen-Spenden der Syngenta vor*, www.basellandschaftlichezeitung.ch

161 ORF (2013) *Imker schlugen »Schweigegeld aus«*: http://news.orf.at

162 United Nations Human Rights Council (2017) *Report of the Special Rapporteur on the right to food*: www.ohchr.org

WO LIEGT DIE LÖSUNG DES PROBLEMS?

1 McIntyre, B. D. et al. (2009) *International assessment of agricultural knowledge, science and technology for development (IAASTD): global report*, Island Press: Washington.

2 United Nations Human Rights Council (2017) *Report of the Special Rapporteur on the right to food*: www.ohchr.org

3 Conway, G. (1997) *The Doubly Green Revolution*, Penguin Books: London.

4 Vitousek, P. M. et al. (1997) *Human Domination of Earth's Ecosystem*, Science 277: 494–499.

5 Europäische Kommission (2010) *Eurobarometer Spezial 354 Lebensmittel-risiken*: www.efsa.europa.eu

6 United Nations Human Rights Council (2017) *Report of the Special Rapporteur on the right to food*: www.ohchr.org

7 Freyer, B. (2016, Hrsg.) *Ökologischer Landbau: Grundlagen, Wissensstand und Herausforderungen*, Haupt Verlag: Bern.

8 Lefebvre, M. et al. (2015) *Incentives and policies for integrated pest management in Europe: a review*, Agronomy for Sustainable Development 35: 27–45.

9 Reganold, J. P. und J. M. Wachter (2016) *Organic agriculture in the twenty-first century*, Nature Plants 2: 15221.

10 UNCTAD (2013) *Trade and Environment Review 2013. Wake up before it is too late. Make agriculture truly sustainable now for food security in a changing climate,* United Nations Conference on Trade and Development.

11 Goulson, D. (2013) *An overview of the environmental risks posed by neonicotinoid insecticides,* Journal of Applied Ecology 50: 977–987.

12 Watts, M. und S. Williamson (2015) *Replacing Chemicals with Biology: Phasing Out Highly Hazardous Pesticides with Agroecology,* Pesticide Action Network Asia and the Pacific.

13 Zaller, J. G. et al. (2008) *Effect of within-field and landscape factors on insect damage in winter oilseed rape,* Agriculture Ecosystems and Environment 123: 233–238.

14 Geiger, F. et al. (2009) *Hibernation of predatory arthropods in semi-natural habitats,* BioControl 54: 529–535.

15 Pimentel, D. et al. (2005) *Environmental, energetic, and economic comparisons of organic and conventional farming systems,* BioScience 55: 573–582.

16 Mäder, P. et al. (2002) *Soil fertility and biodiversity in organic farming,* Science 296: 1694–1697.

17 Pimentel, D. (1991) *Diversification of biological control strategies in agriculture,* Crop Protection 10: 243–253.

18 Niggli, U. (2014) *Sustainability of organic food production: challenges and innovations,* Proceedings of the Nutrition Society 74: 83–88.

19 Grossarth, J. (2016) *Vom Land in den Mund. Warum sich die Nahrungsindustrie neu erfinden muss,* Nagel & Kimche: Zürich.

20 Willer, H. und J. Lernoud (2016, Hrsg.) *The World of Organic Agriculture. Statistics and Emerging Trends 2016,* Research Institute of Organic Agriculture: www.fibl.org

21 Ebenda.

22 Schiebel, A. (2017) *Das Wunder von Mals: Wie ein Dorf der Agrarindustrie die Stirn bietet,* oekom Verlag: München.

23 Mumelter, G. (2017) *Giftiger Kampf um Pestizide in Südtirol:* https://derstandard.at

24 Greenpeace (2017) *Greenpeace-Analyse: Schon 311 österreichische Gemeinden verzichten auf Glyphosat:* www.greenpeace.at

25 Taspo online (2015) *Hornbach: Verzicht auf Glyphosat & Neonicotinoide:* www.taspo.de

26 Anonym (2013) *Bellaflora listet chemisch-synthetische Pestizide aus:* https://derstandard.at

27 Friends of the Earth (2017) *Walmart and True Value to Phase Out Bee-Killing Pesticides While Ace Hardware Lags Behind*: www.foe.org

28 United Nations Human Rights Council (2017) *Report of the Special Rapporteur on the right to food*: www.ohchr.org

29 Verbraucherzentrale Bremen (2016) *Riester-Anbieter informieren nicht ausreichend über Nachhaltigkeit*: www.verbraucherzentrale-bremen.de

30 Lechenet, M. et al. (2017) *Reducing pesticide use while preserving crop productivity and profitability on arable farms*, Nature Plants 3: 17008.

31 Losey, J. E. und M. Vaughan (2006) *The economic value of ecological services provided by insects*, Bioscience 56: 311–323.

32 Tschumi, M. et al. (2015) *High effectiveness of tailored flower strips in reducing pests and crop plant damage*, Proceedings of the Royal Society B: Biological Sciences 282 (1814): 20151369.

33 Ray, D. K. et al. (2013) *Yield Trends Are Insufficient to Double Global Crop Production by 2050*, PLOS ONE 8: e66428.

34 FAO (2014) *Family Farmers: Feeding the world, caring for the earth*: www.fao.org

35 USDA (2015) *Family Farms are the Focus of New Agriculture Census Data*: www.usda.gov

36 Larson, D. F. et al. (2016) *On the central role of small farms in African rural development strategies*, Policy Research working paper: WPS 7710.

37 Zukunftsstiftung Landwirtschaft (2013) *Wege aus der Hungerkrise. Die Erkenntnisse und Folgen des Weltagrarberichts: Vorschläge für eine Landwirtschaft von morgen*, Zukunftsstiftung Landwirtschaft: Berlin.

38 Menzler, M. und H. W. Griepentrog (2017) *Digitalisiere oder weiche?*, Ökologie & Landbau 02/2017: 25–26.

39 Tappeser, B. et al. (2014) *Agronomic and environmental aspects of the cultivation of genetically modified herbicide-resistant plants. A joint paper of BfN (Germany), FOEN (Switzerland) and EAA (Austria)*, BfN-Skripten: 362.

40 Umweltinstitut München (2016) *Die dreisten Verflechtungen und Einflussnahmen der Gen-Lobbyorganisationen mit der Politik*: www.umweltinstitut.org

41 Verbraucherzentrale NRW (2016) *Lebensmittel: Zwischen Wertschätzung und Verschwendung*: www.verbraucherzentrale-nrw.de

42 Kummu, M. et al. (2012) *Lost food, wasted resources: Global food supply chain losses and their impacts on freshwater, cropland, and fertiliser use*, Science of The Total Environment 438: 477–489.

43 aid.de (2016) *Video: Verlustquellen bei der Getreideernte: Gesamternte-verluste senken*, Bundesamt für Ernährung: Berlin.

44 Buzby, J. C. et al. (2014) *The Estimated Amount, Value, and Calories of Post-harvest Food Losses at the Retail and Consumer Levels in the United States*, U.S. Department of Agriculture, Economic Research Service: EIB-121.

45 Hiç, C. et al. (2016) *Food Surplus and Its Climate Burdens*, Environmental Science & Technology 50: 4269–4277.

46 Pradhan, P. et al. (2013) *Embodied Greenhouse Gas Emissions in Diets*, PLOS ONE 8: e62228.

47 Tilman, D. und M. Clark (2014) *Global diets link environmental sustainability and human health*, Nature 515: 518–522.

48 Pe'er, G. et al. (2014) *EU agricultural reform fails on biodiversity*, Science 344: 1090–1092.

49 Weiss, H. (2010) *Schwarzbuch Landwirtschaft: Die Machenschaften der Agrarpolitik*, Deuticke Verlag: Wien.

50 farmsubsidy.org (2017) *The European Union spends around € 59 billion a year on farm subsidies:* www.farmsubsidy.org

51 NABU (2014) *Protection of biodiversity for free living birds and mammals in respect of the effects of pesticides*: www.nabu.org

52 Sächsischer Landtag (2008) *Kleine Anfrage: Einsatz von Herbiziden auf sächsischen Äckern.*

53 Oerke, E. C. (2006) *Crop losses due to pests*, Journal of Agricultural Science Cambridge 144: 31–43.

54 Grossarth, J. (2017) *Zukunft der Landwirtschaft. Große Sorge ums Essen:* www.faz.net

55 United Nations Human Rights Council (2017) *Report of the Special Rapporteur on the right to food:* www.ohchr.org

56 Ebenda.

57 Heinrich-Böll-Stiftung (2017) *Konzernatlas. Daten und Fakten über die Agrar- und Lebensmittelindustrie 2017:* www.boell.de

58 Anonym (2017) *Neonicotinoid-Verbot kommt vor das Europäische Gericht*: http://derstandard.at

59 MultiWatch (2016) *Schwarzbuch Syngenta. Dem Basler Agromulti auf der Spur*, edition 8: Liebefeld.

60 United Nations Human Rights Council (2017) *Report of the Special Rapporteur on the right to food*: www.ohchr.org

61 Pimentel, D. (1991) *CRC Handbook of Pest Management in Agriculture*, CRC Press: Boca Raton.

62 PAN Germany (2013) *Neue Pestizidsteuer in Dänemark*:
    www.pan-germany.de

63 Möckel, S. et al. (2015) *Einführung einer Abgabe auf Pflanzenschutzmittel in
    Deutschland*, Duncker & Humblot: Berlin.

64 Cribb, J. (2016) *Surviving the 21st Century: Humanity's Ten Great Challenges
    and How We Can Overcome Them*, Springer: Berlin.

NACHWORT

1 Hessel, S. (2011) *Engagiert euch!*, Ullstein: Berlin. / Hessel, S. (2011) *Empört
   euch!*, Ullstein: Berlin.